뉴로맨틱 잉글리쉬
New Romantic English
BOOK 3

저자 **박우상 교수** (Dr. David)

뉴 로맨틱 잉글리쉬 Book 3

초판발행 2024년 8월 23일

저자 | 박우상
발행인 | 홍성주
편집/표지디자인 | 인컴

발행처 | 디스커버미디어
주소 | 서울특별시 서초구 마방로10길 15로, B동 711호
전화 | 02-525-8081
홈페이지 | https://drdavid.modoo.at
블로그 | https://blog.naver.com/drdavid1204
이메일 | discovermedia@naver.com

출판등록 제 2021-000083호 (2019년 10월 7일)

가격 26,000원 | **ISBN** 979-11-969503-4-7 (03740)

Copyright ⓒ 2024 박우상
이 책은 국내와 국제 저작권 및 관계 법령에 따라 보호받는 저작물로 디스커버미디어와 저작권자의 서면 동의 없이 무단 전재하거나 복제할 경우에 법적인 제재를 받게 됨을 알려드립니다.

뉴로맨틱 잉글리쉬
New Romantic English
BOOK 3

영어 선생님들의 영어교수 저자 **박우상 교수** (Dr. David)

책 소개

미국에서 오랫동안 미국인들에게 영어와 미국학을 가르치고 귀국하여 국내 영어교육계 최고 권위의 영어 감수자이자 자문위원 그리고 영어 선생님들의 영어 교수로서 대한민국의 글로벌 영어 교육을 리드해 온 박우상 박사 (Dr. David). 그가 미국에서 4반세기에 걸쳐 자료를 수집, 분석, 정리하고, 미국인들과 국내 영어 선생님들의 영어 교육에 사용하였던 텍스트를 국내 일반 독자들을 위해 재편집한 '뉴 로맨틱 잉글리쉬' (New Romantic English – Book 1, 2, 3)를 국내의 '디스커버미디어' (Discover Media)에서 출간하게 되었습니다.

'뉴 로맨틱 잉글리쉬'는 국내에서 초판이 발행되고 2015년에 개정판으로 발행되어 국내 영어교육계에서 호평과 찬사를 받은 '로맨틱 그래머 잉글리쉬' (2012)와 'Romantic Grammer)' (2015)에 더욱 풍부한 예문들과 해설, 배경 사회문화 해설, 그리고 관련된 사진들과 문제들을 크게 보강한 개정 증보판입니다. 이 책은 전 세계가 열광한 9편의 최고의 고전적인 사랑의 영화들 – Titanic (1997), The Notebook (2004), Love Story (1970), Groundhog Day (1993), Sweet Home Alabama (2002), Message in a Bottle (1999), Ghost (1990), A Walk to Remember (2002), The Bridges of Madison County (1995)-로부터 엄선된 명대사와 명장면들에서 사용된 영어 표현에 있어 주의할 발음, 단어, 숙어, 관용 표현, 구문, 문법, 어법과 용례들을 철저하고 명쾌하게 설명하고, 관련된 사회문화의 배경 설명을 곁들인 총체적 영어 학습서입니다. 이 책은 자료 수집, 분석, 정리, 집필에서부터 실제로 미국인들의 영어 교육에 사용되고 선생님들과 영어 전문인들의 연수와 심화 교육에 사용되기까지, 강산이 세 번 바뀌는 오랜 세월 동안 미국과 한국에서 철저하고 엄격한 준비와 사용과 검증을 거친 작품입니다.

이 책의 한 낱말 한 낱말에 대한 설명이나 어법과 예문 하나하나에 대한 해설에서, 독자 여러분은 완벽한 영어 구사력과 영어 해설뿐만 아니라, 영어 교육의 진정성으로도 정평이 있는 박우상 교수의 탁월한 지식과 지성과 감성을 느끼고 배우게 될 것입니다. 또 영어 교육과 학습에서 항상 '언어'적인 면과 '지성'적인 면을 동전의 양면처럼 함께 강조하는 박우상 교수의 예문들과 해설에 담겨 있는 인간과 세계에 대한 이해와 사랑, 영어권 사람들의 꿈과 희망, 기쁨과 용기, 실망과 슬픔을 통해, 영어로 표현된 삶과 문화와 그 세계를 통해, 독자 여러분은 살아 숨 쉬는 재미있고 즐거운 영어를 공부하게 됩니다. 따라서 여러분은 영어로 말하고 글을 쓸 때, 프레젠테이션을 하거나 연설/웅변을 할 때, 영어를 듣고 읽을 때뿐만 아니라 어떠한 영어 인증시험을 치를 때도 영어 소통 능력이 현저하게 발돋움한 모습을 보게 될 것입니다. 영어

New Romantic English ③

지식과 정보와 영어 소통력을 지성과 비전의 차원으로, 그리고 더 나아가 삶의 예술로 승화시키고 세계인들과 손잡고 세계를 리드하는 것을 영어 교육의 목표로 하는 박우상 교수의 '뉴 로맨틱 잉글리쉬'와 함께 '디스커버미디어'에서 출판된, 또 앞으로 출판될 다른 주옥같은 작품들도 독자 여러분이 많이 사랑해 주시길 부탁드립니다.

'뉴 로맨틱 잉글리쉬' - Book 1, 2, 3의 독보적인 장점들

- ➔ 주의할 발음으로부터 풍부하고 다양한 내용의 영단어, 숙어, 관용어구, 특수표현들의 철저한 설명

- ➔ 타의 추종을 불허하는 다양한 구문 구조들과 문법 어법 사항들의 정확하고 명쾌한 해설

- ➔ 국내 영어 학습서들에서 배울 수 없는 어구, 구문 구조, 문법/어법, 표현들의 격식성 (formal/ informal)과 스타일 (written/ spoken), 그리고 문맥과 인간관계/상황적 적절성의 (proper/ natural) 설명

- ➔ 국내의 영어교육이 거의 가르치지 않는 용례 (usage)와 특정 문맥에서 함께 사용되는 어구들의 연어 (collocation)의 설명

- ➔ 영어학자이자 미국학자인 저자만이 할 수 있는 단어, 숙어, 구문, 문법, 어법, 표현들의 균형 잡힌 사회문화적/역사적 배경 해설

- ➔ 국내의 영어 학습서에서 찾아볼 수 없는 생생하고 완벽하며 다양한 예문들

- ➔ 한국 영어교육이 극히 취약한 구어체 (spoken/ colloquial)와 비격식체 (informal style) 영어의 풍부한 사용

- ➔ 585개의 어구, 표현, 구문, 문법/어법 사항들 간의 유사성과 차이의 명쾌하고 철저한 이해를 돕는 비교/대조의 교차참조 (cross-reference) 색인 (index)

일러두기 (이 책의 사용법)

주목!

'뉴 로맨틱 잉글리쉬'에 사용된 모든 영어 예문들은 의미의 해석이나 자연스러운 한국어를 중심으로 번역되지 않고, 학습자들이 영어의 언어적 (어구에서 문법, 어법, 용례, 구문까지) 형태와 의미에 각별히 주목하게 함으로써, 학습자의 언어적 학습 효과를 최대한으로 높이기 위해 영어 원문에 충실하도록 번역되었습니다.
예를 들어 완료시제, 수동태, 관사 a와 the, 관계사절 등 많은 영어의 형태, 어법, 구문들을 영어 구사력의 최대한의 증진을 위해 자연스러운 한국어보다 영어적 어감을 최대한 살려 번역하였습니다. Punctuation (구두점)과 모든 문장부호들 또한 영어권의 표기 방식과 편집 기준을 따랐습니다.

주목!

미국에서의 영어 연구와 교육에 30여년을 바친 박우상 교수는 영어 학습에서 음의 듣기와 말하기를 언어 습득과 소통의 핵심으로 여깁니다. 이 책에서도 인쇄된 책의 한계에도 불구하고 수시로 한국인이 잘못 배우고 듣고 말하는 발음들을 바로 잡습니다. 학습자 여러분도 이 책에서 뿐만 아니라 영어 학습에서 정확한 음의 습득과 발음 그리고 음에 기반한 소통에 각별한 관심과 숙달을 위한 노력을 기울여 주시고, 박우상 교수의 온/오프라인 강의도 종종 시청하시면 크게 도움이 될 것입니다.

주목!

항상 "영어는 이해만으로 이루어지지 않는다."는 closing remark로 강의를 끝내는 박우상 교수의 주문대로, '뉴 로맨틱 잉글리쉬'를 포함한 모든 작품에 나오는 문장/표현들과 관련된 예문들을 독자 여러분께서 소리 내서 반복 또 반복해서 읽고, 또 종이에 손으로 써 볼 것을 절대적으로 권합니다.
박우상 교수의 해설은 대단히 step-by-step 친절하고 자세하여 쏙쏙 이해된다는 것이 독자분들의 이야기입니다. 그러나, 그 이해가 정말로 훌륭한 output 영어, 뛰어난 구사력/소통력으로 구현될 수 있도록 주옥 같은 문장들과 예문들을 반드시 반복하여 소리 내어 읽어 주십시오.

New Romantic English ③

주목! 이 책 안의 수많은 설명들을 따라 제시되는 동일한, 유사한, 반대되는, 또는 구별해야 하는 표현들, 구문, 문법, 어법 등은 각각 교차참조 (cross-reference) 번호가 괄호 속에 ( ) 붙어 있으며, 여러분의 학습 효과를 확실하게 향상시키기 위해 귀찮아하지 마시고, 이 교차 참조들을 자주 이용해 방금 학습한 항목의 이해를 더욱 넓고 깊고 명쾌하게 만들어 주십시오.

여러분의 학습 효과를 극대화하기 위해 박우상 교수께서 세밀하게 심혈을 기울여 만들어 제공한 것입니다. 그리고 각 권의 맨 뒤에도 그 cross-references가 색인 (index)으로 첨부되어 있습니다.

주목! 이 책에 나오는 표현들은 대단히 다양합니다. 예를 들어 조동사 will의 경우 (be going to의 경우도) 주어의 의지를 나타내는 경우, 말하는 이의 의지를 나타내는 경우, 주어에 관한 경향/성향, 주어에 관한 미래의 예견/예측의 어법이 각각 다수의 예문들을 통해 설명됩니다.

그 설명들 중에 각 어법의 핵심 의미/기능/스타일의 설명이 종종 동일한 것은, 독자로 하여금 중요한 어법을 반복 설명과 추가적인 예문들을 통해 완벽하게 마스터 하기를 돕기 위한 의도적인 것임을 알려드립니다.

주목! 이 책에 사용된 글쓰기와 편집의 기본 원칙과 스타일은 독자 여러분을 글로벌 영어 글쓰기와 편집에 적응시켜 드리기 위해 의도적으로 영어권의 전통과 권위가 있는 관행들을 따랐습니다. 괄호, 하이픈 (hyphen), 대쉬, 슬래쉬 (slash), 콜론과 세미콜론 등으로부터 외래어나 작품명 등의 이탤릭체 표기, 인용부호, 생략부호, 반괄호 번호의 미사용 등에 있어서 국내의 글쓰기와 편집 원칙과 다른 것들을 접하실 때 교육적 배려가 반영된 것임을 알려드립니다.

저자 소개

저자 박우상 교수 (Dr. David)는 서울대학교 영어교육과를 졸업하고 서울대학교 대학원과 미국 일리노이 대학교 (University of Illinois at Urbana- Champaign) 대학원에서 영어학을, 펜실베니아 대학교 (UPenn)과 시카고 대학교 (University of Chicago)에서 미국 정치학을, 그리고 위스컨신 대학교 (University of Wisconsin at Madison)에서 미국사와 미국법을 전공한 정통 영어학자이자 미국학자입니다. 미국 위스컨신대에서 resident scholar로 대단히 다양한 주제로 영어학과 미국사에 관한 강의와 강연을 하였고, 미국 영어교육 컨설팅사인 The Thomas Jefferson Institute 대표와 Greene Communications, Inc.의 Chief Adviser로 미국의 교육, 언론, 출판, 문학, 법률 기관과 회사들에 영어 커뮤니케이션 교육, 감수, 컨설팅을 하였으며, 저명한 미국학자들과 미국학 백과사전인 Dictionary of American History (전 10 권, 2003, Charles Scribners & Sons)를 공저하였습니다.

거의 30년간 미국에서 학업과 연구, 강의와 집필 등의 활동을 마치고 귀국한 박우상 교수는 국가영어능력시험 (NEAT) EBS-ECT 감수위원장과 R&D 센터장, 그리고 교과부, 한국개발연구원 (KDI) 및 다수 도/시 교육청과 교육과정평가원의 영어정책 자문과 영어출제 감수를 담당했으며, 초중고교 영어 교사/강사들의 영어연수 교수, 다수의 정부기관, 교육기관, 조직, 국제기업 등의 영어 감수 및 자문위원으로 활동해 왔습니다. 아울러 The Linguistic Society of America (미국 언어학회), The American Historical Association (미국역사학회) 등 다수의 영어학과 미국학 관련 학회의 정회원으로도 활동해 오고 있습니다.

또한 박우상 교수는 영어해설 칼럼니스트로 평화신문 (가톨릭, 미주판)에 '박우상 요한 박사의 복음영어' (Gospel English)를 2007년 이후 현재까지 매주 17년째 계속하여 800여 칼럼을 집필해 오고 있으며, 'Dr. David English 영어연구소'를 통해 영어 교사/전문인들 교육과 컨설팅, 영어 감수, 통번역 지휘, 저서 집필과 강의 활동 등을 하고 있습니다.

박우상 교수는 **"인간과 세계를 이해하고 사랑하는 영어교육, 꿈을 추구하고 실현하게 하는 영어교육, 나의 삶을 행복하게 하는 영어교육**, 그리고 **이웃에 봉사하고 세계에 기여하는 영어교육"**을 4대 모토 (motto)로 하는 'English Education with a Soul' (영혼을 가진 영어교육)을 추구하고 있습니다.

New Romantic English ③

박우상 교수
Dr. David 저서

Dictionary of American History
전 10권, 공저, 2003, 미국 Charles Scribners & Sons; Editor-in-Chief: Dr. Stanley Kutler

영한 상장 예식 (English-Korean Funeral Rites)
2008, 뉴욕: 평화신문 미주판

로맨틱 그래머 잉글리쉬 Romantic Grammar English
2012, Seoul: English House

Baby WordWorld, Supplemental Storybooks
2013, Orda Korea, 오르다, 전 13권

그래머 인사이트 Grammar Insights
2014, Yes English

로맨틱 그래머 Romantic Grammar
2015, Yes English, '로맨틱 그래머 잉글리쉬' 개정판, 전3권

영작문의 정석
2021, 비비트리북스

Dong Mong Seon Seup - Children's First Textbook
동몽선습-최초의 아동 교과서, 2021, 충북 괴산군, 영어 출판물

이제 우리 아이도 영어 고수
2024, 비비트리북스

뉴 로맨틱 잉글리쉬 – Book 1, 2, 3
2024, 디스커버미디어

글로벌 디지털 시대의 영어교육 혁신
이의갑, 박준언, 박우상 공저, 2024, 디스커버미디어

커피타임 잉글리쉬 – Book 1: 사람 묘사 영어
김규호, 박준언, 박우상 공저, 2024, 디스커버미디어

복음영어 (Gospel English) - 봄, 여름, 가을, 겨울
2024 출간예정, 디스커버미디어

글로벌 영어의 정석-기본편
2024 출간예정, 디스커버미디어

박우상 교수
Dr. David Online

Website: http://drdavid.modoo.at

▶ YouTube 박우상 교수의 영어인문학, 영어의 발견, 미국의 발견

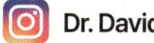 박우상 교수, Dr. David, 닥터데이비드 검색

📷 Dr. David

저자 서문

사랑! 사춘기 소녀, 20대 문학 청년이 아니어도 누구나 언제나 가슴이 설레고 뛰게 하는 우리 모두의 삶의 큰 주제입니다. 어쩌면 우리들 삶의 기쁨, 희망, 그리고 원동력인지도 모릅니다. 이 책은 한 남자와 한 여자가 두근거리는 가슴으로 나누는 첫 눈길과 말 건넴, 첫 손길과 첫 키스, 연인들의 뜨거운 사랑의 속삭임과 맹세로부터 나를 근본적으로 더 나은 인간으로 변화시키고 삶과 죽음까지 초월하는 경이로운 사랑, 그리고 너무도 애절하게 끝내 이룰 수 없는 사랑의 이야기들을 중심으로 엮어져 있습니다. 그러나 이 책은 아쉽게도 처음부터 끝까지 귓가에 감미롭기만 한 사랑의 이야기만은 아닙니다. 이 책은 사랑의 전율과 감동을 영어로 속삭여 주면서도 실은 여러분께 수많은 어휘, 어구, 숙어와 발음으로부터 어법, 문법, 용례, 스타일, 말과 글을 이끌어 가는 테크닉 등을 가르치고, 영어라는 한 언어에 담긴 인간과 사회문화와 세계에 눈을 뜨게 하는, 글로벌 시대의 본격적인 영어 학습서입니다.

한 언어를 이해하고 숙달하는 것은 동시에 그 언어를 사용하는 사람들의 내면과 그 언어가 사용되는 사회문화와 세계를 이해하고 숙달하는 것입니다. 이 둘은 동전의 양면과 같습니다. 언어 습득과 학습을 이 핵심적인 관점에서 볼 때, 국내 영어교육에서 영어는 흔히 진공 속에서 기계적으로 움직이는 생명력을 결여한 물체에 불과하며, 그 교육은 대부분 도식적이고 영어권의 인간과 사회문화에 뿌리내리지 못하고 있습니다. 그러나 언어는 그것을 사용하는 인간과 사회가 한 순간순간 살아가고, 하루하루 꿈꾸고 사랑하고 절망하고 다시 일어서는, 한마디로 살아 숨쉬고 움직이는 생명체입니다.

이 책은 여러분에게 영어가 실제로 사용되는 언어적 그리고 사회 문화적 문맥과 환경 속에서 영어를 느끼고 배우도록 합니다. 이 책은 지금까지 한국의 영어 교육의 주류를 이루어 온 영어 한 줄에 한국어 번역 한 줄의 나열, 한국어 속의 미로를 헤매다가 눈도장과 깜으로 끝내는 학습이 아니라, 한 낱말, 한 어구, 한 문장, 한 어법, 한 용례 등을 그 말을 하고 듣는 사람(들)의 내면과 그 언어를 사용하여 기뻐하고 슬퍼하며 꿈꾸고 좌절하고 다시 일어서는 사람들과 사회의 스토리들 속에, 정확하고 철저하고 완벽하고 체계적으로 설명합니다. 이 살아 움직이는 영어 표현들과 체계적인 설명을 통하여, 여러분의 영어는 한국의 영어 교육자들과 학습자들의 고질적인 문제점들인 영어의 주요 어법과 실제의 용례들에 대한 무지와 신화적인 오해들, 그리고 가장 절실한 문제인 콩글리쉬, Broken English, 영어답지 않은 영어, 죽은 영어 등을

New Romantic English 3

포함한 영어 구사력과 소통력의 문제를 바로잡고 극복하도록 합니다. 아울러 영어라는 한 언어의 전반에 관해 날카로운 언어 형사의 눈을 기르게 됨으로써, 여러분 스스로가 더욱 효과적이고 성공적인 영어 학습자로 도약하도록 이끌어 줍니다.

한 언어를 공부하고 소위 정복한다는 것은 결코 쉬운 일이 아닙니다. 최소의 노력으로 최대의 결실을 거두고 싶은 것은 인간의 본능입니다. 그러나 씨 뿌리는 만큼 거두게 되는 것은 거역할 수 없는 진리입니다. 여러분께서 오늘 이 시간 한 낱말, 한 발음, 한 어구, 한 문장, 한 어법, 한 용례를 하나씩 하나씩 정확하고 철저하고 완벽하게 배우시고 소리 내어 반복적으로 읽고 말하고 써 보면서 땀 흘려 노력하실 때, 오직 그 때 여러분의 영어는 분명히 한걸음 한걸음 앞으로 나아갈 것입니다. 그 스마트한 학습과 반복적이고 부단한 노력 없이는 일 년, 아니 오 년, 아니 십 년을 유학을 해도, 아니 삼사십 년 반세기를 이민 생활을 해도 McDonald's에서 Big Mac을 그것도 대충 주문하는 이상의 영어는 여러분에게 와 주지 않습니다.

좋은 선생님과 좋은 학습 자료와 함께, 그러나 그보다 더욱 중요하게는 성실하고 꾸준히, 그리고 가장 중요한 것으로 바로 오늘, 바로 지금 노력하십시오. 그리고 좋은 영어는 도식적으로 주입하고 앵무새처럼 내뱉는 것이 아니라, 바로 훌륭한 생각과 멋진 지성과 아름다운 마음에서 나옵니다. 여러 분야의 좋은 책들을 읽으시고, 멋진 분들과 의미 있는 대화 나누시고, 아름다운 마음을 가꾸시고, 때로는 외로움 속에 깊은 생각을 추구하십시오. 그리고 영어만큼이나 아름다운 한국어도 많이 사랑해 주십시오. 여러분의 영어를 방해하지 않을 뿐만 아니라, 더욱 멋지게 빛내 줄 것입니다.

이 '뉴 로맨틱 잉글리쉬'를 통하여 공부하시는 여러분의 영어가 단편적인 영어 지식의 습득을 넘어 여러분의 삶 자체를 보다 행복하고 보람 있게 하고, 가까이는 이웃과 사회에 멀리는 세계에 기여하게 되기를 온 마음으로 기원합니다. 아울러 저의 다른 작품들과 강의들에서도 여러분을 다시 뵙게 되기를 소망하며, 여러분의 변함 없는 성원에 깊이 감사드립니다.

저자 **박우상 (Dr. David)** 드림.

출판사 서평

1960년대 초부터 발전하기 시작한 정보, 통신, 미디어 테크놀로지와 항공 운송 기술에 힘입어 세계가 점점 가까워지면서, 지구촌 (the global village)이라 부르기 시작한 지도 어느새 두어 세대가 지나고 있습니다. 최근의 코로나 팬데믹 직전에는 연간 10억 이상의 사람들이 해외로 여행을 가서 세계인들과 만나고 소통하며 글로벌 문화를 경험했습니다. 오늘날 국제 통화와 전 세계 컴퓨터의 80퍼센트 가량이 영어로 대화하거나 정보를 알리고 저장하고 있으며, 주요 학술 논문들과 국제 학술지와 학회의 90퍼센트가 영어로 요약되거나 발표되거나 소통되고 있습니다. 또한 국제적인 무역, 이민/이주는 물론 인종 간의 결혼과 어울림, 다국적 취업과 교류 등이 그 어떤 때보다 가속화되면서, 영어는 글로벌 공통어로서의 지위와 역할을 수행하고 있습니다.

그러나 이러한 가속화 되고 있는 글로벌 세계와 디지털 시대에도 불구하고, 대한민국의 영어교육은 안타깝게도 지난 아날로그 시대의 모습 그대로입니다. 저자 박우상 교수님의 표현대로 "양복은 걸쳤는데 아직 수염을 기르고 상투를 쓰고 있는" 모습에 여전히 머물러 있다고 해도 과언이 아닙니다. 이제 초등학교에서 영어가 교육되고 제한된 수이지만 원어민 교사들이 있다고는 하나, 아직도 수십 년 전의 케케묵은 문법과 실용성이나 교육적인 가치도 의미도 없는, 세계인들과 소통하기에 적절하지 않은 예문과 지문들이 범람하고 있으며, 발음 교육, 듣기, 말하기, 쓰기 교육은 miserable, dismal, pathetic이라는 형용사가 지나치지 않은 수준입니다. 초중고 과정의 수많은 영어 학습서들로부터 한국인의 평생 영어 구사력의 골격을 구성하는 국가 대표격 영어 시험인 수능영어에 이르기까지, 명백한 언어적 오류들은 물론 지적, 지성적, 감성적, 발달 심리적 영역들에 있어서 국제적인 수준에 크게 미치지 못하는 것이 사실입니다. 그래서 10년, 20년, 30년을 영어를 공부하고도 눈도장 찍는 방식으로만 배운 한국형 영어 지식은 슬프게도 영어 울렁증만을 선사합니다.

이제는 그런 구시대적이고 구태의연한 영어 학습서들과 교육 컨텐츠와 학습 방식을 과감히 버려야 할 때입니다. 이제는 옛날의 편협하고 도식적인 설명과 죽은 예문들과 결별해야 합니다. 이제는 새 시대 새 세계의 주역인 학생들과 학습자들은 국가에, 학교에, 선생님들에게 진정으로 글로벌한 컨텐츠의 영어를 언어적으로 정확하고 사회문화적으로 적절하게 듣고 말하고, 읽고, 쓰게 하는 총체적 방법의 영어

New Romantic English ③

교육을 시민으로서 올바른 교육의 기본권으로 요구해야 합니다. 그리고 스스로도 그렇게 글로벌하고 수험 능력의 향상뿐만 아니라, 근본적으로 영어로 세계인들과 어울리고 소통하고 리드할 수 있는 능력의 개발에 도움이 되는 학습서, 자료, 커리큘럼, 교사/강사, 온/오프라인 학습의 장을 활용하여 부단히 노력해야 합니다. 그렇게 획득한 훌륭한 영어 구사력과 소통 능력이 명쾌하고 체계적인 지식을 만날 때, 한국인들에게는 거의 운명적인 영어 수험 능력 또한 정상에 오를 것입니다.

사랑을 주제로 한, 영어권에서는 이제 최고의 고전적인 작품으로 꼽히는 9편의 영화의 로맨틱한 컨텐츠가 영어 지식에 결합된 '뉴 로맨틱 잉글리쉬' Book 1, 2, 3권은 미국과 한국에서 영어 연구와 교육에 평생을 바친 영어학자이자 미국학자인 박우상 교수님의 세계 정상급의 학문과 지성이 응축된 작품입니다. 이 책을 통해 독자 여러분은 재미없고 심리를 압박할 뿐인 기존의 영어 학습서들과 달리, 전율처럼 다가오는 달콤한 사랑과 함께 흥미진진한 영어 공부를 만날 것입니다. 또한 박우상 교수님의 완벽한 영어, 친절한 어학 해설, 영어권의 사회문화와 글로벌 세계에 관한 공정하고 균형 잡힌 지식과 지성이 총체적으로 융합된, 세계가 손 잡고 소통하는 살아 있는 영어를 여러분은 배우시게 될 것을 확신하며, 이 책을 통해 여러분의 영어가 일취월장하기를 기대합니다.

목 차 _ TABLE OF CONTENTS

Book 3

- **04** 책 소개
- **08** 저자 소개
- **10** 저자 서문
- **12** 출판사 서평
- **16** Ghost
  1990 Film, 사랑과 영혼
- **60** A Walk to Remember
  2002 Film, 워크 투 리멤버
- **152** The Bridges of Madison County
  1995 Film, 매디슨 카운티의 다리
- **291** Index
  지식항목 374-585

03 ENGLISH BOOK 3

Book 1

Titanic
1997 Film, 타이타닉

The Notebook
2004 Film, 노트북

Love Story
1970 Film, 러브스토리

Book 2

Groundhog Day
1993 Film, 사랑의 블랙홀

Sweet Home Alabama
2002 Film, 스위트 알라바마

Message in a Bottle
1999 Film, 병 속에 담긴 편지

Ghost

영화 내용 Plot Summary

투자 은행 직원인 Sam과 도예가인 Molly의 가슴 깊은 곳에서 우러나고 영혼 깊이 맺힌, 역설적으로 못 이루고 또 다 이룬 사랑 이야기이다. 두 사람이 결혼을 약속하면서 함께 걸어가던 New York 시의 한적한 밤거리에서 Sam이 길거리 강도에게 죽음을 당하는데, 죽은 직후의 Sam의 영혼이 자기의 죽음이 단순한 노상 강도에 의한 우연한 참변이 아니라 동료 직원의 부정한 탐욕과 돈세탁을 위한 음모의 산물이었음을 알게 된다. 그리고 그 비극이 자기가 사랑하는 Molly에게까지 연장될 음모임을 알게 된 Sam의 영혼은 반 돌팔이 심령가인 Oda Mae의 도움을 동원하여 그녀를 죽이려는 음모를 무산시키고 그녀를 죽음으로부터 구함으로써, 자기의 참 사랑을 그녀의 영혼 깊이 새겨 주고서 그녀와 이 세상을 작별한다.

감독 Jerry Zucker
주연 Sam 역: Patrick Swayze; Molly 역: Demi Moore
영화 © Paramount Pictures

07
사랑과 영혼
1990 Flim

Scene

Sam   Your work is really beautiful. It really is.
Molly (374) Thanks.
Sam   And (376) it (377) shouldn't matter what (375) anyone (378) else thinks. (379) Just (380) what I think.
Molly I (381) wanna marry you, Sam.
Sam   What? What?
Molly Yep. (382) I've been thinking about it a lot, and I think we (377) should (383) just do it.
Sam   (looking serious) You're serious.
Molly Yeah. (384) What's that look (385) for?
Sam   You never wanted to talk about it.
Molly Do you love me, Sam?
Sam   (386) Now, what do (387-a) you think?
Molly Why don't you (388) ever say it?
Sam   (389) What do you mean, why don't I ever say it? I say it all the time. I feel like …
Molly No, you don't. You say, "Ditto," and that's not the same.
Sam   People say, "I love you," all the time, (390) and it doesn't mean anything.
Molly: You know, sometimes (391) you need to hear it. (387-b) I need to hear it.

[*Ghost* (1990 film)]

Words & Phrases

- **matter** 자동 문제가 되다, 중요하다
- **yep** yes의 비격식체적 표현; yup
- **serious** 형 진지한, 심각한, 진짜인
- **look** 명 표정, 모습
- **mean** 타동 뜻하다
- **ditto** 명 부 앞에 말한 것(과 같이), (앞과) 같은 생각
- **need** 타동 필요하다. need + to-부정사: … 할 필요가 있다

장면

Sam과 Molly가 New York 시에서 함께 쉐익스피어 연극을 보고 나서 아주 어두운 밤거리를 걷고 있다. Sam은 Molly의 도예 작품들에 관해 그녀를 격려하고 Molly는 함께 살기 시작한 Sam에게 결혼을 기정사실인 것으로 청혼한다. (그때 거리의 강도가 Sam을 습격하고 그 옥신각신 속에 Sam이 강도의 총에 숨을 거둔다.)

[사진] 도예에 대한 열정과 Sam의 사랑 속에 Sam과의 결혼을 앞둔 Molly의 행복한 꿈은 곧 다가오는 Sam의 죽음으로 무산되지만, 그의 사랑은 이 세상의 장벽을 초월한 그녀의 수호 천사로서 그녀의 가슴 속에 남는다. 사진: ⓒ Paramount Pictures

번역

Sam 자기 작품 정말 아름다워. 정말이야.
Molly 고마워.
Sam 그리고 다른 누구도 그가 (자기 작품에 관해) 무슨 생각을 하는지는 주요하지 않아. 오직 내가 생각하는 것만이 (중요해).
Molly 나 자기랑 결혼하고 싶어, Sam.
Sam 뭐? 뭐라고?
Molly 응. 나 그 생각 많이 했는데 우리 꼭 결혼해야 할 거라는 생각이야.
Sam (심각한 얼굴로): 자기 심각하네.
Molly 응. 그건 무슨 표정?
Sam 자기 그 얘기 한번도 얘기하길 바라지 않았는데.
Molly 날 사랑해, Sam?
Sam 자, 어떻게 생각해?
Molly 자긴 왜 그 얘길 전혀 안해?
Sam 내가 그 얘길 전혀 안 한다니 무슨 뜻이야? 난 항상 그 말을 하는데. 나 ... 같은 느낌이 드네.
Molly 아내야, 자긴 안 해. 자긴 (아주 간단히) "동일"이라고 얘기하지만 그건 같은 게 아냐.
Sam 사람들 "나 자기 사랑해"라고 항상 말은 하지만 그건 아무 의미도 없어.
Molly 근데 있잖아, 때로는 그 말을 (자기가 날 사랑한다는 말을) 들을 필요가 있어. 난 그 말을 들을 필요가 있어.

영어의 이해 with Dr. David

374 Thanks: 항상 복수형

Thanks.
고마워요

상대방에게 감사를 표시할 때 thank를 동사로 사용하면 그 정도가 낮은 정도부터 높은 정도까지 표현하자면 Thank you.; Thank you (very) much.; Thank you so (very) much.; Thank you ever so (very) much.라고 한다. 그러나 thank를 **명사**로 사용하여 표현할 수도 있는데 그런 경우 감사할 경우 자체는 실은 한번, 즉 단수라 하더라도 그 표현은 **복수형**인 Thanks. 라고 한다. 그 정도를 높여 대단히 감사하다고 표현하자면 Thanks a lot., 또는 그보다 더욱 강조적으로는 **Thanks a million.**, **Thanks a heap.**, 또는 **Thanks loads.**라고 한다.
[➡ (337) (488)] [안부를 묻는 인사말인 compliment**s**와 regard**s**인 복수형: ➡ (283)]

example

Mrs. MacKenzie: **Thanks** for today.
Mr. Rossi: Anytime. How about tomorrow, for instance?
Mrs. MacKenzie: I can't remember when I've had so much fun.
Mr. Rossi: It isn't over yet. [*Peyton Place* (1957 film)]

Mrs. MacKenzie: 오늘 고마웠습니다.
Mr. Rossi: 언제든 좋죠. 예를 들어 내일은 어떠세요?
Mrs. MacKenzie: 그렇게 많이 재밌던 때가 언제 였는지 기억이 나지 않네요.
Mr. Rossi: 아직 끝나지 않으셨어요.

How about …?: …는 어떠세요?   for instance: for example; 예를 들자면

장면 미국 동북부 New England 지역의 한 작은 타운의 고등학교에 새로 부임한 중년의 미혼 교장 선생님인 Mr. Rossi와 이 학교 학생인 딸을 혼자 키우는 single mom인 MacKenzie 부인이 드라이브와 산책 그리고 외식을 한 첫 데이트에서 돌아오면서 인사를 나눈다.

375 what = 관계대명사

what anyone else thinks.
다른 (사람) 누구든 (그 사람이) 생각하는 것

여기서의 what은 그 자체가 선행사를 포함하는 관계대명사로 what anyone else thinks는 the (kind of) thing that anyone else thinks (of your work), 즉 다른 누구든 그 사람이 (당신의 작품에 관해) 생각하는 것/바를 뜻한다. [➡ (54) (77) (280) (446) (506) (538) (558)]

example What is the problem with having English as our official language? Language is **what binds us**. This is not a racist issue, but a unity issue.
[Language is **what** binds us. = Language is **the thing that** binds us.]
영어를 우리의 공식어로 하는데 뭐가 문제입니까? 언어라는 것은 우리를 (하나로) 묶어 주는 것입니다. 이것은 인종차별적 이슈가 아니라 (미국인들의) 일체성의 이슈입니다.) 것입니다. 이것은 인종차별적 이슈가 아니라 (미국인들의) 일체성의 이슈입니다.)

official language 공식 언어　**bind** 타동 묶다, 유대감을 주다
racist 여기서는 형용사. 인종차별주의자의, 인종차별적인　**unity** 명 일체, 통합

배경: 사회문화 ▶ 영어를 미국의 공식어로 채택하자고 주장하는 입장이다. 실은 대부분의 경우 이민자들에 대한 편견이나 외국 문화에 대해 좁은 시각을 가진 사람들이 취하는 입장이다.

376 it = 가주어: It ... what-관계사절

It shouldn't matter what anyone else thinks.
다른 (사람) 누구든 (그 사람이) 생각하는 것은 문제가 되지/중요하지 않아요.

Cross-reference
비교: it = that-절
➡ (92)
it = to-부정사
➡ (185)

여기서 주어인 대명사 **it**은 소위 **형식상의 주어** (일명 **가주어**) (pseudo-subject)로서 뒤따르는 **관계 대명사 what에 의해 이끌리는 절 (주어 + 술부)**을 가리킨다. 이러한 형식 주어 it + what-절의 구조는 특히 what-절이 길고 술부 (여기서는 shouldn't matter)가 짧은 경우에 영어의 문장은 기본적으로 상대적으로 주어가 짧고 술부가 길어야 자연스러운 안정감을 갖는 요구와 경향을 만족시키기 위해 짧은 주어로 대명사 it을 문두에 위치시

Ghost (사랑과 영혼)

킨 후에 긴 주어 (소위 의미상의 주어)를 문장 끝에 충분한 길이/시간을 가지고 덧붙이는 어법이다. 이 가주어 it은 문두에 위치해서 뒤에 진짜 (의미상의) 주어가 옴을 앞에서 신호하는 역할을 한다.

이 표현은 또한 what anyone else thinks가 원래 What does anyone else think? 라는 의문문이었는데 이 의문문이 더 큰 문장의 일부로 들어가 의문문의 '조동사 + 주어'가 '주어 + 동사'의 정상 어순으로 바뀐 결과로 볼 수도 있다.

example **It** really doesn't matter **what** happens now. I'm not fearing any man. Mine eyes have seen the glory of the coming of the Lord.

이제 무슨 일이 일어나도 그 일은 주요하지 않습니다/문제가 되지 않습니다. 저는 어느 사람도 두려워하지 않습니다. 저의 눈은 주님께서 오시는 영광을 보았습니다 (보았기 때문입니다).

> 미국의 현대 민권운동 (the civil rights movement)의 기수였던 Martin Luther King, Jr. 목사 (1929-1968, 암살)가 암살 전날 미국 Tennessee 주의 Memphis에서 마치 죽음을 예견한 듯이 한 연설 `Topic`

주목

Mine eyes: My eyes. 여기서의 Mine은 뒤따르는 말의 발음이 모음일 때 my를 쓸 때 일어나는 모음 충돌을 막기 위한 것으로 (my의 y (ī)가 뒤의 모음과 **모음 충돌**을 일으켜 불안정한 발음이 됨으로 **피하는** 현상) **고어체** 또는 상당한 **문어체**의 말이다.

[사진] 8/28/1963, the Civil Rights March on Washington (미국 수도 워싱턴에서의 민권행진)에서의 Dr. Martin Luther King, Jr. 사진: Rowland Scherman; U.S. National Archives. 이 날 MLK의 역사적으로 유명한 **"I Have a Dream" speech**가 있었다.

[사진] 미국 Georgia 주 Atlanta에 있는 Dr. Martin Luther King, Jr. 묘소 앞에서 한 백인 여성이 무릎을 꿇고 기도하고 있다.
사진: ⓒ 박우상 (Dr. David)

example I like the openness, the sense of freedom. Going down the road, **it**'s amazing **what you smell**. The perfume coming from all the cars is overwhelming. In the fall, you can smell the corn being harvested.

저는 그 열려져 있음, 그 자유의 느낌을 좋아합니다. 길을 따라 가면서 맡는 냄새 그것은 놀라워요. 모든 차들에서 오는 향수 냄새는 압도적이고요. 가을엔 추수되고 있는 옥수수의 냄새를 맡을 수 있어요.

openness 명 열려 있는 상태/성질, 개방성   **smell** 타동 냄새를 맡다
perfume 명 향수   **overwhelming** 형 압도하는   **harvest** 타동 추수하다

Topic 미국의 전통을 자랑하는 Harley-Davidson 모터싸이클을 타고 여행하기를 즐기는 한 사람의 이야기

377 should = 당위, 의무, 필요성, 마땅함

shouldn't matter
문제가 되지/중요하지 않아 (문제가 되지/중요하지 않아야 해/ 않는 것이 마땅해)

여기서 should는 should의 기본적인 용법으로 주어가 ... 함/임이 마땅함, 당연함, 올바름, 바람직함, 필요함, 의무임 등을 나타내는 조동사이다.
[➡ (210) (340)]

example Cross burnings and racial graffiti **should** be things of the past. Tragically, they are not.

소수인종들에 대한 차별과 미움으로) 십자가를 불태우는 행위들과 인종적인 graffiti는 과거의 것들이어야 마땅하다 (이제는 없어져야 한다). (그러나) 비극적으로 그렇지 않다.

---

cross (십자가) burning: 십자가를 (공공 장소나 집회에서) 불태우는 일/사건
racial 형 인종적인. 여기서는 인종을 차별하거나 모욕하는
graffiti 명 건물 벽이나 공공시설이나 보도 등에 불법으로 분사페인트 등으로 그린 그림들이나 문형들 또는 표현들을 총칭하는 말   **a thing of the past**: 과거에 있었던 일, 이제는 없는 일
tragically 부 비극적으로 < **tragic** 형 < **tragedy** 명 비극

---

378 대명사 + else

anyone else
다른 누구(든)/어떤 사람(이든)

고대 영어에서 원래 all else (다른 모든 것/사람)를 뜻했던 else는 대명사를 수식할 때 (who, what, where, when, how 등의 의문사와 부사 somewhere, anywhere, nowhere를 수식할 때도 마찬가지다) 그 대명사 뒤에 위치하여 수식한다. [➡ (413)]

example Even in 1959, Barbie didn't need a husband. There is an independence there. She is her own person. She is not primarily somebody **else**'s partner. She is not primarily somebody else's mom. She is not primarily somebody **else**'s right-hand person.

비록 1959년에 조차 Barbie는 남편이 필요하지 않았다. 거기엔 일종의 독립감이 있었다. 그녀는 자기 자신의 사람이다 (어떤 남자나 다른 사람에 의해 정의되거나 종속되는 사람이 아니다). 그녀는 우선적으로 다른 어떤 사람의 파트너가 아니다. 그녀는 우선적으로 다른 누구의 엄마가 아니다. 그녀는 우선적으로 다른 누구의 오른팔인 사람이 아니니다.

---

independence 명 독립 (추상명사) **an independence** 명 (가산 보통명사) 어떤 독립적인 의식/정신/분위기   **one's own person**: (남에게 종속되거나 의존하지 않는) 주체적이고 독립적인 사람   **primarily** 부 우선적으로, 주로; mainly; chiefly

Topic 59년에 미국의 장난감 시장에 데뷔한 바비 (Barbie) 인형

> **example**
>
> Kerry: Am I supposed to live with the same man, day in and day out, forever, and have <u>no one **else**</u> in my life?
> Brian: Yes, it's called marriage.   [*Cocktail* (1988 film)]
>
> Kerry: 난 매일같이, 영원히 같은 남자하고 살고 내 생애에 다른 어느 누구도 가져선 안 된다는 거야?
> Brian: 예. 그게 결혼이라고 불리는 거죠.

day in (and) day out 부 every day 매일의 강조적 표현   **forever** 부 for ever; 영원히

> 장면 ▶ Brian의 옛 파트너인 Doug의 아내인 Kerry가 집으로 차를 태워 준 Brian을 유혹하는데 Brian이 거부하면서 말한다.

379   just = 강조의 부사

> **Just** what I think.
> 내가 (나 자신이) 생각하는 것만이 (중요해).; 내가 어떻게 생각하는가 만이 중요해

여기서 just는 '바로 ..., 오직 ..., ... 뿐/만' (only; nothing/none other than ...)을 뜻하는 강조의 부사이다. [➡ (139) (204) (229) (330) (584)]

> **example** In most years, when Hanukkah, the eight-day Jewish holiday, is over, Christmas is **just** around the corner.
>
> 대부분의 해에는 8일간의 유대 명절인 하너카 (Hanukkah, Chanukah)가 지나면 크리스마스가 바로 길모퉁이 돌아 있다 (가까이 다가왔다).

Jewish 형 유대인의, 유대교의, 유대인/교 전통의
around the corner 곧/가까이 다가온; very near/close; coming up soon; imminent

Ghost (사랑과 영혼)

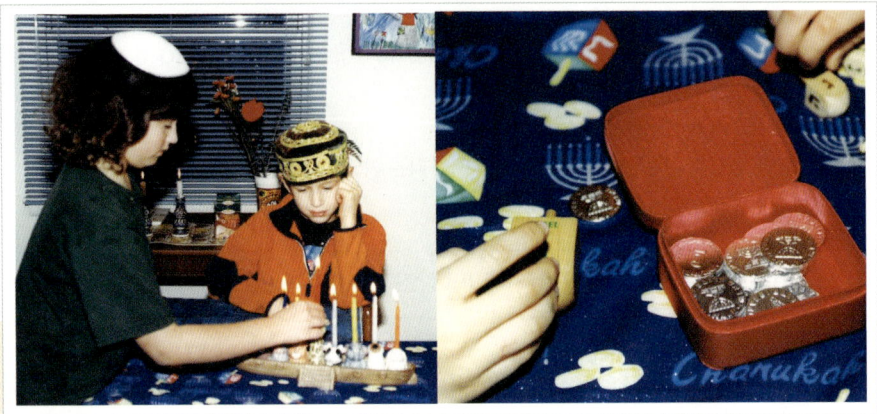

[사진] 유대인들 (Jews)은 Christmas 대신에 연말에 (흔히는 크리스마스보다 1-2주 전) 기원전 165년에 시리아를 물리치고 기적적으로 예루살렘 성전을 재봉헌한 역사적 사건을 기념하는 8일간의 축일인 Hanukkah (또는 Chanukah) (hä´·nə·kə)를 경축한다. 이 사진에서는 Hanukkah 6일째 날 밤에 한 유대인 가정의 소년·소녀가 뒤에 촛대 (menorah) 위에 Hanukkah 6일째임을 나타내는 여섯 개의 촛불을 켜고 (촛불을 붙이는 가운데 촛불은 제외) 나서, 초콜렛 동전 (chocolate gelt)을 따먹는 사각팽이 (dreidel) 놀이를 즐기고 있다. 사진: ⓒ 박우상 (Dr. David).

380 what-절 = 의문사절 (간접의문문) 또는 what (관계대명사)-명사절

what I think
내가 생각하는 것, 내가 무엇을 생각하는가

Cross-reference
what-관계 대명사절:
➡ (54) (77) (280) (375) (506) (538) (558)
wh-의문사절:
➡ (14) (47) (164) (299) (360) (380) (458) (545)

여기서의 what은 그 자체가 선행사를 포함하는 관계대명사로 볼 수도 있고 (Just what I think = Just the thing that I think: 내가 생각하는 것), 또는 의문사로 보아 내가 무엇을/어떻게 생각하는가 (What do I think?)라는 의문문이 서술문에서 주어 + 술부 (I think)의 정상 어순으로 바뀐 것으로 (what I think = Wh-의문사절) 볼 수도 있다.

example The North and the South differed fundamentally in **what they thought of slavery.**
(미국) 북부와 남부는 노예제에 관한 생각에 있어서/ 노예제에 관해 어떻게 생각했는가 라는 점에서 근본적으로 달랐다.

fundamentally 부 Basically; 기본적으로, 근본적으로   **slavery** 명 노예제도

381 wanna = want to

wanna

wanna는 **want to**를 일상적 **구어체**에서 빨리 발음한 것을 표기한 것이다 (대단히 흔히 wanna로 발음된다). want + to-부정사의 구조에서 to-부정사는 타동사 want의 목적어로서 이는 '... 하기를/하는 것을 원하다 또는 바라다, ... 하고 싶다'라는 뜻이다. [➡ (100) (405)]

example Most of us don't **wanna** be feminists. We **wanna** be humanists. We want all people to have equal rights and treatments. And we don't feel that men are out there to oppress us.

우리 [페미니스트 여성들의] 대부분은 페미니스트이기를 바라지 않습니다. 우린 인본주의자들이고 싶어하죠. 우리는 모든 사람들이 평등한 권리와 대우를 누리기를 바랍니다. 그리고 우린 남자들이 우리를 억압하기 위해서 세상에 나와 있다고 생각지 않습니다.

feminist 명 페미니스트, 여권주의자   **humanist** 명 인간주의자, 인본주의자
right 명 권리   **treatment** 명 대우, 취급   **oppress** 타동 억압하다

Topic 한 페미니스트 여성이 내다보는 페미니즘의 미래에 관한 견해

382 현재 완료 진행 = have + been + -ing (현재분사)

I've been thinking about it a lot.
나 그것 (우리의 결혼)에 관해 많이 생각해 왔어

have been + -ing (현재분사)'의 형태로 현재 완료 (have + 과거분사)와 진행 (be + -ing) 시제가 결합되어 **현재 완료 진행**이라고 불리는 시제형이다. 이 시제는 (이야기 중에 명백히 언급되거나 언급되지 않지만 문맥상 이해되는) 과거의 한 시점으로부터 현재에 이르기까지, 주어가 현재분사가 나타내는 동작이나 행위를 **지속적**으로 해 왔거나 그 상태에 지속적으로 있어 왔음을 나타낸다.

이 특정한 경우에 있어서는 그 과거의 한 시점이 언제였는지 이 상황에서는 구체적인 언급이 없이 막연하다 (이런 경우 대개 근래에 들어 지금까지 계속 그러했음을 나타낸다). [➡ (548)]

example Multinational corporations, of course, **have been** hang**ing** shingles in the U.S. for years. Firms headquartered abroad employ 5.1 million Americans in their U.S. offices.

다국적 기업들은 물론 미국에서 여러 해 동안 사업을 해 오고 있다. 외국에 본사를 두고 있는 기업들이 미국 사무소들에서 5백 10만의 미국인들을 고용한다.

---

multinational corporation: 다국적 기업 **hang a shingle;** hang out one's shingle: (비격식체) (흔히 의사, 변호사, 또는 전문적인) 사무실을 열거나 사업을 차리다, 시작하다
for years: for many years **firm** 명 회사; company, corporation
headquarter 타동 본사를 두다 **abroad** 부 국외에, 해외에 **employ** 타동 고용하다

---

example People from different countries **have been** com**ing** to America because America offers individual freedom and the opportunity to make something of yourself.

다른 나라로부터 사람들은 미국으로 오고 있다. 왜냐하면 미국은 개인의 자유와 자신으로부터 뭔가를 만들어 낼 기회를 제공하기 때문이다.

---

individual 형 개인의, 개별적인. 명사 (개인)로도 자주 쓰인다.   **make something out of yourself**: 당신 자신을 재료로 해서 무엇인가를 만들다; 당신을 성공시키다

---

383 just = 강조의 부사

just do it
꼭, 바로, 절대로 그렇게 하다

여기서의 just는 '딱, 꼭, 바로, 정말, 확실히, 정확히/분명히 말하자면 (precisely, exactly, right, really, positively, certainly, absolutely)'이라는 뜻의 강조의 부사이다. 이 경우에는 딴 생각 말고 바로 그렇게 해야 한다는 뜻이다. [➡ (159) (349) (495)]

example Cut the cost of health care? How are you gonna do that? By punishing drug companies, imposing price controls, therefore discouraging drug companies from spending money on research and development? This is **just** an absolute assault on capitalism, assault on people who work hard. Disgusting!

의료비를 삭감한다구요? 그걸 어떻게 할 건데요? 제약 회사들 혼이나 내서, 가격 통제를 해서, 그래서 제약회사들이 연구개발에 돈을 쓰지 않도록 해서요? 이게 바로 자본주의에 대한 전적인 공격, 열심히 일하는 사람들에 대한 공격

입니다. 역겹습니다!

> **cost** 명 비용, 가격   **punish** 타동 (처)벌하다   **impose** 타동 (벌금, 세금, 처벌 등을) 부과하다   **price control**: 가격 통제/제한   **research and development**: R&D; 연구개발   **discourage + 목적어 + from + -ing**: 목적어가 ... 하지 못하도록 하다/기 죽이다   **absolute**: 형 절대적인   **capitalism** 명 자본주의   **assault** 명 공격   **disgusting** 형 역겨운, 밥맛없는

Topic: 미국의 의료비를 인하하고 전 국민의 의료보험을 보장하려는 민주당 (the Democratic Party)의 움직임에 절대 반대하는 한 보수 talk radio 호스트가 주장하는 반대의 근거

384 의문사 + 전치사?; 전치사 + 의문사?

What's that look for?
그 표정은 뭐야/뭘 뜻하는 거야?

여기서의 의문사 what은 문장 맨 끝에 오는 전치사 for의 목적어이다 (for + what에서 의문사(어구)가 Wh-의문문을 구성하기 위해 문장의 맨 앞에 놓인 것이다). 이렇게 의문사가 전치사의 목적어인 경우 일상체의 영어에서는 대부분의 경우 구어체든 문어체든 전치사를 의문문의 끝에 위치시킨다 (이 경향은 구어체에서 더욱 현저하다). 그러나 의문사와 전치사의 거리가 너무 멀어 (다른 많은 또는 복잡한 구조의 어구들이 의문사와 전치사 사이에 있어서) 의문사와 전치사의 결속력이 듣는 또는 읽는 이에게 바로 이해가 되지 않는 경우 전치사를 의문사 앞에 (즉 의문문 맨 앞에) 위치시키는 수가 있다.
[➡ (160) (258)]

example

Marion: See that?
Charlie: Hm, what?
Marion: Allison MacKenzie and Norman Page on their way down to Crystal Pond to swim all by themselves.
Charlie: So what? They're young, happy, maybe in love. **What** trouble can they get **into**?
Marion: If you don't understand, I'm not going to explain.

[*Peyton Place* (1957 film)]

Marion: 저거 보이시죠?
Charlie: 음, 뭐죠?
Marion: Allison MacKenzie 랑 Norman Page 가 저희 둘만 수영하러 Crystal Pond로 가는 중이예요.

Charlie: 그래서 무슨 일이 있겠어요? 제네들 젊고 행복하고 어쩜 사랑하는 사이일지도. 무슨 문제에 빠질 수가 있겠어요?
Marion: 이해 못하신다면 설명 안 드릴께요.

---

on one's way to …: …로 가는 중에/중인, 도중에 **all by themselves**: 완전히 자기들끼리서만, 둘이서만. all은 강조어: 완전히; totally; completely
So what (do you mean by it/that)?; So what (is it that you really mean (by it/that))?: So what are you (really) going to say?: 그래서 무슨 얘긴데 (얘길 하려는 건데)?

장면 ▶ 서로 이해하고 응원하는 대화가 오가고 사랑하는 감정이 싹트는 고등학교 졸업반인 Allison과 Norman이 Labor Day (노동절, 9월 첫째 월요일)에 타운 외곽의 작은 호수인 Crystal Pond로 수영을 하러 가는 모습을 보고 동네의 수다쟁이 할머니 Marion이 지레짐작을 하며 험담을 한다. 신중하고 이성적인 변호사인 Charlie는 Marion의 지나친 상상에 동의하지 않는다.

385 for = 의미/상징

What's that look for?
그 표정은 뭐야/뭘 뜻하는 거야?

여기서의 for는 상징/의미의 전치사로 '… 를 의미, 시사, 또는 상징하는/하여' (meaning, standing for, signifying, symbolizing, as a sign for)로 번역될 수 있다.

Cross-reference
비교 (for = 가격/댓가):
▶ (2)
비교 (for = 목적지):
▶ (3) (269)
비교 (for = 경우/입장):
▶ (23) (183)
비교 (for = 이익/혜택):
▶ (44)
비교 (for = 정체/동일):
▶ (162)
비교 (for = 기간/지속):
▶ (196) (573)
비교 (for = 추구):
▶ (562)

example Millions celebrate Mari Gras (the French term **for** "Fat Tuesday") at masked balls, bars, neighborhood parties, and occasional street celebrations before the Lenten season.

수백만 명의 사람들이 사순절 (Lent) 전에 가면무도회들, 술집들, 이웃 파티들, 그리고 이따금씩 보이는 길거리 축제들에서 ("뚱뚱한 화요일"을 뜻하는 프랑스 말인) Mardi Gras를 축하한다.

Millions: Millions of people; 수백만의 사람들   **masked ball**: masked (얼굴이 가면으로 가려진) ball (무도회)   **occasional** 형 이따금씩 있는/하는   **Lenten** 형 부활절 (Easter Sunday)에 이르는 40일 간의 사순절 (Lent)의

영어와 문화

Mardi Gras (´마디 `그라): **Fat Tuesday**:

1. 기독교의 사순절 (**Lent**)의 시작인 재의 수요일 (**Ash Wednesday**) 전의 화요일. 원래 불어로 영어로는 **Fat Tuesday**라는 뜻으로, 금식, 금욕, 자선, 고행이 강조되는 부활절 (**Easter**)에 이르는 40일간의 기간인 사순절인 **Lent**가 시작되기 전에 한바탕 두둑히 먹고 즐기는, 음식과 술과 재미가 풍부하다는 뜻에서 "fat"하다는 화요일이라는 뜻.

2. 사순절 (**Lent**) 이전의 축제 (흔히 c를 대문자로 써서 **Carnival**) 기간 또는 **Fat Tuesday**에 절정에 이르는 축제. 미국에서는 New Orleans를 중심으로 한 Louisiana 주에서의 Mardi Gras 축제가 가장 열띤 것으로 유명하며, 인근의 Mississippi 주와 Alabama 주에서도 대단하다 (원래 이 일대의 프랑스계 가톨릭 (Catholic) 정착인들에 의해 1699-1720년 경에 시작되었다). 전국적으로도 많은 도시, 타운, 마을, 이웃들에서 그리고 친구들이나 직장 동료들 간에 크고 작게 벌어지며, 음식, 음악, 풍악과 가면무도회가 중요 이벤트들이다.

[사진] Carnival과 Mardi Gras 축제로 가장 유명한 Louisiana 주의 New Orleans에서의 Mardi Gras 퍼레이드. 사진 제공: © Pat Arnow

[사진] 모든 Mardi Gras 축제가 요란하고 흥청망청 하는 것은 아니다. Illinois 주의 Galena에서 비교적 조용한 그러나 즐거운 Mardi Gras 가면무도회 (**masked ball**; **masquerade**)에서 한 부부가 가면을 쓰고 춤을 추고 있다. 사진: © 박우상 (Dr. David)

example Colorfully decorated in purple to signify justice, green **for** faith and gold **for** power, the King Cake is a cinnamon-sweet cake that heralds Carnival in New Orleans.

정의를 의미하기 위해 보라색으로, 믿음 (신앙)을 뜻하기 위해 녹색으로, 권능을 뜻하기 위해 금색으로 색색으로 장식된 킹 케익은 (미국 남부 Louisiana 주의) New Orleans에서 Carnival 시즌의 도래를 알리는 달콤한 계피 케익이다.

---

decorate 타동 장식하다　　**green 'for' ...와 gold 'for' ...**에서의 **for**는 'meaning, standing for ..' (...를 뜻/의미하는, ...를 지지/옹호하는)을 뜻하는 전치사　　**purple** 명 보라색
signify 타동 의미하다　　**justice** 명 정의　　**faith** 명 믿음, 신앙　**cinnamon** 명 계피
herald 타동 ...를 (소식을) 알리다　　**Carnival** 명 Lent (사순절) 직전의 축제/파티

[사진] 보라색, 녹색, 금색으로 설탕 코팅 (frosting)이 되고 안에 플래스틱으로 만든 작은 아기 예수 (baby Jesus)가 들어 있는 **king cake**. 사진 제공: © Stephanie Plat

386　now: 명령, 부탁, 주문, 경고, 질책 또는 새로운 화제를 시작하거나 주목을 끌기 위한 감탄사

Now, what do you think?
자, 그래, 자긴 어떻게 생각해?

여기서의 now는 흔히 뜻하는 지금이라는 시간의 부사 또는 명사가 아니라 구어체에서 명령, 부탁, 주문, 경고, 질책 등의 표현을 시작하기 직전에 상대방의 주목을 끌거나 새로운 화제, 진술, 또는 질문의 시작을 알리는 역할을 하는 감탄사의 기능을 한다.

example Mr. Keating (to his class): **Now**, in addition to your essays, I'd like you to compose a poem of your own. An original work. You have to deliver it aloud in front of the class on Monday.　　　　　　　　[*Dead Poets Society* (1989 film)]

Keating 선생님 (학급 학생들에게): 자, 그리고 여러분의 에세이에다 추가해서 여러분 자신의 시를 한편 써오길 바랍니다. 독창적인 작품으로. 월요일에 학급 앞에서 소리 내어 발표해야 돼요.

compose 타동 구성하다, 작문/작곡하다　**a poem of your own (writing)**: 여기서는 an original poem of yours; an original poem written by you, 네가 (너희가) 직접 쓴 독창적인 시　**original** 형 독창적인　**deliver** 타동 배달하다. 여기서는 발표하다　**aloud** 부 소리 내서

> example A hundred years ago, workers all over this country held huge demonstrations, and they had big banners that said, "Give us a forty-hour week. We're not animals. We want to spend time with our families. We want to get more education. We want some vacation time." **Now**, how many of you know that today the American worker is working far longer hours than the people in any other industrialized country?

100년 전에 이 나라 전역에서 근로자들은 대형 시위들을 갖고 "우리에게 주 40 시간 근무량을 주라. 우리는 동물이 아니다, 우리는 가족과 시간을 보내고 싶다. 우리는 더 교육을 받고 싶다. 우리는 어느 정도 휴가 시간도 원한다"고 주장하는 대형 깃발들을 내걸었다. 자 그럼 (100년이 지난) 오늘날 미국의 근로자들이 다른 어느 산업국가에 있는 사람들보다 훨씬 더 오랜 시간 동안 일을 하고 있다는 것을 여러분들 중의 몇 분이나 알고 계십니까?

huge demonstration: 대규모 시위　**banner** 명 깃발
a forty-hour week: 주 40시간 노동/근무　주목: 여기서는 40와 hour가 함께 **복합형용사**가 되어 뒤에 오는 명사 week을 수식하는 구조이기 때문에 복수 수사 바로 뒤이지만 **hour가 단수**로 표현된다.　　**far longer hours** 에서의 **far**: 훨씬, 더욱　주목: **비교급 강조 부사** = much; far; even; a lot; lots; way; still; yet　　**industrialized country**: 산업화된 국가, 선진국

387/387-a 강조의 초점과 강세 (stress)

(387) (387-a) "Now, what do **you** think?"에서의 "you"
(387-b) "**I** need to hear it."에서의 "I"

(387-a)에서는 앞에서 Molly가 물은 질문에 대해 Sam이 자기는 일단 대답하지 않고 다시 Molly에게 묻는 것이기 때문에, 즉 think하는 사람이 내가 아니라 당신임을 강조하기 위해 **you에 발음의 강세 (stress)**가 놓인다. 그와 유사하게 (387-b)에서도 Molly가 앞에서는 (sometimes you need to hear it) 일반인을 나타내는 you를 사용하여 사람들은 자기를 사랑한다는 말을 들어야 한다, 들을 필요가 있다고 말을 했다가, 아, 굳이 남들은 어떤지 몰라도 적어도 나만큼은 그 말을 들을 필요가 있다고 나를 강조하기 때문에 I에 **발음의 강세**가 놓인다.

> example When people are of mixed racial backgrounds, others often look at them and say, "**What** are you?" Not "**who** are you?" but "**what** are you?" We're troubled.

주목 ▶ 여기에서는 말하는 이가 듣는 이의 주목을 이끌고 핵심 사항으로 강조하기 위해 "what"과 "who"에 강세 (stress)를 주어 말한다.

사람들이 여러 인종의 배경들이 섞여 있을 때 다른 (인종의, 백인의) 사람들은 그들을 보고는 "당신은 무엇인가요"라고 합니다. "당신은 누군가요?" 라고 하지 않죠. "무엇인가요?" 라고 하죠. 우리는 (소수 인종들은) 마음이 불편해지죠.

배경: 사회문화

미국에서 법대 교수인 한 Chinese-American이 미국의 소수 인종들에 대한 백인들의 전형적으로 차별적인 반응과 대우를 일상의 경험을 기반으로 설명한다. 특히 미국에서 태어나고 미국에서 살아 온 소수 인종 이민자의 후손들에게도 미국인이라든지 미국 내 지역/도시 출신이라든지 (또는 직업이 무엇이냐든지 인격적으로는 어떤 사람이냐든지) 하는 인간적 정체성 "who"에는 관심을 별로 보이지 않고 (또는 별로 인정하려고 하지 않고) 당신의 인종적 분류나 민족/국가적 기원 등 물리적인 "what"에만 관심을 보이는 것이 차별적이며 마음을 불편하게 한다는 것이다.

388 ever = 강조 부사: 부정 강조

Why don't **you** ever **say it?**
왜 자긴 그 말을 (나를 사랑한다는 말을) 절대 안 해?

여기서의 **ever**는 부정어와 함께 쓰여 **부정**을 **강조**하는 부사이다.

Cross-reference
비교 (ever: 언제나 강조):
➡ (5)
비교 (ever: 비교급 강조):
➡ (21)
비교 (ever: 최상급 강조):
➡ (189)
비교 (ever: 조건절 강조):
➡ (195)
비교 (ever: 서수사 강조):
➡ (254)
비교 (ever: 경우/경험 강조):
➡ (282) (551)

example

Andrew: My God, are we gonna be like our parents?
Claire (with tears flowing down her face): **Not** me, **ever**.
Allison (with tears flowing down her face): It's unavoidable. Just happens.
Claire: What happens?
Allison: When you grow up, your heart dies.   [*The Breakfast Club* (1985 film)]

Andrew: 이런 맙소사, 우리 (우리도 크면) 우리 부모들처럼 될까?
Claire: 눈물이 얼굴을 따라 흘러내린다): 난 아냐, 절대로.
Andrew: (눈물이 얼굴을 따라 흘러 내린다): 불가피한 거야. 그냥 (그런 일이) 벌어지는 거야.
Claire: 뭐가 벌어지는데?

Andrew: 어른이 되면 가슴이 (따뜻한 마음, 낭만적인 정서 따위가) 죽는 거야.

> **장면** 자기들의 이야기를 들어주려 하지 않는 부모들과의 의사소통의 문제와 가정에서의 소외감으로 힘들어 하는 고등학생들이 학교 도서관 바닥에 앉아 서로의 부모와 관련된 고민들을 얘기하고 있다.

> **it**: 여기서는 이야기가 진행되는 문맥에 의해 이해되는 상황 (situation)을 가리키는 대명사 it. Claire가 곧바로 알아듣지 못하자 Allison이 'When ... dies.'라고 부연설명을 하고 있다.
> **When you grow up, your heart dies.**에서의 **you/your**는 너, 나, 우리, 사람들을 가리키는 총칭적 대명사 **you**

Katie: Why can't I have you? Why?
Hubbell: Because you push too hard, every damn minute. There's **no** time **ever** to just relax and enjoy living.   [*The Way We Were* (1973 film)]

Katie: 난 왜 자길 가질 수 없을까? 왜?
Hubbell: 당신은 (날) 너무 세게 밀어 붙이니까, 일분이 멀다 하고. (당신하고 있으면) 그냥 좀 쉬고 삶을 즐길 짬이 없어.

> **every damn minute**: 심한 욕설인 damn(ed)를 사용하여 every minute을 강조
> **no time ever: no time at all**: 여기서의 ever는 부정 (앞에 온 no)를 강조하는 부사
> **enjoy**: 뒤에 동사를 목적어로 취할 때 (... 하기를 좋아하다/즐기다) 그 동사는 반드시 -ing (동명사)로 표현된다. (O) enjoy living; (X) enjoy to live/live

> **장면** 정치적으로 급진적인 활동가인 Katie는 알 수 없게도 기질이 전혀 다른 Hubbell에게 매력을 느끼고 삶의 동반자가 되고 싶은데, Hubbell은 쉴 새 없이 자기 삶과 주장을 밀어붙이는 Katie가 자기와 근본적으로 양립할 수 없다고 말한다.

Exercise

Abraham Lincoln에 관한 다음의 각각의 표현에서 사용된 ever의 의미를 설명해 보세요.

❶ Who **ever** can deny that Lincoln was the greatest president?
❷ No one can **ever** deny that Lincoln was the greatest president.
❸ Lincoln was the greatest president **ever**.

[사진] Abraham Lincoln이 태어난 미국 Kentucky 주 중부 시골 근처에 있는Lincoln이 2세-7세의 어린 소년 시절을 보낸 마을인 Hodgenville 마을 한 가운데 (town square)에 서 있는 Lincoln의 동상을 한 소년이 존경스럽게 올려다 보면서 Lincoln을 스케치하면서 story를 적고 있다.
사진: ⓒ 박우상 (Dr. David)

[정답과 해설]

해 설 >>>
❶ 에서의 ever는 on earth 또는 in the world처럼 (흔히 '도대체' 라고 번역된다) 의문사 (여기서는 who)를 강조하는 부사이다. ❷ 에서는 ever가 부정을 강조하는 (no/not … ever) 부사로 사용되어 있다 (흔히 '절대로/결코' … 아니다 라고 번역된다). ❸ 에서의 ever는 최상급을 강조하는 부사로 사용되었으며 흔히 '지금까지/언제나/언제고' (at all times/at any time) 라고 번역된다.

번 역 >>>
❶ Lincoln이 최고의 대통령이었다는 것을 도대체 누가 부인할 수 있겠는가?
❷ 아무도 Lincoln이 최고의 대통령이었다는 것을 절대로 부인할 수 없다.
❸ Lincoln은 지금까지 (그 어느 때에서도) 가장 훌륭한 대통령이었다.

389 What do you mean(,) ...?

What do you mean, why don't I ever say it?
내가 절대로 그 말을 하지 않는다니 무슨 뜻/말이야?

What do you mean + ...?의 구조로 '...라니 무슨 뜻/말/소리입니까'라는 뜻이다. 이 표현은 원래 **What do you mean by ...?** (...로 무엇을 뜻하는 것입니까?) 또는 **What do you mean when you say ...?** (...라고 말하실 때 무엇을 뜻하는 것입니까?)라는 문장이 일상적 구어체에서 What do you mean + ...?의 구조로 단순화된 결과이다. [➡ (122)]

example
Oliver: I'll take you out to dinner.
Jennifer: Why?
Oliver: **What do you mean** why? Can't I take my wife to dinner if I want to?
[*Love Story* (1970 film)]

[if I want to에서의 if는 even though ..., although ..., though ..., even when ...과 같은 양보의 접속사 (... 하는/인데도)]
Oliver: 당신을 저녁 데리고 나갈래.
Jennifer: 왜?
Oliver: 왜라니 무슨 말/뜻이야? 내가 원하는데도 내 아내를 저녁에 못 데리고 가?

장면 최근에 백혈병 진단을 받은 Jennifer는 모든 일에 신경이 곤두서고 피곤하다. 변호사 일로 바쁜 남편 Oliver가 갑자기 외식을 가자고 하니까 순간적으로 Oliver가 다른 여자를 만나고 있는 것으로 착각하고 짜증을 낸다.

390 and = but

..., **and** it doesn't mean anything.
그러나 그건 아무 의미도 없어.

여기서의 접속사 **and**는 흔히 뜻하는 사건, 행위, 또는 논리 등의 자연스러운 흐름이나 결과를 (그리고, 그래서, 따라서) 나타내는 것이 아니라 그 흐름이나 논리를 **부정**하거나 **반전**시키는, 즉 흔히는 **정반대** 의 뜻을 (그러나, 그래도, 그럼에도 불구하고; but, nevertheless, on the contrary) 갖는 접속사 but

과 같은 기능을 한다. And의 이 역접의 어법은 국내의 영어 학습서에서 가르치지 않지만 일상적으로 (특히 구어체에서) 대단히 자주 사용되므로 유의해야 한다.

이 경우에는 Sam이 뜻하는 바는 세상 사람들은 항상 당신을 사랑한다고 말해서 끔찍이도 사랑들 하는 것 같지만 그러나 실은 그 말은 아무 의미도 없는 것이다, 그러나 말로만 그런 것이지 정말 그렇게 사랑하는 것은 아니다 (그래서 나의 사랑은 진실한 것이기 때문에 나는 그런 빈말이나 하는 같은 류의 사람이 되기 싫다) 라는 뜻이다. [➡ (567)]

example One of the glories of New York is its ethnic food, **and** only McDonald's and Burger King equalize us all.

뉴욕 (시)의 영광들 (훌륭한 것들) 중의 하나는 다양한 민족들의 음식이다. 그러나 McDonald's와 Burger King 만이 우리 모두를 평등하게 한다. [뉴욕 시는 세계에서 가장 다양한 민족 음식들을 자랑하지만, 그러나 우리 모두가 주머니의 부담 없이 먹을 수 있는 것은 아니어서 진짜로 민주적인 음식은 McDonald's와 Burger King 밖에 없다.]

glory 명 영광 (추상개념). **a glory/glories**: (영광스러울 정도로) 너무도 좋은 것(들) (가산 보통명사)   **equalize** 타동 평준화하다, 동등하게 만들다

391   you = 일반인 = 문맥, 상황, 화제, 암묵적 이해, 사회 통념 등에 의해 제한; you = 나 (I)

Sometimes you need to hear it.
이따금 우린 그 말을 (당신이/누군가 날 사랑한다는 말을) 들을 필요가 있어/들어야 해.

여기서의 대명사 you는 흔히 뜻하는 말을 듣거나 글을 읽는 상대방을 가리키는 것이 아니라 비특정한 일반인들이나 보통의 경우의 전형적인 사람 (people in general, anyone)을 뜻한다. 이것이 한국의 영어 교육에서 간단히 일반인의 you라고 부르는 것인데 여기서 주의할 점은 그 "일반"인의 "일반성"이 전혀 절대적인 것이 아니라 흔히 문맥, 상황, 그 사회나 화제의 집단에 대한 이해나 상식 등에 따라 그 범위가 상당히 제한된다는 것이다. 이 어법의 you의 의미 범위를 제대로 이해하기 위해서는 영어를 사용하는 사람들과 영어가 사용되는 사회와 적어도 화제에 대한 올바른 이해가 흔히 요구된다.

이 경우에는 Molly가 일단은 모든 보편적인 사람들은 아니더라도 상당히 많은 사람들이 누가 자기를 사랑한다는 말을 듣는 것을 필요로 한다고 말을 했다가 실은 그 많은 사람들로부터 물러서서 적어도 나 (I)에 관해 말하자면 그렇지, 남들은 몰라도 "나는 (I)" 그 말을 들어야 한다고 말하는 것이다.

이렇게 일견 일반인을 가리키는 듯한 you가 실은 기본적으로 말하는 이가 자기 자신 (I)을 가리키는 어법이 흔히, 특히 구어체에서 대단히 빈번하게 쓰임에 유의해야 한다.

[➡ (404) (569)]

    Johnny: **You** come from the streets, and suddenly **you**'re up here, and these

women, they're throwing themselves at **you**. They're slipping their room keys into my hands two or three times a day – different women.
Baby: That's, that's all right. I understand. [*Dirty Dancing* (1987 film)]

Johnny: 난 길거리에서 놀다가 와서 졸지에 여기 올라왔더니 이 여자들, 그들이 나한테 몸으로 달려들고 있는 거야. 그 여자들 자기들 방 열쇠를 내 손에 슬쩍 쥐여 줘, 하루에도 두세 번씩 다른 여자들이.
Baby: 그거, 그래도 괜찮아. 이해해.

come from the streets: 어려운 환경 출신이다   **are up here**: 상류사회에 와 있다

주목 **these women, they …**: 여기서 these women = they = 문장의 **주어**인데 **일상 구어체**에서 이렇게 주어가 **대명사로 다시** 지칭되는 경우가 종종 있다. **문어체**에서는 **피해야** 할 구어체의 표현 방식이다.

장면 New York 주 북부 산악 지대 (the Catskill Mountains)의 고급 여름 휴양지에서 부유한 여성들에게 인기 만점인 핸섬하고 섹시한 젊은 춤선생 (dance instructor) Johnny가 자기와 사랑에 빠진 Baby (고등학교 졸업반)에게 자기의 목적없이 가난하게 떠돌던 근래까지의 삶과 요즈음의 삶을 설명한다.

[사진 (포스터)] 한여름의 열정적인 춤과 음악과 불장난만의 영화가 아닌 *Dirty Dancing* (1987 film). 순수하고 따뜻한 마음을 추구하는 가치관과 도전 정신이 담겨 있다.
사진 © Great American Films Ltd., Vestron Pictures, et al.

Scene

Molly   (in a soliloquy): I picked up your shirts today. I don't know ⟨392⟩ why. I ⟨393⟩ broke into tears. ⟨394⟩ It's ⟨395⟩ like I think about you every minute. ⟨394⟩ It's ⟨395⟩ like I can still feel you.

[*Ghost* (1990 film)]

Words & Phrases

- **pick up** 타동 ...를 줍다, 들어 올리다. 여기서는 세탁소로부터 맡긴 옷을 찾(아 온)다는 뜻이다.
- **feel** 타동 느끼다

장면

Sam이 밤길에 숨어 습격한 강도에게 목숨을 잃은 며칠 후, Molly는 회전축 위에서 돌고 있는 그녀의 도예 작품에 정신을 집중하려고 애쓰지만 그녀의 생각은 끊임없이 Sam에게 돌아간다. 작업을 중단한 Molly가 홀로, 그러나 마치 Sam이 함께 있어서 그녀의 이야기를 듣고 있는 것처럼 이야기한다.

번역

Molly (독백으로) 나 오늘 자기 셔츠를 (세탁소로부터) 찾아 왔어. 왜 그랬는지 나도 몰라. 눈물이 왈칵 쏟아졌어. 나 매 분마다 자기에 관해서 생각하는 것 같아. 마치 내가 자길 아직도 느낄 수 있는 것만 같아.

392 생략: 의문사절에서

I don't know why.
왜 그랬는지 나도 몰라.

Cross-reference
(의문사절):
➡ (14) (47) (360) (380) (458) (545)

표현의 경제를 위해서 또는 효과적인 (특히 신속한) 의사소통을 위해서 앞에 언급된 내용을 반복해서 진술하는 것을 피하거나 문맥상 뚜렷한 내용을 의문사에 의해 이끌리는 절 (의문사절)에서 생략하는 경우이다. 이 경우는 I don't know why (I picked up your shirts (from the cleaners) today).에서 괄호 안에 들어 있는 부분이 생략된 것이다.

example Many states require that landlords pay interest on the security deposit, but **how much and when** varies.

[..., but **how much** (interest (they should pay (on the security deposit))) **and when** (they should pay (the interest (on the security deposit))) varies.]

많은 주들이 집주인들이 (세를 들어 있는 사람 (tenant)에게) 보증금에 대한 이자를 지불할 것을 규정/요구하는데 얼마나 많은 이자를 언제 지불해야 하는지는 (주마다) 다르다.

---

require 타동 필요로 하다. 요구하다   **landlord** 명 집/건물 주인. 여성형은 landlady
interest 명 이자   **security deposit** 명 보증금   **vary** 자동 다르다

---

example The Anasazi built a complex of apartments in the cliffs of Mesa Verde. Around 1300 AD they left. No one is sure where they went or **why**.

[No one is sure where they went or **why** (they went (there)/left).]

Anasazi 인디언들은 Mesa Verde의 절벽들에 아파트식 주거 단지를 세웠다. 그들은 서기 1300년 경에 떠났다. 그들이 어디로 갔는지 또는 왜 떠났는지는 아무도 확실히 모른다.

> 언어와 역사/문화 ▶ **Anasazi** (ˋä·nə·ˊsä·zi):
> 미국 남서부의 **Navajo** (ˊnav·ə·ˋhō) (내버호우) 인디언의 말로 "옛날 사람" 또는 "오래된 원수"를 뜻하는 Anasazi 는 오늘날의 Arizona, New Mexico, Utah, 그리고 Colorado 네 주가 만나는 지역인 소위 the Four Corners 일대에 서기 100년으로부터 약 1300년까지 살던 원주민들 (Native Americans)이었다. 바구니와 도자기를 만드는 기술이 뛰어났으며 절벽과 높은 지대에 지은 공동체적 주거 형태가 특징이다. 그들의 유적들은 Colorado 주 남서부에 있는 **Mesa Verde** (ˊmei·sə·ˋˋvɜrd(i)) 국립 공원에 있는 계곡의 벽들 안쪽에 가장 잘 보관되어 있다.

[사진] 미국 Colorado 주 남서부에 있는 Mesa Verde 국립 공원에서 방문객들이 Anasazi 원주민들의 cliff dwellings (절벽 주거지들)과 relics/remains (유물/잔해들)을 둘러보고 있다.
사진 제공: © Bill Thayer

393 into = 변화의 결과

I broke into tears.
나 눈물이 쏟아졌어, 울음이 터졌어.

여기서 break into는 어떤 행위를 갑자기 하게 되는 것을 나타내며, 여기서의 전치사 into는 변화의 결과를 나타낸다. 예: break into tears ((갑자기) 눈물을 쏟다, 울음을 터뜨리다); break into laughter ((갑자기) 웃음이나 폭소를 터뜨리다). [▶ (241)]

example When asked a difficult question on foreign policy, the presidential candidate broke into sweats.
외교 정책에 관한 어려운 질문을 받자 그 대통령 후보자는 땀을 엄청 흘리기 시작했다.

policy 명 정책   **presidential** 형 president (대통령)의   **candidate** 명 후보자
break into sweats: (터뜨리듯이) 느닷없이 엄청 땀을 흘리다

example When they heard a deafening explosion nearby, everybody panicked and broke into a run.
근처에서 귀를 멀게 하는 폭발음을 들었을 때 모든 사람이 놀라서 뛰기 시작했다.

deafening 형 귀를 멀게 하는, 소리가 엄청 큰 < **deafen**. 타동/자동 < **deaf** 형 귀가 들리지 않는
explosion 명 폭발 < **explode** 자동/타동 폭발하다, 폭발시키다
panic 자동 크게 놀라다, 당황해 하다. panic-panicked-panicked, panicking
break into a run: 갑자기 뛰다, 뛰기 시작하다

394 it = 상황의 it

It's like ...:

여기서의 주어인 It은 앞에 언급된 어떤 구체적인 대상을 가리키는 용법이 아니라 상황이나 문맥에 의해 그 의미가 드러나고 이해되는 소위 '상황의 it' (situation 'it')이다. 여기서는 문맥상 이제 이 세상에 없는 당신의 셔츠를 세탁소에서 찾아 오고 울음을 터뜨리는 등 넋 나간 사람처럼 지내고 있는 나의 모습이나 상황을 나타낸다. [▶ (13) (102) (150) (249) (305) (415) (468)]

example Beautiful gardens abound in Georgia, and one of the prettiest in this state – and in the country – is the colorful and famous Callaway Gardens. For those of you who love to garden, it just doesn't get much better than this.
[여기서의 it: (enjoying) gardening; the joy/fun of gardening]

Georgia 주에는 아름다운 정원들이 아주 많습니다. 이 주에서 – 그리고 이 나라에서 - 가장 아름다운 정원들 중의 하나는 산 색이 멋들어지고 유명한 Callaway Gardens이죠. 정원 가꾸기를 좋아하는 사람들에게는 이보다 많이 더 좋을 수는 없습니다.

---

abound [자동] 풍부하다. 사용/위치에 **주의**: A (많은 수량의 것들) + abound + **in** + B (장소). = B abounds **with** + A (사람/사물들)   **garden** [자동] 정원 일을 하다, 텃밭 (garden)을 가꾸다

[사진] 미국 동남부의 Georgia 주의 서부 Harris County에 있는 Pine Mountain에 위치한 아름다운 초목이 풍성한 초대형 가든이자 리조트 영역인 Callaway Resort & Gardens. 흔히 Georgia 주 최고의 관광 지점으로 꼽힌다. 오른쪽은 그 안에 조용한 숲에 위치한 작은 고딕 (Gothic) 스타일의 교회 (chapel). ⓒ (왼쪽) Victoria Hewlett; ⓒ (오른쪽) Fine Art America

395 like = 접속사

It's like ...
(마치) ... 인/하는 것 같다

흔히 비유나 예를 나타내는 전치사로 쓰이는 like가 여기서는 뒤에 주어 (I)와 술부 (can still feel you), 즉 절을 이끌고 있으니 접속사이다. 이렇게 접속사로 쓰이는 경우에 like는 다음 세 가지의 의미로 사용될 수 있다.

like: 의미-1 주절의 내용을 like에 의해 이끌리는 절의 내용을 유사성을 가진 예로 사용하여 보다 뚜렷이 전달하고 효과적으로 이해시키는 어법으로, 방식이나 방법 (way, manner, fashion)을 예로 드는 기능을 하며 like-절이 흔히 '...하는 (방)식으로, ...하듯이, ...인 것처럼' (in the same way as/that + 절; as + 절; the way (that) + 절)으로 번역된다.

like: 의미-2 주절의 내용을 like에 의해 이끌리는 절의 내용을 비유적으로 사용하여 보다 뚜렷이 전달하고 효과적으로 이해시키고자 하는 점에서는 [의미-1]과 비슷하나, 주절과 like-절 간의 유사성이나 긴밀한 관계가 의미-1과 비교해 많이 떨어진다. 때로는 like에 의해 이끌리는 절의 내용이 종종 사실 무근이거나, 현실성이 없거나, 잘못 오도한다고 하는 점에서 주절과 like-절의 의미 관계가 [의미-1]의 경우와 다른 것으로, 기본적으로 비유적인 상황을 묘사하며 흔히 '마치 ...하/이듯이, 마치 ...하는/인 것처럼' (as if)으로 번역된다. 또한 like는 [의미-1]과 [의미-2]에서 It is, feels, looks, seems, sounds, tastes + like-절의 표현으로 자주 쓰인다.

like: 의미-3 like가 접속사 that과 같은 기능을 하는 경우로 가장 흔히 It seems + like-절의 구조로 쓰이는데, It seems + that-절 (...인 것 같다/...인 듯하다)과 같은 의미이나, 종종 that을 사용하는 경우보다 더 완곡하거나 또는 덜 강하게 주장을 내세우는 어감을 나타낸다.

[의미-1,2,3]의 어느 경우이든, 이렇게 접속사로 쓰이는 like는 비격식체에서 그리고 일상 구어체에서 대단히 자주 사용된다. ➡ (163) (209) (395) (438) (460) (528)

여기서의 like은 [의미-2]의 예시적인 상황을 묘사하며 흔히 '마치 ... 하/이듯이, 마치 ... 하는/인 것처럼' (as if)으로 번역된다.

example

Jack: Greg, would you like to say grace?
Pam: Oh, uh, well, Greg's Jewish, Dad. You know that.
Jack: You're telling me the Jews don't pray, honey? (Looking at Greg) Unless you have some objection.
Greg: No, no, no, no, no. I'd love to. Pam, come on! Sounds **like** I'm a rabbi or something.   [*Meet the Parents* (2000 film)]

Jack: Greg, 기도해 줄래?
Pam: 오, 음, 근데 아빠, Greg은 유대인이야. 아빠도 알잖아.
Jack: 넌 유대인들은 기도를 안 한다는 얘길 하는 거니? (Greg을 쳐다보면서) Greg이 반대하지 않는다면 (기도해 주렴).
Greg: 아, 아, 아, 아니, 아닙니다. 하고 싶습니다. Pam, 그러지 마. (근데) 내가 래바이나 뭐라도 된 것만 같네요.

grace 명 **prayer**; 기도. **say grace**: 기도하다; pray   **Jewish** 형 유대인의/인 < **Jew** 명 유대인   **rabbi** (´ræb·ai) 명 유대교 (Judaism) 회당 (synagogue)에서의 종교적, 정신적 리더; (성직자) 또는 스승 (teacher)   **objection** 명 반대 < **object** 자동 반대하다. ...에/에게 반대하다: object to ...; oppose ...; be opposed to ...
여기서 Greg의 'Come on!'은 Pam의 이야기를 일축하거나 아니라고 접어 두는 표현

Scene

Molly (raising her left hand): Sam, can you feel me?

The ghost of Sam (touching her left hand with his left hand): ③⁹⁶ With all my heart. ③⁹⁷ I'd give anything if I could ③⁹⁸ just touch you once more.

Molly ③⁹⁹ Me, too.

[*Ghost* (1990 film)]

Words & Phrases

- **raise** 타동 (높이) 올리다
- **ghost** 명 죽은 사람의 영혼
- **heart** 명 심장, 가슴

장 면

Molly가 반 돌팔이 심령가 (psychic) Oda Mae의 중재를 통해 Sam의 영혼과 손을 마주하면서, 두 사람의 못다 이룬 사랑의 애절한 마음을 나누고 있다.

번 역

Molly (왼손을 들어 올리며)	Sam, 자기 날 느낄 수 있어?
Sam의 영혼 (왼손을 그녀의 왼손에 대며)	내 온 가슴으로 (느낄 수 있어). 단 한번만 자기를 만져볼 수 있다면 모든 걸 바칠텐데.
Molly	나도 그래.

Ghost (사랑과 영혼)   45

396 with = 도구, 수단

With all my heart
내 온 가슴으로

여기서의 전치사 with는 '... 과 함께, 같이'라는 동반, 어울림, 연합, 연결의 의미에 버금가는 with의 대표적인 용법으로 '... 로/를 가지고'라는 뜻의 도구나 수단을 나타낸다.

example
Sonny: Those big companies get everything they want, you know. Everything goes to the rich men.
Reuben: You getting tired of it?
Sonny: Oh, when I do, I just wash it down **with** a beer, see?

[*Norma Rae* (1979 film)]

Sonny: 저 대회사들 지네들이 원하는 모든 걸 갖잖아요. 모든 게 부자들한테로 가죠.
Reuben: 그게 이제 신물이 나시죠? Sonny: 오, 그럴 땐 그냥 맥주나 하나 하면서 씻어버리죠, 보시듯이.

be/get tired of ...; be/get sick and tired of ...; be/get sick of ...: ...에 지치다, 신물이 나다. be는 상태를, get은 변화를 (그렇게 되는 것을) 나타내다
wash ... down (with ...): (...로/ ...를 가지고) ...를 (걱정, 슬픔, 피곤 등을) 씻어내리다, 달래다.

장면 미국 남부의 방직 공장 근로자인 Sonny가 노동조합 (labor union) activist (활동가, 운동가)인 Reuben을 만나 가난한 근로자의 시름을 얘기한다.

example Susan B. Anthony barnstormed for equality and was insulted, vilified, even pelted **with** rotten eggs.

Susan B. Anthony는 (여성의) 평등을 위해 여기 저기 다니면서 캠페인을 하고 다녔는데 모욕당하고 욕먹고 썩은 계란들을 맞기까지 했다.

barnstorm 자동/타동 (... 지역을 시골 타운/마을들을 돌아다니며 또는 사람들을 만나며) 홍보, 캠페인, 공연 등을 하다   **insult** 타동 모욕하다   **vilify** 타동 (...에 관해) 악담/중상모략을 하다, 명예 훼손을 하다   **pelt** 타동 (pelt + 사람 + with + ... (도구)) ...에게 ...를 던지다/때리다
rotten 형 썩은

Topic Susan Brownell Anthony (1820-1906): 여성 참정권, 노예제 폐지, 금주 운동을 이끈 사회 개혁 운동가, 교육자, 강연자, 저자. 사진 제공: the U.S. Library of Congress

397 가정법 과거 = 닫힌 가능성

I'd give anything if I could just touch you once more.
자기를 단 한 번만 더 만져볼 수 있으면 뭐든지 바칠 텐데.

Cross-reference
비교 (가정법 과거: 열린 가능성, 소망, 신중, 정중):
 (68) (184) (194) (202)

사랑하는 사람을 지금이나 나중에라도 한 번 더 만져 보고 싶은 감정을 표현하는데 주절의 동사가 과거 시제 (would)이고 if에 의해 이끌리는 조건절의 시제가 과거 시제 (could)이니 이 구문은 **가정법 과거** 구문이다. 이 문장은 내가 죽어서 이제 다시는 당신을 만져 볼 수 없기 때문에 한국의 영어 교육에서 가르치는 소위 현재 사실과 반대되는 가정을 하는 가정법 과거의 전형적인 예가 된다.

그러나 이 어법에서도 유의할 점은 이러한 가정법 과거라 하더라도 대부분의 경우 가정법 과거 구문이 단순히 현재 사실을 반대로 기술하는, 즉 180도 다른 각도에서 전개하는 논리적 표현이 목표가 아니라는 점이다. 이렇게 객관적으로 표면적으로는 현재 불가능한 일을 현재의 사실과 반대로 묘사할 때 가정법 과거는 현재 그렇지 않음을 기계적으로 묘사하는 것이 주 목적이 아니라 흔히 **간절한 바램, 깊은 아쉬움이나 유감, 또는 신중한 주장** 등 대단히 주관적이고 감정적인 색채를 띄거나 신중한 표현 기법으로 쓰인다.

example We will have differences. Men of different ancestries, men of different tongues, men of different environments, men of different geographies do not see everything alike. **If** we **did** we **would** all want the same wife – and that **would** be a problem.
우리는 다르게 끔 되어 있다. 다른 조상을 가진 사람들, 다른 언어를 가진 사람들, 다른 환경을 가진 사람들, 다른 지리적 환경을 가진 사람들은 모든 것을 똑같이 보지 않는다. 우리가 만일 그랬다면 우리는 모두 똑같은 부인을 원할 것이다 (그리고 그 거야말로 문제가 될 것이다).

주목 We will have differences.에서의 **will** = (본질적) **경향, 습성, 속성**: ...하는 법이다, ...하게 끔 되어 있다

ancestry 명 조상들 (계보)　**tongue** 명 혀; 언어; language　**environment** 명 환경
geography 명 지리　men of different geographies: 서로 다른 지역에 사는/지역을 출신/배경으로 하는 사람들

Samantha (to her dad): Jake is a senior, and he's beautiful and perfect. I like him a real lot, and he doesn't like me, O.K.? And he's got this incredible

Ghost (사랑과 영혼)

girlfriend, and I'm just this ridiculous dork that's following him around like a puppy.
Dad: That's why they call them crushes. **If** they **were** easy, they**'d** call 'em something else.   [*Sixteen Candles* (1984 film)]

Samantha (아빠에게): Jake은 졸업반인데 멋지고 완벽해. 난 그 애가 진짜 아주 좋은데 걘 날 안 좋아한다는 거 알죠? 그리고 걘 이 믿기 어려울 정도의 (기막히게 괜찮은) 여자 친구가 있는데 나 그 애를 강아지처럼 여기 저기 쫓아 다니는 우스꽝스런 띨띨이일 뿐이야.
아빠: 그러니까 그게 (누구한테 반한다는 것이) (아프도록) 짓눌린다는 (crush) 거야. 그게 쉬우면 사람들이 그걸 (crush가 아니라) 다른 (쉬운) 뭐라고 부르겠지.

---

incredible 형 믿을 수 없는, 믿기 힘든   **ridiculous** 형 웃기는, 비웃음을 살만한   **dork** 명 (slang, 속어) 띨띨이, 밥맛 없는 녀석   **crush** 명 (비격식체) (흔히 일시적인) 반함, 뽕 감

장면 ▶ 고등학교 2학년생인 Samantha가 열 여섯 살 생일 (Sweet Sixteen)인 오늘 아빠에게 짝사랑을 얘기한다.

example **If** most of the products we use today **were** made in this country by American workers, there **would** be no job shortage and a higher standard of living.

우리가 오늘 사용하는 제품들의 대부분이 이 나라에서 미국인 근로자들에 의해 만들어진다면 직업 부족도 없을 것이고 더 높은 생활 수준이 있을 것이다 (그런데 오늘날 아쉽게도 그렇질 않다).

---

product 명 제품, 상품   **shortage** 명 부족   **standard of living** 생활수준

---

398   just = 강조의 부사; just의 위치 = just + 본동사

if I could just touch you once more
자기를 단 한 번만 더 만져볼 수 있다면

Cross-reference
비교 (only + 본동사):
➡ (335) (581)

여기서 **just**는 '바로 ..., 오직 ..., ... 뿐/만' (only; nothing/no one other than ...)을 뜻하는 강조의 부사이다. 이 어법의 just는 수식하고자 하는 말의 바로 앞에 위치시키는 것이 논리적이지만 현대 영어에서는 수식하고자 하는 말의 위치에 상관없이 본동사의 바로 앞에 (또는 조동사나 be 동사 뒤에) 위치하는 현저한 경향이 있다. 공식체적이거나 상당히 문어체적인 표현에서 그리고 특별히 강조하고자 하는 말이 바로 이것이다라고 뚜렷한 의식을 가지고 just를 수식하고자 하는 말 바로 앞에 놓는 경우들이 있지만 구어체의 표현에서는 **본동사 바로 앞**에 위치시키는 **경향**이 현저하며 일상적인 글에서도 그러한 경향이 상당하다. 이 경우에는 just가 실제로 수식하는 어구는 once more이다 (if I could just touch you once more = if I could touch you just once more). [➡ (130) (159) (204) (560)]

> **example**

Judy: We've gotta do something. He can't **just** treat people like that.
Violet: Do? What's to do? Quit?
Doralee: Well, I can't quit.
Violet: It's the same all over, anyway.
Judy: Look, could we just all get together and complain?
Doralee: Complain to who?
Violet: Let's face it. We're in a pink-collar ghetto. Let's have another drink.

[*9 to 5* (1980 film)]

Judy: 우리 뭔가 해야 해. 그자는 사람들을 그런 식으로 대해선 안 돼.
Violet: 해? 뭘 해? 그만둬?
Doralee: 글쎄, 난 그만둘 수 없어.
Violet: (그래 봤자) 상황은 암튼 원래와 다시 같아.
Judy: 봐, 우리 모두 뭉쳐서 항의하면 어때?
Doralee: 누구한테 항의를?
Violet: 상황을 바로 봐. 우린 저임금 여성 직종에 있어. 술이나 한잔 더 하자.

---

treat 타동 대우하다, 취급하다 **face it**: 여기서 face는 …를 (피하지 않고) 정면으로 마주하다, 대처하다. 그리고 it은 문맥상 이해되는 상황 **complain** 자동 불평/항의하다
pink-collar 형 여성 근로자들의 **ghetto** 명 빈민가. 여기서는 저임금 직장/직종

주목 ▶ **What's to do?**: What's (there) (for us) to do?; What's to be done?: 우리가 뭘 해야 하는데?, 우리가 할 수 있는 게 뭘까?

주목 ▶ **Complain to who?**: Complain to **whom**?의 **구어체** 표현. 일상 구어에체서는 목적격 whom (문어체)보다 who가 선호된다.

장면 ▶ 새로 입사한 지 얼마 안되는 Judy가 여성들을 비하적으로 대하는 보스 Mr. Hart에 대해 화가 나서 동료 여성 직원들에게 항의든 무엇인가 하자고 제안한다. 그러나 오랜 동안 회사를 다닌 Doralee와 Violet은 자기들의 직장이 "pink (-collar) ghetto" (보수가 낮은 여성들의 직종)이어서 별 수가 없다, 아무튼 간에 결국 "the same all over, anyway" (원점으로 돌아가/다시 똑같다) 라고 반대한다.

[사진] 전통적인 남성 중심의 근로환경 속에서 급성장하는 여권의식 (feminism, women's right's consciousness/awareness)과 여성 직장인들의 남성과 동등한 대우와 권리를 실현하고자 하는 노력을 코믹하게 그린 1980년의 명작 *9 to 5*
© Twentieth Century Fox/IPC Films

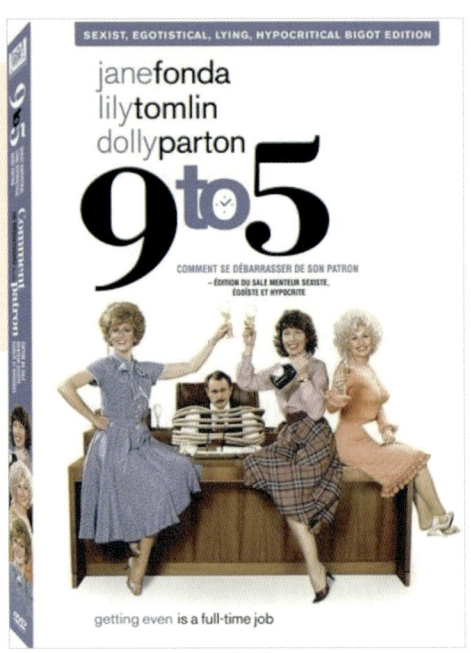

399 주어 = 목적격 (me)

Me, too.
나도 그래.

Cross-reference
비교 (주어 + be + 목적격):
➡ (167)

말하는 이인 나 (I) 또한 앞에 온 진술과 같음을 나타내는 이 표현은 비격식체적 **구어체**에서 빈번히 쓰이는데 형태상으로는 예외적으로 **목적격 대명사**인 Me가 **주어**로 사용된 경우이다. 이 경우의 **Me, too.**는 달리 표현하자면 **I would, too.** (I, too, would.; I also would.), 또는 **So would I.** 또는 Same here. 또는 이 영화에서 Sam이 즐겨 쓰는 **Ditto**.라고 할 수 있다. 이렇게 목적격 대명사가 주어로 쓰인 비격식체적 구어체의 예를 보자.
[➡ (419)]

example

Forrest: Since it was just **me** and Mama, and we had all these empty rooms, Mama let those rooms out, mostly to people passing through. That's how **me** and Mama got money. Mama was a real smart lady.
[*Forrest Gump* (1994 film)]

Forrest: 나랑 엄마 뿐이었고 우린 이 방들이 모두 비어 있었기 때문에 엄마는 그 방들을 주로 (이 지역을) 지나가는 사람들에게 빌려 주었다. 엄마랑 나는 그렇게 해서 돈을 벌었다. 엄만 진짜 똑똑한 부인이었다.

> **Since ...**: 상황/이유의 접속사 (...이니까). Because/as/for보다 일상체/구어체에서 가장 자주 사용되는 상황적 이유의 접속사이다. **let out ...**/ let ... out: ...를 세놓다; rent out **mostly**: 대개, 주로; mainly, usually, chiefly, largely, primarily **pass through** (our town/area): 지역/동네를 지나다 **a real smart lady**에서의 **real: 주의**: 국내의 영어교육에서 real은 형용사만으로 간주되어 형용사인 smart 앞에 올 수 없는 잘못된 표현으로 가르치지만, 일상 **구어체**에서는 **real**이 부사로서 really 대신에 대단히 자주 사용된다.

주목 ▶ '... it was just me and Mama.'와 '... how me and Mama'에서 각각 주격보어와 주어인 위치에 목적격인 **me**가 사용된 것은 일상 **구어체**/**비격식체**의 표현이기 때문이다. 격식을 갖춘 **문어체**에서는 흔히 Mama and **I**가 기본형으로 사용된다.

example

Mary: So, so, are you, are you going to the prom?
Ted: Huh? Uh, oh, uh ... I, I don't ... I think proms are ... dumb.
Mary: 'Cause I thought maybe we could, um, go together. I mean, **you and me** could go together. The two of us.
Ted: You, **you and me**? Sure, all right.
Mary: Cool.   [*There's Something about Mary* (1998 film)]

Mary: 그래 너, 너 프람에 가니?
Ted: 어? 어, 오, 어 ... 나, 나 않 ..., 프람은 ... 멍청한 거라고 생각해.
Mary: 어쩜 우리가, 음, 같이 갈 수 있을까 생각해서 (꺼낸 얘기야). 너랑 나랑 같이 갈 수도 있겠다 싶어서. 우리 둘이서 말야.
Ted: 너, 너랑 나랑? 그럼, 좋고 말고.
Mary: 아 잘됐다.

prom: 학교에서 (특히 고등학교에서) 학생들이 학년이 끝날 때 하는 공식적 댄스 (formal하게 dress up하고 가는 dance)로, 특히 졸업반의 senior dance는 인생의 한 이정표처럼 중요한 일로 여겨진다.

주목 ▶ 여기서도 비격식 **구어체**에서 'you and I' 대신에 목적격 **me**를 사용한 '**you and me**'로 표현되었다.

장면 ▶ 예쁘고 총명한 금발의 Mary가 못생기고 우둔하지만 진실한 Ted의 인간미를 알아보고 프람에 같이 가자고 청하자 Ted가 놀라와 하면서 받아들이면서 신나 한다.

Scene

Sam (ghost): I love you, Molly. ④⓪⓪ I've always loved you.
Molly Ditto.
Sam ④⓪① It's amazing, Molly. ④⓪② The love ④⓪③ inside of ④⓪④ you, ④⓪④ you take it with ④⓪④ you. See you.
Molly (Tears begin to run down her face.): See you. Bye.

[*Ghost* (1990 film)]

Words & Phrases

- **ditto** (´dit·ou) 명 앞에서 말한 것, 같은 의견, 동감. 부 같은 식/의견으로
- **amazing** 형 놀라운, 경이로운

장면 • • • •

영화를 끝맺는 이 장면에서 Molly와 Sam의 사랑은 Molly로 하여금 Sam의 영혼을 보고 대화하는 것이 가능하게 한다. 살아 생전에 세상 사람들이 말하는 "I love you." 라는 말이 너무도 흔히 빈말이기 때문에 Molly에게 한번도 하지 않고 Molly가 자기에게 "I love you." 라고 말하면 그제서야 간단히 "Ditto." (나도 같아) 라고만 말했던 Sam이 이 마지막 장면에서 드디어 처음이자 마지막으로 Molly에게 "I love you." 라고 말하면서 자기가 가슴 속에 간직했던 사랑을 어디서나, 죽어서도 가지고 간다는 애절한 사랑을 말하고, Molly는 Sam이 항상 하던 말인 "Ditto." 라고 대답하면서 Molly와 Sam의 영혼은 서로의 사랑을 확인하고 마지막 작별을 한다.

번역 • • • •

Sam (영혼) 자기 사랑해, Molly. 언제나 자기를 사랑했어.
Molly 나도 같아.
Sam 그거 놀라운 일이야, Molly. (내가) 가슴 속에 간직한 사랑, 그건 (어딜 가나, 죽어서도) 가지고 가. 또 만나.
Molly (눈물이 얼굴을 따라 흘러 내리기 시작한다): 또 봐. 안녕.

400 현재 완료 = 계속

I've always loved you.
나 항상 자기를 사랑했어 (사랑해 왔어)

Cross-reference
비교 (현재 완료 = 경험):
➡ (85) (190) (206) (262) (334) (369) (550) (582)

비교 (현재 완료 = 완료 (+ 결과)):
➡ (240) (445)

여기서 쓰인 현재완료 시제 (have + 과거분사)는 현재완료 시제의 여러 용법들 중에도 (앞에서 이미 명백히 언급이 되었거나 문맥상 뚜렷이 드러

나 있거나 말하는 이와 듣는 이 간에 서로 암묵적으로 이해하고 있는) 과거의 한 시점으로부터 현재에 이르기까지 지속되어 온 사건, 행위, 또는 상태를 나타낸다. 현재완료의 계속의 의미는 대부분의 경우 **how long, (for) long, for + 지속/계속 기간, (ever) since + 과거** (과거 ... 이후로부터 지금까지 (계속해서)) 등의 지속/계속을 나타내는 어구와 함께 쓰인다.
[➡ (19) (88) (266) (469) (552)]

example African-Americans **have** celebrat**ed** Kwanzaa **since 1966-67**.
흑인 미국인들은 Kwanzaa (December 26-January 1)를 1966-67년 이후로 축하해 왔다.

[사진] 미국 Milwaukee 시의 한 African-American community 에서 한 흑인 여성이 미국 흑인들의 Africa적 전통을 기리는 7일간의 (**12월 26일-1월 1일**) 명절인 **Kwanzaa**를 기리는 7개의 초에 불을 붙이고 있다.
사진: ⓒ 박우상 (Dr. David)

example Cinco de Mayo **has become** so popular **over the past 20 years or so**.
Cinco de Mayo (5월 5일)는 지난 20여 년에 걸쳐 아주 널리 알려지게 되었다.

over ...: '...에 걸쳐서' 라는 의미의 기간의 지속을 나타내는 전치사
20 years or so: 약 20년, 20년 남짓; approximately 20 years; about/around 20 years; roughly 20 years

▶ 배경: 역사문화 ▶

Cinco de Mayo (5월 5일):
스페인어로 5월 5일을 뜻하는 Cinco de Mayo (the Fifth of May)는 원래 멕시코가 1862년 5월 5일에 멕시코의 푸에블라 전투 (the Battle of Puebla)에서 프랑스군을 격퇴하면서 거둔 승리를 기념하는 멕시코의 휴일인데, 오늘날 미국에서는 멕시코의 문화와 전통을 기념하고 즐기는 축일이다. 주로 5월 5일을 포함한 주말이나 그 전 주말에 멕시코 계의 인구비율이 많은 도시나 타운들에서 (가장 활발하게는 California와 Texas 주에서) 멕시코의 음악, 춤, 음식, 그리고 기타 문화적 공연과 전시들을 선보이고 즐기면서 Cinco de Mayo를 기린다.

[사진] Cinco de Mayo 하면 멕시코계의 전통 음악 밴드인 마리아치 밴드 (mariachi band)의 음악과 전통적인 (특히 사랑의) 춤을 빼놓을 수 가 없다. 이 사진에서는 Cinco de Mayo 날에 Wisconsin 주의 동남부 West Allis에서 한 mariachi band (마리아치 밴드)가 멕시코의 전통적인 댄스 음악을 연주하고 있다 (대부분 대단히 흥겨운 멜로디와 박자인데 흔히 그 속에 슬픈 여운을 띄고 있다). 사진: ⓒ 박우상 (Dr. David)

401   it = 뒤따르는 어구/내용

It's amazing, Molly.
그거 놀라워, Molly.

한국의 영어 교육에서는 대명사 it은 앞에 오는 어구를 뒤에서 가리키는 것으로만 가르친다 (예외적으로 to-부정사구, 동명사구, that-절, 의문사절, 일부 관계사절 등이 주어 (소위 의미상의 주어 또는 진주어)로 상대적으로 긴 경우에 문두 (주어의 위치)에 가주어 It을 위치시키고 의미상의 주어를 문장 뒤에 위치시키는 현상이 있다). 그러나 여기서의 대명사 it은 앞에 오는 진술을 가리키는 것이 아니라 **뒤따르는 진술**을 앞에서 가리키는 어법으로 이 경우 The love inside of you, you take it with you.를 가리킨다. 즉 Sam이 내가 내 안에 간직하고 있는 자기 Molly에 대한 사랑을 문맥상 내가 어디를 가든지 죽어서 까지 가지고 간다, 그 사랑을 내가 버릴 수 없다, 그 사랑이 나를 떠날 수 없다, 이것이 놀라운 일 아니냐는 애절한 사랑의 진술이다.

이 어법은 기본적으로 구어체적 어법으로서 글로 표현되는 경우라 하더라도 그 표현을 마치 말로 전하는 듯한 어감을 띈다. 그리고 구어체에서 쓰이든 문어체에서 쓰이든 이 어법은 종종 듣는 이 또는 읽는 이로 하여금 앞에 구체적으로 언급된 적이 없는 이 it이 과연 무엇일까 **궁금**하게 하는 효과를 가지며, 말하는 이 또는 글 쓰는 이에게는 앞에서 간단하게 it으로 **주목**을 끌고 나서 자세한 이야기를 시간을 가지고 사용할 어휘나 구문이다 이야기할 내용을 생각할 여유를 주는 효과를 가진다.

> example   **It** won't be simple, and **it** won't be cheap, but the war on global warming must be won.
> [it = the war on global warming]
> 간단하지 않을 것이며 값이 싸지도 않을 것이지만 지구 온난화의 전쟁은 반드시 이겨야 한다.

example We did not realize **it** at the time, but Robert Kennedy's death four decades ago marked an irrevocable turning point in our hopes about public life.
우리는 그 당시에는 그것을 깨닫지 못했다. 그러나 Robert Kennedy의 40년 전의 죽음은 우리가 공직에 대해 가진 희망에 있어서 한 돌이킬 수 없는 전환점을 기록했다.

---

realize 타동 깨닫다　　**decade** 명 10년(의 기간)　　**mark** 타동 표식을 하다, 기록하다
irrevocable 형 돌이킬/번복할/철회할 수 없는　　**revoke** 타동 철회/번복하다
turning point 명 전환점

Topic [정치: RFK] Robert F. Kennedy (RFK, 1925-1968, 암살, 미연방 검찰총장, 미연방 상원의원): John F. Kennedy (1917-1963, 35대 대통령 (1961-1963))의 동생으로 1963-1968년의 미국의 진보주의와 정치적 이상주의의 선구자였다.

example Chalk **it** up to changing sensibilities, America's growing distance from its farming heritage, or just those pesky animal-rights folks. But whatever the reason, there won't be any greased pig races at many county fairs this year.
[it = (that) there won't be any greased pig races at many county fairs this year (금년에는 많은 county fair들에서 기름을 반들반들하게 칠한 돼지를 붙잡는 경주는 아예 없을 것이라는 것)]
그것을 (대중의) 민감하게 변화하는 인식들, 미국이 농사짓던 과거로부터 점점 멀어져 가는 것, 또는 성가신 동물들의 권리를 옹호한다는 그 사람들 때문이라고 하자. 그러나 그 이유가 무엇이든 금년에는 많은 군 축제 (county fair)들에서 기름을 반들반들하게 칠한 돼지를 붙잡은 경주는 아예 없을 것이다.

---

chalk A up to B: A를 B의 잘못, 이유, 탓으로 돌리다; ascribe/attribute A to B
sensibility 명 사회문화적 분별력/배려심. 특히 소수 인종들, 사회적 약자들, 성적/문화적 소수자들에 대한, 특히 여기서는 동물에 대한 배려심/감수성　　**farming** 명 농사, 농업　　**heritage** 명 (역사적) 유산　　**pesky** 형 성가신, 귀찮은, 짜증나게 하는　　**animal-rights folks** 동물 권이니 하고 떠들고 옹호하고 다니는 사람들　　**greased pig race** greased (잡기 힘들게 미끌미끌하게 기름칠이 된 (greased)) 돼지들의 경주 (pig race)

[사진] 오랫동안 군 축제 (county fair) 또는 주 축제 (state fair)의 단골 행사였던 미끈한 기름을 바른 돼지들을 쫓아가 꼼짝 못하게 끌어안아 붙잡는 경주 (greased pig race)가 동물에 대한 학대 행위라는 인식이 퍼지면서 근래에 들어 찾아보기 힘들어지거나 돼지들끼리

Ghost (사랑과 영혼)　　55

만 달리게 하는 race 또는 사람들이 나와서 돼지에게 키스를 하는 등의 순화된 게임들로 바뀌고 있다. 이 사진에서는 Wisconsin 주의 Pewaukee에서 열린 the Waukesha County Fair (워키셔 군 축제)에서 사람들이 돼지들의 달리기 경주를 소리쳐 응원을 하면서 구경하고 있다.
사진: ⓒ 박우상 (Dr. David)

402 대명사의 주어/목적어 반복

The love inside of you, you take it with you.
가슴 속에 간직한 사랑 (어딜 가나, 죽어서도) 가지고 가.

Cross-reference
참고 (목적어 + 주어 + 타동사):
➡ (131)

여기서 The love inside of you는 이 문장의 맨 앞에 위치해 있지만 실은 take의 목적어이며 이 문장의 주어는 you이다. 여기서 타동사의 **목적어**를 문두에 위치시킨 것은 첫 번째로 바로 앞에서 불쑥 이야기를 꺼낸 그것 (it)이 무엇인지 단절 없이 이야기의 흐름을 자연스럽게 흐르게 하는 효과를 가진다. 그리고 이 목적어가 take 바로 뒤에서 대명사 it에 의해 **반복**되어 있다. 이것은 **구어체**에서 종종 보이는 현상으로 언급하고 싶은 어구를 일단 앞에서 언급하고 나서 뒤따르는 정상적인 구문 형태 안에서 대명사로 다시 받는 어법으로 문어체로 **글**을 쓸 경우에는 **반드시 피해야** 한다. 그리고 이 현상은 구어체에서 특히 반복 (군더더기) 주어/목적어 (redundant subject/object)의 현상으로 아주 빈번히 쓰이는데 이 역시 문어체의 글에서는 반드시 피해야 한다.

example Mom, **that nice blue striped tie you see**, I wanna buy **it** for Dad for Father's Day.
엄마, 저기 보이는 멋진 파랑색의 줄무늬 있는 타이 있잖아, 나 아버지 날을 맞아 아빠를 위해 사고 싶어.

striped: 줄 무늬가 있는   **tie**: 한국에서는 흔히 '넥타이'라고 하지만 원어민들의 절대 다수는 neck을 사용하지 않고 tie라고 한다.

문화배경 ▶ **Father's Day**
미국의 Father's Day (6월 셋째 일요일)에는 많은 아내와 자녀들이 남편/아버지를 위해 타이, 지갑 (wallet), 전동드릴 (power drill) 등의 가정 수리 도구 등을 선물한다. 비교: Mother's Day (5월 둘째 일요일)

[사진] 한 Father's Day에 미국 Wisconsin 주의 Madison에서 한 가정의 두 어린 딸이 스테이크를 직접 그릴에 구워서 아빠에게 대접하고 있다.
사진: ⓒ 박우상 (Dr. David)

Dorothy: **My dad**, **he**'s going to, uh, Wisconsin.
Clerk (at a grocery store in a rural town in Iowa): **Wisconsin**, **that** is a real party state. [*The Straight Story* (1999 film)]

Dorothy: 우리 아빠, 그분이 Wisconsin주로 여행을 가시거든.
종업원 (Iowa 주의 한 시골 타운에 있는 식료품점에서): Wisconsin, 그 주 진짜 파티하고 놀기 좋아하는 주야.

---

rural 형 시골의   **Iowa, Wisconsin:** 미국 중서부 (the Midwest)에 있는 주들. Iowa는 Chicago 시의 서쪽, Wisconsin은 서북쪽에 접해 있다.

Rudy: **Some of my classmates**, **they** were going straight from school into the top law firms, thanks mostly to their family connections.   [*The Rainmaker* (1997 film)]

Rudy: 내 (법대) 동기들 중 몇몇은 주로 집안의 연줄 덕택으로 법대 졸업 후 곧바로 최고 법률 회사들로 직행했어.

403 inside of

inside of you
당신의 안에 (있는), 당신이 가슴 속에 간직한

inside of는 '시간 또는 공간적으로 ... 안에 (있는)' (within the space or period of ...) 라는 의미로 inside의 구어체적 또는 비격식체적 표현이다. [➡ (363) (579)]

example Utah's Zion National Park is an adventure **inside of** day-trip distances from Las Vegas.

Ghost (사랑과 영혼)

Utah 주의 Zion 국립공원은 (Nevada 주의) Las Vegas로부터 당일로 다녀올 수 있는 거리 내의 즐거운 여행이다.

day-trip distance 형 하루 만에 다녀올 수 있는 여행 (day trip)의 거리

[사진] 풍화된 반건조 지대의 sandstone (사암) 산악들과 아래로 흐르는 Colorado River와 Virgin River 형성하는 Zion 협곡 (canyon), 그리고 그 안에 서식하는 수많은 동식물 종들의 생태환경이 신비로운 **Zion National Park**. 미국 Arizona와 Nevada 주에 근접하고 Utah 주의 서남부에 위치해 있으며, the Grand Canyon과 Bryce Canyon과 함께 미국의 3대 canyon 지대 중의 하나다.
사진: ⓒ 박우상 (Dr. David)

404 you = 일반인 = 문맥, 상황, 화제, 암묵적 이해, 사회 통념 등에 의해 제한; you = 나 (I)

The love inside of you, you take it with you.
가슴 속에 간직한 사랑 (어딜 가나, 죽어서도) 가지고 가.

이 표현은 Sam이 Molly에게 Molly 당신의 가슴에 담겨져 있는 나에 대한 사랑을 당신이 가지고 가라든지 다니라든지 하는 부탁이나 주문을 하는 you를 주어로 하는 명령문이 아니다. 여기서의 대명사 you는 흔히 뜻하는 말을 듣거나 글을 읽는 상대방을 가리키는 것이 아니라 비특정 일반인들이나 보통의 경우의 전형적인 사람 (people in general, anyone)을 뜻한다. 이것이 한국의 영어 교육에서 간단히 **일반인의 you**라고 부르는 것인데 여기서 주의할 점은 그 "일반"인의 "일반성"이 전혀 절대적인 것이 아니라 흔히 문맥, 상황, 그 사회나 화제의 집단에 대한 이해나 상식 등에 따라 그 **범위**가 상당히 **제한**되며 종종 you가 실질적으로는 **말하는 이인 나 (I)**를 나타낸다는 점이다. 이 어법의 you의 의미 범

위를 제대로 이해하기 위해서는 영어를 사용하는 사람들과 영어가 사용되는 사회와 적어도 화제에 대한 올바른 이해가 흔히 요구된다.

이 경우에는 자기 가슴 안에 사랑을 간직하고 있는 사람은 (어딜 가더라도) 그것이 누구라도 그 사랑을 가지고 간다/다닌다는, 그러한 사랑을 하고 있는 사람들에 관한 일반론이며, 그런 참 사랑을 하고 있는 그리 많지 않은 사람들 중에도 특히 자기 자신의 경우를 놀라운 경험담으로 표현하고 있는 것이다. 즉 내가 나의 가슴 속에 간직하고 있는 Molly 자기에 대한 사랑을 어딜 가더라도, 이렇게 죽어서까지도 버리거나 잃지 않고 내가 가지고 간다는 뜻이다. [➡ (391) (569)]

example I love standing in moving water in a beautiful place. Nothing bothers **you** but the fish. Fly-fishing is such an elegant sport. My hope is someday to have enough time to fly-fish seriously.

나는 아름다운 곳에서 흐르는 물 속에 서 있는 것을 좋아한다. (the: 그곳에 왔다 갔다 하는) 물고기들 말고는 아무것도 나를 귀찮게 하는 것이 없다. Fly-fishing은 대단히 우아한 운동이다. 내 희망은 언젠가 진지하게 fly-fishing을 할 충분한 시간을 갖는 것이다 (충분한 시간을 갖고 fly-fishing을 진지하게 해보는 것이다).

Nothing bothers you but the fish.에서의 but = except: 전치사. ...를 제외하고(는) = [아마도 fish가 복수일 것으로 가정하고] Only the fish bother you.
fly-fish 자동 파리낚시를 하다   **seriously** 부 진지하게, 열심히

주목 ▶ Fly-fishing is <u>such an elegant sport</u>.
= Fly-fishing is <u>so elegant a sport</u>.
so의 경우 'so + 형용 + a(n) + 명사'의 어순에 주의]

[fly-fishing을 좋아하는 한 여성의 표현]

[사진] Fly-fishing으로 세계적 명성을 누리고 있는 미국 주 (state)인 Rocky 산맥 언저리의 Montana 주의 Billings 근교의 한 개울에서 한 여성이 여름 날의 더위 속에 fly-fishing을 즐기고 있다.
사진제공: ⓒ Todd Harris

A Walk to Remember

영화 내용 Plot Summary
사랑의 경이로움은 사람을 아름답게 변화시키며 삶을 희망과 기쁨으로 가득 채운다. 고등학교 졸업반인 Landon Carter와 Jamie Sullivan의 순수한 사랑을 그린 이 영화에서, 미래에 대한 꿈이나 목적의식 없이 껄렁한 친구들과 놀기 좋아하며 여자애들하고 어울리면서 사고나 치고 다니는 Landon과 극보수적인 목사 아버지의 외동딸로 삶에 진지하고 신앙심이 돈독하고 학교에서 모범적인 Jamie가 우연한 (또는 세계관에 따라서는 우연 같으면서도 필연적인) 사건을 통해 만나게 되고 사랑에 빠진다. 두 젊은이의 짧지만 죽음까지 초월하는 진실한 사랑은 Landon을 건실하고 열심히 노력하며 인생으로부터 멋진 가치를 추구하는 젊은 의대생으로 변화시키는 한편, 백혈병을 앓아온 Jamie로 하여금 비록 끝내는 꿈 많은 꽃봉오리로 세상을 떠나지만 마지막 날까지 희망과 의미가 가득한 삶을 살다가 참다운 기쁨 속에 눈감을 수 있도록 한다.

감독 Adam Shankman
주연 Landon Carter 역: Shane West; Jamie Sullivan 역: Mandy Moore
Writing Nicholas Sparks (screenplay); Jeremy Leven (screenplay); Jan Sardi (adaptation)
사진 사랑은 감사, 사랑은 더 나은 인간으로의 도약과 변화임을 잔잔한 감동으로 보여주는 10대의 사랑 영화, A Walk to Remember (2002) 포스터
© Warner Bros, Pandora Cinema, DiNovi Pictures, et al.

08
워크 투 리멤버
2002 Flim

Scene

Landon　Um, I ④⑤ wanna a-ask you something.
Jamie　O.K.
Landon　④⑥ Will you go out with me ④⑦ on Saturday ④⑧ night?
Jamie　Um … ④⑨ I'm sorry I ④⑩ can't go.
Landon　Oh, um, ④⑪ you have ④⑫ something ④⑬ else ④⑭ going on?
Jamie　No, um, ④⑮ it's not that.
Landon　④⑯ Then what is ④⑮ it?
Jamie　④⑰ I'm not allowe d to date.

[*A Walk To Remember* (2002 film)]

Words & Phrases

- **go out** (on a date): 데이트 하다/나가다
- **allow** 타동 허락/허용하다. allow + 목적어 + to-부정사: 목적어가 … 하/이도록 허용 (또는 허락) 하다.

장면

고등학교 졸업반인 Landon이 Jamie를 학교가 끝나고 차로 집에 바래다 주면서 Jamie에게 첫 데이트를 청하는 장면이다. (아직 Jamie를 어린애 취급하는 보수적 목사인 Jamie의 아버지는 Jamie가 남자친구를 사귀는 것을 허락하지 않는데, Landon은 끝내 Jamie의 아버지를 직접 만나 설득하여 Jamie와의 데이트에 성공한다.)]

[사진] 건들거리고 사고나 치고 다니는 Landon과 신앙심이 깊고 순수한 모범생 Jamie는 뜻하지 않게 고등학교 졸업반 연극에서 남녀 주연을 맡으면서 서서히 서로에게 이끌리게 된다.
사진: © Warner Bros, Pandora Cinema, DiNovi Pictures, et al.

번역

Landon: 음, 뭐 하나 물어 보고 싶은데.
Landon: 토요일 저녁 (밤)에 나랑 데이트 할래?
Landon: 오, 음, 다른 무슨 일이 있는 모양이지?
Landon: 그럼 뭔데?

Jamie: 좋아.
Jamie: 음 ... 미안해, (데이트) 나갈 수 없어.
Jamie: 아니, 음, 그게 아니야.
Jamie: 나 데이트 허용이 안돼 (아빠한테).

405 wanna: want + to-부정사

wanna:

Wanna는 **want to**를 일상적 구어체에서 빨리 발음한 것을 표기한 것이다 (대단히 흔히 wanna로 발음된다). Want + to-부정사의 구조에서 to-부정사는 타동사 want의 목적어로서 이는 '...하기를/하는 것을 원하다' 또는 '...하기를 바라다/하고 싶다'라는 뜻이다. [➡ (100) (381)]

example

Alice: I've become one of the women who shops all day and gets pedicures. But I **wanna** be more. There's more to me.
Doug (Husband): You have children to raise.
Alice: I, I can raise the children. I **wanna** do something more with life before it's too late.　　　　　　　　　　　　　　　　　　　　　　　　　　　　　　　[*Alice* (1990 film)]

Alice: 난 하루 종일 쇼핑이나 하고 발톱 관리나 받는 그런 여자들 중의 하나가 되고 말았어. 하지만 난 더 이상의 것이 되고 싶어. 나에겐 (그런 것들보다) 더가 있어.
Doug: 키워야 할 애들이 있잖아.
Alice: 애들은 나, 내가 키울 수 있어. (하지만) 너무 늦기 전에 (내) 인생으로 뭔가를 더 하고 싶어.

shop 자동 쇼핑을 하다　　**pedicure** 명 발톱 관리　　**raise** 타동 (아이를) 양육하다, 기르다

장면 ▶ 물질적으로 풍요한 지난 16년 간의 결혼 생활과 두 아이들에도 불구하고 가정의 일상에 묻혀 살아가는 자신의 모습에 불행을 느끼는 Alice가 남편 Doug에게 이제는 보다 의미 있는 무엇인가를 추구하고 싶다는 마음을 털어 놓는다.

참고 ▶ I've become one of the women who shops all day and gets pedicures.
→ (**Better English**) I've become one of the women who shop all day and get pedicures.
이 표현에서 관계사 who-절은 one of the women의 one (단수)를 수식하는 것이 아니라 the women (복수)를 수식한다.

406 will = 주어의 의지

Will you go out with me on Saturday night?
토요일 저녁에 나랑 데이트 할래

여기서의 조동사 will은 will의 기본적인 어법의 하나로 (다른 기본적인 어법인 말하는 또는 글쓰는 이가 주어의 미래의 (때로는 현재의) 사건, 행위, 또는 상태에 관해 추측이나 예견을 하는 것이 아니라) 현재나 미래의 사건이나 행위에 관한 "주어의" (주어가 I 또는 We인 경우에는 동시에 말하는 또는 글쓰는 이의) 의지, 소망, 계획, 고집 등을 (부정문 (will not; won't)의 경우에는 거부나 거절)을 나타낸다. Will의 이 어법의 한 유형인 Will you ...?는 여기서는 상대방의 의사나 의견을 묻는 어법으로 쓰여 있다.
[➡ (320)]
[➡ (117) (121) (142) (174) (234) (527) (580)]

example
Peter: You were there when I needed someone the most. You gave me a second chance at life. Lucy, **will you** marry me?
[*While You Were Sleeping* (1995 film)]

Peter: 내가 누군가를 가장 필요로 할 때 당신이 그곳에 있어 줬어. 당신은 나에게 인생의 또 한 번의 기회를 주었어. Lucy, 나랑 결혼해 줄래?

You were there (for me).: 나를 (배신하거나 떠나지 않고) 나를 도와주다, 옹호/지지하다
a second + 명사 = an additional/one more + 명사

407 on + 구체적 morning, afternoon, evening, night

on Saturday night
(이번) 토요일 저녁에

하루의 시간대를 나누어 아침, 오후, 저녁, 밤에 라고 말할 때는 in the morning, in the afternoon, in the evening, in the night이라고 앞에 전치사 **in**을 사용한다 (night의 경우는 at night이 더욱 자주 사용된다). 그러나 어떤 특정한 날/요일/날짜의 morning이라든지 어떤 성격의 night이라고 제한 또는 수식되는 경우에는 in 대신에 **on**을 사용한다.

example Popcorn is the national addiction: warmth **on** chilly winter nights, innocence **on** Saturday afternoons.

팝콘은 전 국민이 중독되어 있는 것이다. 썰렁한 겨울 밤에는 따스함이며, 토요일 오후에는 순진함이다.

national 형 국가적, 국민적　**addiction** 명 중독 < **addict** 타동 중독시키다　**warmth**: 명 따뜻함, 온기 < **warm** 형 따뜻한　**chilly** 형 쌀쌀한, 차가운　**innocence** 명 순진함 < **innocent** 형 순진한, 죄가 없는

주목 ▶ Popcorn is **the** national addiction. 미국민들이 중독되어 있는 것이 하나 있는데 팝콘이 바로 그것이라는, 팝콘의 유일하고 특정한 정체성이 전국민이 중독되어 있는 바로 그것이라는 의미. 미국인들이 중독되어 있는 것들이 여러 개인데 팝콘이 그것들 중에 하나라면 **a** national addiction이 된다.

example **On the afternoon of the Japanese attack on Pearl Harbor on December 7, 1941, President Roosevelt declared German, Italian, and Japanese aliens dangerous to the public peace or safety of the United States.**
1941년 12월 7일 일본의 진주만 공격이 있었던 날 오후에 Roosevelt 대통령은 독일, 이탈리아, 그리고 일본계의 거주자들은 미국의 공공 평화와 안전에 위험하다고 선언했다.

attack 명 공격. ... (특정한 지점/목표)에 대한 공격: an attack on ...
Pearl Harbor: 진주만: 미국 Hawaii의 Honolulu 앞의 항 (Harbor)
declare 타동 선언하다 > **declaration** 명 선언. 주목: 목적어가 ...라고/하다고 선언하다: declare + 목적어 + (to be) + 목적격 보어 (형용/명)
alien 명 외국인. 합법적인 체류자, 방문자, 유학생, 주재원들과 이민자들까지 포함. 미국 citizenship (시민권)을 취득하기 전까지의 모든 외국인

Exercise

다음의 표현들 중에서 밑줄 친 낱말 (전치사)의 사용이 올바르지 않은 것은 어느 것입니까?

❶ Americans go out to watch fireworks **in** the night of the Fourth of July.
❷ Jimmy Carter used to jog **in** the morning while in office at the White House.
❸ Wisconsinites love to go fishing **on** summer mornings or evenings.
❹ Many Midwesterners dance the polka **on** New Year's Eve.

[정답과 해설]

해설 >>>
❷에서는 하루의 시간대를 뜻하는 기본형으로 전치사 in을 사용하는 올바른 어법이다 (in + the + 시간대: in the morning/afternoon/evening/night; night만은 at night이라고 할 수 있으며 at

night이 압도적으로 자주 쓰인다). ❶, ❸, 그리고 ❹에서는 특정한 날의 시간대임으로 on을 사용해야 하는데 (1)에서는 in이 사용되었으므로 옳지 않다.

번역 >>>
❶ 미국인들은 7월 4일 (Independence Day/the Fourth of July/July (the) Fourth: 미국 독립기념일)에 불꽃놀이를 보러 밖으로 나간다.
❷ Jimmy Carter는 백악관에서 재임 중에 아침에 조깅을 하곤 했다. [James "Jimmy" Earl Carter, Jr. (1924-, 미국 39대 대통령, 1977-81)]
❸ Wisconsin 주 사람들은 여름날 아침 또는 저녁에 낚시 가기를 아주 좋아한다.
❹ 많은 중서부인들은 New Year's Eve (12월 31일 저녁/밤)에 폴카 춤을 춘다.

정답: ❶

fireworks 몡 불꽃놀이. 주의: 복수형으로 사용하는 점에 유의   **while (he was) in office:** 재임 중에   **Wisconsinite** 몡 미국 Wisconsin주 사람/주민. 국가/지역+-ite [-·ait]: ...나라/지역 사람. 예: Israelite: 이스라엘 사람, Manhattanite: Manhattan 출신 또는 거주인

[사진] 미국 중서부 사람들이 party hat들을 쓰고 polka 밴드의 음악에 맞추어 춤을 추면서 New Year's Eve를 즐기고 있다.
사진: ⓒ 박우상 (Dr. David)

408 night

night

언어와 문화 영어의 night은 한국인들은 '밤'이라고 배우고 생각하지만 반드시 한국어의 '밤'은 아니다. 영어 원어민들은 흔히 해가 지면서 (sundown; sunset) night이 시작되는 것으로 보며 그런 의미로서의 night은 사실상 evening을 포함하거나 심지어는 evening만을 뜻하는 경우도 있다. 실제로 오후 4-5시만 되어도 (Have a) good/nice night. 이라고 인사하는 경우들이 흔히 있다.

409 형용사 + (that)-절 (= 부사절 = 감정의 이유)

I'm sorry (that) I can't go.
갈 수 없어서 미안해.

Cross-reference
비교:
➡ (50)

형용사 뒤에 그 감정의 이유나 근거를 설명하는 절 (부사절)을 이끄는 접속사 that이 생략된 경우이다. 이 생략 현상은 비격식체/구어체에서는 빈번히 일어나며 일상적인 문어체에서도 상당히 자주 일어난다. 격식을 갖춘 문어체에서는 대부분의 경우 that을 생략하지 않는다. 이렇게 감정의 이유나 근거를 나타내는 that-절을 취할 수 있으며, 또 that의 생략을 허용할 수 있는 감정의 형용사들의 대표적인 예들은: angry (화난), anxious (조바심나는, …이길 크게 바라는), eager (…이길 크게 바라는), glad (기쁜), guilty (죄스러운), happy (행복한, 기쁜), lucky (운 좋은), proud (자랑스러운), sad (슬픈), sorry (미안한, 안된, 유감인), unhappy (행복하지 않은, 기쁘지 않은). [➡ (261) (351)]

example

Charles: Daisy?
Daisy: Hmm?
Charles: I told you I was taking a vacation from law school.
Daisy: Yeah.
Charles: I was thrown out. I cheated on a final.
Daisy: Why?
Charles: I panicked. I was flunking a course, and I panicked.
Daisy: People flunk courses. It happens all the time. You shouldn't have lied. I'm glad you told me. Don't do it again. [*Mystic Pizza* (1988 film)]
[I'm glad (that) you told me.]

Charles: Daisy? Daisy: 음? Charles: 내가 법대를 쉬고 있다고 그랬지?
Daisy: 응.
Charles: 나 (실은) 퇴학 당했어. 한 기말고사에서 부정행위를 했거든.
Daisy: 왜? Charles: 당황했어. 한 과목을 낙제하고 있어서 놀랬어.
Daisy: 사람들은 (인생의 이런 저런) 과목들을 낙제해. 항상 있는 일이야. 거짓말은 하지 말아야 했어. 얘기해 줘서 기뻐. 다시는 그러지 마.

thrown out: expelled: 퇴학 당한
cheated on a final: 기말 시험 한 과목에서 부정행위를 했다. 여기서의 on은 동작 (여기서는 cheat)의 목표, 표적, 영향의 대상을 나타내는 전치사   **flunk** 타동 …에 실패하다; fail
panicked: panic (크게 놀라다, 당황하다)의 과거형. panic-panicked-panicked, panicking

410 can = 허락, 허용

I can't go (out with you).
(너랑 데이트를) 갈 수가 없어.

여기서의 can은 허락 또는 허용 (permission)을 나타내는 조동사로서 허락을 하는 주체는 (1) 허락을 할 권한이나 권위가 있는 사람 (또는 직위, 관청, 기구 등) 이거나 또는 (2) 상황이다. 여기서는 부정형인 can't가 사용되어 내가 갈 수 있도록 허락되고 있지 않음을 나타낸다. 이 경우에는 뒤따르는 대화에서 Jamie의 보수적 목사인 아버지가 허락하지 않는다는 설명이 따른다.

example Servicewomen **can't** wear hair below the back of the collar. If you have long hair, you **can** wear it up. But you have to be able to wear a military hat.

여군들은 (제복의) 칼라 뒤쪽보다 아래로 내려오도록 머리를 길게 할 수 없다 (군의 정책이나 규칙에 의해 허용되지 않는다). 머리가 긴 경우에는 머리를 올릴 수는 있다 (허용된다). 그러나 군모를 쓸 수 있어야만 한다.

servicewoman: a female member of the armed forces, 여군. 남자 군인: serviceman. 남/여군인: serviceperson. 문맥에 따라서는 serviceperson, servicewoman, serviceman이 repairperson, repairwoman, repairman (수리공/기사)를 뜻하기도 한다.

example A person **can** get married in Utah at the age of 14 with parental consent. In most states, the age is 16 with parental consent.

Utah 주에서는 부모의 동의가 있을 때 14세에 결혼할 수 있다. 대부분의 다른 주들에서는 그 (결혼이 허용되는) 나이는 부모의 동의가 있을 때 16세이다.

parental (에 주의: pə·ˈrɛn·tl) [형] 부모의; parent의 형용사   **consent** [명] 동의

example
Boys outside: Yo, Bleek! You comin' out to play?
Mrs. Gilliam (looking down out the window): Boys! Please, be quiet!
A boy: Sorry, Mrs. Gilliam. We just wanted to know if Bleek **can** come out.
Mrs. Gilliam: I understand that. But this noise's got to stop.
Bleek: **Can** I go outside now?
Mrs. Gilliam: When you finish your lesson.
Mr. Gilliam: Let the boy be a boy, have some fun.
Mrs. Gilliam: Go tell them to go home.
Bleek: Mommy, you don't let me do nothin'.   [*Mo' Better Blues* (1990 film)]

밖에 있는 소년들: 야, Bleek. 놀러 나오니?

Mrs. Gilliam: (창문 밖을 내려다 보면서) 얘들아! 좀 조용히 해라!
한 소년: 죄송해요, Mrs. Gilliam. Bleek이 나올 수 있나 (나올 수 있도록 엄마한테 허락되는지 또는 지금 놀러 나올 사정이 되는지) 알고 싶었던 것 뿐이예요.
Mrs. Gilliam: 알아. 근데 이 소음 중단해야 한다.
Bleek: (엄마) 나 지금 나가도 돼?
Mrs. Gilliam: 네 악기 레슨을 마치고 나서.
Mr. Gilliam: 애가 소년일 수 있게, 재미 좀 있게 해줘.
Mrs. Gilliam: 쟤네들 집에 가라고 해.
Bleek: 엄마, 엄만 내가 아무것도 못하게 해.

장면 ▶ 소년 Bleek이 엄격한 엄마의 감독 하에 트럼펫 레슨을 받고 있는 도중에 8-9세의 네 소년이 집 밖에서 야구를 하고 놀러 나오라고 소리친다. Bleek의 아빠는 애가 놀게 하라고 아내에게 얘기하지만 Bleek의 엄마는 레슨이 끝날 때까지는 나가 놀 수 없다고 단호하게 말한다. Bleek의 친구들이 포기하고 떠난다.

주목 ▶ You comin' out to play?: Are you coming out to play?의 비격식 구어체 표현

주목 ▶ You don't let me do nothin'.: You do not let me do anything.의 (이중부정 'don't + nothin'을 포함한) 비격식 (비표준 non-Standard) 구어체 표현

411 서술문 + ? = Yes-No 의문문: 어법 (1): 중립적, 객관적

You have something else going on?
다른 무슨 일이 있는 모양이지?

Cross-reference
비교: 서술문 + ? = Yes-No 의문문: 중립적, 객관적:
➡ (300) (411) (457)
    (485) (489)

이 문장은 구문 형태상으로만 주어 + 술부의 어순을 취하고 있는 서술문이지 의미, 의도, 기능, 효과 모든 면에서 의문문이다 (서술의문문이라고 한다). 서술의문문은 서술문의 형태를 취하여 기본적으로 두 가지 어법으로 사용된다.

어법-1 서술의문문은 객관적, 감정 중립적 태도로 사실을 묻는 경우가 있다.

어법-2 서술의문문은 또 상대방의 진술에 대해 놀라움, 믿기 어려움, 역겨움, 반감, 반대, 빈정거림, 비판 등 감정적 반응이나 주관적 판단을 표현하는 어법으로 사용되기도 한다.

두 유형 모두 기본적으로 일상적 구어 표현이나 비격식체의 스타일이며 Yes-No 의문문에서처럼 문미에서 어조가 위로 올라가며 글로 쓸 때는 의문부호로 끝을 맺는다. 이 문장은 [어법-1]의 문장으로서 '아, 이야기를 들

어 보니 Saturday night에 너한테 무슨 일정이 있나 보구나 하고 판단을 하면서 상대방에게 확인하는 표현이다. [➡ (37) (81) (99) (178) (251) (304)]

example **You're** older than, say, 35**?** Then you probably remember the heyday of drive-in movies.

아, 말하자면, 35세가 넘으셨습니까? 그러면 아마도 drive-in movie theater (차를 타고 들어가 공원이나 들판이나 공터 등 야외에서 영화를 보는 극장)의 전성시대를 기억하실 겁니다.

say 부 예를 들어, 말하자면; for example/instance; like   **heyday** 명 전성기; prime time/days/years   **drive-in** (movie (theater)): 차를 몰고 들어가 영화를 감상하는 옥외영화관

412   some: 의문문에 쓰인 some

You have **something** else going on?
다른 무슨 일이 있는 모양이지?

Cross-reference
비교 (부정문에서의 some):
➡ (193)
비교 (if-조건절에서의 some): ➡ (500)

한국의 영어 교육에서 부정 (비특정) 대명사 또는 형용사로 쓰이는 some (something, someone, somebody; 부사 somehow와 somewhere에도 적용)과 any (anything, anyone, anybody; 부사 anyhow와 anywhere에도 적용)의 용법에 관해 some은 긍정문에 any는 부정문 (그리고 if-조건절)에 쓰인다고 가르치는 것과는 전혀 달리 something이 의문문에 사용된 경우이다. 의문문에 쓰이는 대명사 any (또는 형용사로서의 any)는 그것이 지칭하는 사람/사물의 수량, 종류, 성격 등을 불문에 부치는 질문을 나타내며, 언급하고 있는 내용에 대해 종종 부정적이거나 회의적인 태도를 함축한다. 이와 비교적으로 의문문에 some이 쓰이는 경우에는, 그 some (또는 something, someone, somebody, somehow, somewhere)이 가리키는 대상물이나 사람에 대해 그 존재를 전제, 가정, 또는 인정하는 어감에 기초하여 질문을 던지는 표현이 되며, 그것을 권유하거나 격려하거나 긍정적으로나 적극적으로 대하는 경우에 자주 쓰인다.

이 경우에서는 이 말을 하는 사람인 Landon이 바로 앞에서 Jamie가 갈 수 없다고 한 말을 기반으로 해서 Jamie가 다른 어떤 선약이나 다른 무슨 일이 이미 계획되어 있음을 짐작하거나 전제하는 긍정적인 어감을 가지고 질문하는 것이다. 여기에서 만약 Do you have anything else?로 표현되었다면 '다른 어떤 일이 (그게 어떤 종류나 성격의 일이건) 혹시 있어요?' 정도의 의미로 일의 성격이나 종류에 무관하게 그런 일이 혹시 있는지 하는 의미이며 종종 의구심이나 부정적 태도를 내포하면서 물어보는 표현이 된다.

한국의 많은 영어 선생님들이나 영어 학습서가 가르치는 것과는 달리 의문문에서 사용되는 some은 예외적인 경우가 아니라 이렇게 긍정적인 의미를 갖는 some 자신의 독자적인 의미를 전한다. [➡ (154) (197) (484)]

> example

Gus: You got **someone**?
Harry: Two somebodies. That's my problem.   *[Mr. Wonderful (1993 film)]*

Gus: 누가 (사랑하는 사람이) 있나봐?
Harry: 두 명의 누군가야. 그게 내 문제거리야.

> 장면 도로 공사나 건축 현장에서 일하는 전기 기술자인 Gus가 점심으로 치즈버거를 먹고 있는 동료 기술자인 Harry에게 애인이 있는지 물어본다. Gus가 Harry의 언행으로 봐서는 누군가 애인이나 아내가 있는 듯한 느낌을 받은 모습을 표현한다.

> example If you are a vegetarian and you are invited to a Thanksgiving dinner, you can ask the party giver, "Can I bring **some** black bean burgers or my famous zucchini casserole?"

당신이 채식주의자고 추수감사절 디너에 초대되었다면 그 파티를 주최한 분에게 물어 보십시오. "검은콩 버거나 저의 유명한 호박 찌게를 좀 가져와도 될까요?"

---

vegetarian 명 채식주의자. 채식주의: vegetarianism
zucchini 명 진록색의 색깔과 부드러운 껍질의 오이 모양처럼 생긴 호박
casserole 명 둥글고 깊은 pan이나 pot에 자글자글 끓이는 물기가 있는 찌게 스타일의 음식

> 주목 Can I ...?: ...해도 될 까요? May I ...?처럼 상대방의 허락/동의를 구하는 표현이지만 격식성/정중함의 어감은 상대적으로 낮다.

413 대명사 + else

something else
다른 어떤 것/무엇

고대 영어에서 원래 all else (다른 모든 것/사람)를 뜻했던 else는 대명사를 수식할 때 (who, what, where, when, how 등의 의문사와 부사 somewhere, anywhere, nowhere를 수식할 때도 마찬가지다) 그 대명사 뒤에 위치하여 수식한다. [➡ (378)]

> example I work in the computer industry, and I make a good living at it. But I've got to say that life is more interesting when you go to a store for a book or **anything else** and actually interact with people.

저는 컴퓨터 산업에서 일하고 또 그렇게 해서 잘 살고 있습니다. 그러나 제가 말씀드리지 않을 수 없는 것은 인생은 책이라든지 다른 뭐든간에 가게에 가서 실제로 사람들과 어울리고 할 때 더욱 재미있다고 해야죠.

A Walk to Remember (워크 투 리멤버)

주목 I've got to say ... (...라고 말해야 한다) = I gotta say ...보다는 구어체/비격식체의 어감이 떨어지지만 I have to say ... 보다는 격식성/문어체의 어감이 더 강한 표현. 말하는/글쓰는 환경에 따라 말과 글이 적절하게 조화되어야 한다.

414 have + 목적어 + -ing (현재 분사): 어법 (1) (2)

have something else going on?
다른 무슨 일인가 진행 중에 있다

'주어 + have + 목적어 + -ing (현재분사)'의 구조이다. 구어체와 문어체 그리고 공식체와 비격식체 등의 다양한 스타일과 언어 환경에서 대단히 빈번히 사용되는 이 구조에 관해서는 놀랍게도 한국의 대다수의 영어 선생님들과 학습서들은 정확한 이해나 가르침이 아예 없거나 대충 얼버무리거나 한두 마디 설명을 가하는 경우에는 '목적어가 ... 하게 만들다' 또는 '목적어가 ... 하게 허락하다' 라는 등의 대단히 미흡하거나 황당한 설명을 거침없이 하는 것이 현실이다. 이 구조는 기본적으로 다음의 두 가지 어법으로 사용된다.

어법 1 주어 + have + 목적어 + -ing (현재분사) = **주어의 의지** + **목적어의 진행 중인 동작**: '주어 + have + 목적어 + -ing (현재분사)'의 구조는 흔히 주어가 그 목적어로 하여금 그 현재분사가 나타내는 동작을 계속/진행하고 있게 함을 나타낸다. 즉 그 현재분사의 의미상의 주어인 목적어가 현재분사의 동작이나 행위를 계속 하고 있는 것은 주어의 의지, 바램, 행위, 개입, 주문, 부탁 등에 의한 것임을 나타낸다.

어법 2 주어 + have + 목적어 + -ing (현재분사) = **상황의 전개**나 변화 (**주어의 의지와 무관**하거나 **주어의 의지에 반하여**) + **목적어의 진행 중인 동작**: 이 어법은 '주어 + have + 목적어 + 동사원형'의 구조가 종종 주어의 의지나 바램과는 무관하게 (다시 말해 주어의 권위성, 강력력, 명령권 등이 아예 존재하지 않고) 또는 주어의 의지나 바램과 반대되게 목적어가 동사원형의 동작이나 행위를 한다든지 상황이 목적어로 하여금 그런 동작이나 행위를 하게끔 함을 나타내는 어법과 유사한 것으로, 기본적인 차이는 목적어 뒤에 현재분사 (-ing)가 따름으로써 목적어가 그 동작을 계속 하고 있는 진행의 의미를 (그런 동작이나 상황이 진행되고 있음을) 나타낸다. 이 두 어법이 나타내는 의미의 공통적인 점으로 목적어가 과거분사가 나타내는 동작/행위를 (비록 짧은 시간이나마) 계속하고 있는 '진행'의 모습이 부각된다.

이 예문의 경우에는 여기에서 주어진 문맥만으로는 Landon이 어느 어법을 의도했는지 뚜렷하게 드러나 있지 않다. 예를 들어 Jamie가 이미 남자 친구가 있어서 그 친구와 토요일 저녁에 데이트 하기로 계획하고 있다면 [어법-1]이 사용된 것이고, Jamie의 목사 아버지가 Jamie에게 토요일 저녁에 집안 청소라든지 무슨 심부름을 시켜서 갈 수 없는 것이냐는 뜻이라면 [어법-2]가 사용된 것이다. 그러나 뒤따르는 Jamie의 표현인 보수적인 목사인 아버지가 Jamie가 아직 어리다는 이유로 데이트를 하는 것을 허락하지 않는 상황이 계속되어 갈 수 없다는 상황을 이 예문에 적용하면 이 예문에서의 어법은 (주어인 Jamie가 자기 의사에 무관하게 또는 반대로 그러한 진행 중인 상황에 처해 있음을 나타내기 때문에) [어법-2]가 사용된 것이다.

예문-어법 1

example Slow service is very seldom just the waiter's fault. Few waiters would **have their customers** wav**ing** and snarl**ing** at them.

느린 서비스는 단지 웨이터만의 잘못인 경우가 거의 없다. 자기 손님들로 하여금 자기한테 (계속) 손짓을 하고 (성나서) 으르렁거리고 있게 하고자 하는 웨이터들은 별로 없다.

설명 ▶ 여기서는 주어인 Few waiters가 목적어인 손님들로 하여금 waving and snarling at them 하고 있게 하고자 한다는 뜻으로, 주어가 자기의 바램, 의사, 주문, 부탁 등에 의해 목적어가 현재분사의 동작을 (계속) 하고 있게 (진행하고 있게) 함을 나타낸다. 그런데 주어가 a few waiters가 아니라 "few" waiters이니 부정적인 뉘앙스로 그런 웨이터들은 거의 없다는 뜻이다.

seldom 부 거의 ...아니다/하지 않다   **fault** 명 잘못, 과실, 결함   **wave** 자동 손짓하다
snarl 자동 (위협적으로) 으르렁거리다; growl threateningly/viciously/fiercely

example Fast-paced lifestyles **have Americans** munch**ing** around the clock.

빠른 속도로 (일정이 바쁘게) 돌아가는 생활양식이 미국인들을 쉬지 않고 계속 (식사는 제대로 하지 않고 이것 저것 작은 것들을) 주섬 주섬 먹고 있게 한다.

설명 ▶ 여기서도 주어인 fast-paced lifestyles (일정이 바쁜 생활양식들)가 목적어인 Americans로 하여금 munch around the clock 하고 있게 (쉬지 않고 주섬 주섬 먹고 있게) 한다 (이 진행의 의미가 현재분사인 munching에 의해 표현된다).

참고 ▶ 바쁘게 돌아가는 일상생활에 쫓겨 제대로 정식 식사를 하지 못하고 (unable to eat regular meals), 업무 중에 사무실이나 책상 앞에서 또는 걸어 다니거나 이동 중에 간단히 snack 따위로 식사를 대신하는 것으로 (대신 자주 먹는다), 가축이 목초지에서 나름 나름 풀을 뜯어 먹는데 비유해서 "grazing", 작업 중에 책상 앞에서 먹는 것을 표현하는 "**desktop dining**," 또는 사가지고 길에 가면서 먹는다는 의미로 "**grab-and-go eating**"이라고 부른다.

munch 자동 계속해서 열심히 씹어 먹다
around the clock: 중단/쉼 없이, 계속해서; continuously; without pause or interruption

예문-어법 2

example Twenty years ago, you **had one person in the household** work**ing**. Today you**'ve got two** work**ing**.

20년 전에는 식구 중에 한 사람(만)이 일했다. 오늘날엔 두 사람이 일하고 있다.

설명 ▶ 여기서 목적어인 one person in the household (식구 중 한 사람)과 two (people in the household) (식구 중의 두 사람)이 일을 하고 있는 것은 당신이 그렇게 지시하거나 주문해서가 아니라 20년 전에는 그 상황이 한 사람만 일을 해도 가족의 생활이 가능했는데 지난 20여 년간 계속 실질 임금이 떨어져 오늘날에는 한 사람만이 일을 해서는 생활이 어렵게 되어서이다. 즉 주어인

you는 목적어가 그 동작을 하고 있는, 즉 일을 하고 있는 상황을 만든 장본인이 아니라, 자기의 의사나 바램과 무관하게 또는 반대되게 그러한 상황에 처해 있는 것이다.

household 명 가족 (식구들), 가구

example One Navajo tale of the Rainbow Bridge **has the god of the sky** creat**ing** the rainbow to save a young god who was hunting and was going to be caught in a flood. The young god escaped over the rainbow bridge. The rainbow turned to stone as a reminder of the greater god's benevolence.

The Rainbow Bridge (무지개 다리)에 관한 한 Navajo 얘기 (전설)는 하늘의 신이 사냥을 하다가 홍수에 휩쓸리게 될 참의 한 젊은 신을 구하기 위해 무지개를 만들고 있는 모습을 묘사한다. 그 젊은 신은 그 무지개 다리 위로 피신하였다. 그 무지개는 그 상위의 신의 자비로움을 상기시키는 것으로서 (상기시키기 위해) 돌로 변하였다.

save 타동 구(원)하다; rescue   **be caught (up) in a flood/shower**: 홍수/소나기를 만나다/흠뻑 젖다. Up은 totally, completely (완전히) 라는 의미의 강조어   **escape** 자동 탈출하다, 도피하다   **A turns to/into B**: A는 B가 되다 (변화)   **reminder**: 명 상기시켜/잊지 않게 해주는 것/일

설명 여기서도 주어의 의지나 명령 또는 주문이나 부탁으로 인해 목적어인 the god of the sky (하늘의 신)가 creating the Rainbow Bridge 하고 있는 (무지개 다리를 만들고 있는) 것이 아니라, 주어인 One Navajo tale (한 Navajo 족의 얘기 또는 전설)이 목적어인 the god of the sky가 creating the Rainbow Bridge 하고 있는 모습이나 상황을 수반하고 있는 (묘사하는) 것이다. 즉 한 Navajo tale에 따르면 the god of the sky가 creating the Rainbow Bridge 하고 있다는 것이다.

참고 **Navajo** (nav´·ə·hō; nä´·və·hō):
the Navajo Nation: 인구 (2000년 인구: 30만 명)로 보나 면적 (2만 7천 평방 마일, 과반수가 약간 넘는 인구가 미국 남서부 Arizona주 쪽에 살고 있다)으로 보나 미국 최대의 원주민 (Native American) 그룹이다. Navajo는 모계를 통해 혈통을 전수하며 전통적으로 뛰어난 귀공예술, 은공예술, 도자기술, 직조술, 가축사육술 등으로 유명하며 20세기 대부분은 석탄, 우라늄, 그리고 기타 광물의 개발에 주력해 왔다.

[사진] Arizona 주의 Phoenix에서 부족의 전통 춤을 추고 있는 Navajo 원주민들.
사진 제공:
© Homer Noh

> 참고   **The Rainbow Bridge:**

미국 Utah 주 남부에 있는 세계 최장의 (길이 약 275 feet, 높이 약 290 feet) 천연 돌다리 (a natural stone bridge)로서 미국의 국가 기념비 (national monument)들 중의 하나이다. 중생대 초기 (the Triassic Period, 약 1억9천만-2억3천만년 전, 공룡들과 소나무 숲들이 등장하던 시기)에서 쥐라기 (the Jurassic Period, 약 1억4천만-1억9천만년 전, 공룡이 무성하고 조류와 포유동물들이 출연하던 시기) 사이에 붉은 모랫돌로부터 형성되었다. Navajo를 비롯한 인근의 원주민들에게는 전통적으로 신성한 숭배의 대상이었다.

[사진] Utah 주 남부의 Lake Powell의 아주 작은 물줄기가 흐르는 사막 지형 위에 신비롭게 서 있는 the Rainbow Bridge.
사진 제공: ⓒ Michael Wijnakker

415   it = 상황의 it

It's not **that**.
그건 그게 아니야.
Then what is it?
그럼 그게 뭔데?

여기서의 주어인 It은 앞에 언급된 어떤 구체적인 대상을 가리키는 용법이 아니라 상황이나 문맥에 의해 그 의미가 드러나고 이해되는 소위 **'상황의 it'** (situation 'it')이다. 이 경우에서 it은 내가/네가 너랑/나랑 데이트를 갈 수 없는 것 또는 그 이유를 나타낸다.
[➡ (13) (102) (150) (249) (305) (394) (468)]
그리고 여기서의 that은 앞에 나온 진술 내용인 다른 무슨 일인가가 진행 중임 (that I have something else going on 또는 that something else is going on (with me))을 뜻한다.

example   When someone asks you, "How's **it** going with you?," most people say, "I'm fine," "I'm good," "Things are pretty good," or "Same old, same old." And most people also add, "Thank you," and "(And) how about you?"
[it: 여기서의 it은 상황적으로 이해되는 것으로 요즘의 살아가는 모습을 나타낸다.]

누군가가 "요즘 어떻게 지내세요?"라고 물으면 대부분의 사람들은 "저 잘 지냅니다," "좋아요," "꽤 좋아요" 또는 "예나 저나, 그러 그렇죠/똑 같아요."라고 말합니다. 그리고 대부분의 사람들은 또 "감사합니다" 그리고 "(그리고 (당신은)) 어떠신가요?"라고 말을 더합니다.

416 then = 결론/결과

Then
그러면

여기서의 then은 바로 어떤 특정한 시간을 가리키거나 일련의 사건들의 연속선상에서 시간적으로나 순서상으로 뒤따르는 사건에 관한 진술을 이끄는 것이 아니라 앞에서 언급된 조건, 가정, 또는 진술에 따르는 **결론**, **영향**, 또는 **결과**를 이끄는 부사이다. 흔히 '그러(다)면, 따라서, 결론 또는 결과적으로(는)' (if so, as a consequence, therefore, as a conclusion or result) 등으로 번역될 수 있다. 이 어법의 부사 then은 'if + A절, then + B절.'의 구문에서 자주 쓰인다. [➡ (116) (368) (440) (536)]

Cross-reference
비교 (then = 순서):
➡ (1) (366) (466)
비교 (then = 시간 (과거/미래)):
➡ (530)

example If jazz was the American Century's soundtrack, **then** Armstrong was its ambassador, the living embodiment of the nation's native art form.

재즈가 20세기의 음악이었다면, 그러면 (Louis) Armstrong은 재즈 음악의 대사, 미국 태생의 예술 형태의 살아 있는 구현이었다.

the American Century: the twentieth century; Superpower로서의 미국을 상징하는 idiom으로 20세기를 가리킨다.   **ambassador** 명 (외교관) 대사   **embodiment** 명 구현, 화신, 구체화 < **embody**   **native** 형 토착의, 태어난

Louis Armstrong (1901-1971): 미국 남부 New Orleans의 빈민 홍등가에서 매춘과 허드렛일을 하며 살아가는 홀어머니 아래 신문과 석탄 배달 소년으로 자라나 시련을 극복하고 세계적인 재즈 음악의 대사 ("the Ambassador of jazz")로 성공한 재즈 트럼펫 연주가이며 밴드 리더. 별명: "Satchmo" = satchel + mouth (가방처럼 큰 입)

[사진] 미국 남부 Louisiana 주 New Orleans의 빈민가에서 매춘과 허드렛일을 하며 살아가는 홀어머니 아래 신문과 석탄 배달 소년으로 자라나 역경을 극복하고 세계적인 재즈 음악의 대사 ("the Ambassador of jazz")로 성공한 재즈 트럼펫 연주가이며 밴드 리더인 Louis Armstrong (1901-1971)이 재즈송 'Rockin' Chair'를 연주하고 있다 (1962).
사진 제공: Express/Hulton Archive/NPR

417 수동태: by + 행위자가 표현되지 않는 수동태

I'm not allowed to date.
난 데이트 하는 게 허락되지 않아.

이 문장은 '주어 + be 동사 + 과거분사' (여기서는 allowed)의 구조를 취하였으니 수동태의 구문이다. 이 문장을 능동태로 표현하자면 My father/dad does not allow me to date. 또는 My father/dad does not let me date.이다. 한국의 영어 교육에서는 수동태를 설명하는데 '주어 + 타동사 + 목적어'의 구조에서 그 목적어가 타동사의 동작을 주어에 의해 당함을 나타내는 수동태의 구문으로 변화할 때 '목적어 + be 동사 + 타동사의 과거분사 + by + 주어 (행위자)'의 구문이 됨을 가르친다. 이는 수동태의 기본 구조나 구성 과정을 이해하는데 핵심적이다. 그러나 실제의 수동태 구문에서는 과반수의 경우에 (이 경우처럼) 동작을 행하는 주체인 'by + 주어 (행위자)'가 표현되지 않는다. 그 이유는 (1) 그 행위자가 누구인지 문맥상 드러나 있거나 말하는 이와 듣는 이 간에 암묵적인 이해가 있거나 또는 (2) 화제의 초점이 그 행위자가 아니라 동작을 받는 수동태 구문의 주어이기 때문에 'by + 주어 (행위자)'가 관심 밖의 것이기 때문이다.

이 경우에는 이 말을 하는 Jamie의 입장에서는 자기를 화제로 (주어로) 이야기하는 것이지 데이트를 허락하는 아버지를 화제로 이야기하고 있는 것이 아니기 때문에 수동태 구문을 사용하고 있으며 (아버지가 화제의 초점이면 능동태로 My dad doesn't allow me to date. 라고 표현한다) 아직 고등학생이기 때문에 데이트를 허락하고 안 할 사람은 부모임이 상식적으로 이해되는 것이기 때문에 by my father가 표현되지 않은 것이다 (Jamie는 엄마가 돌아가시고 안 계신다). [➡ (58) (519)]

example **Women are allowed in all forms of air and naval combat, except** submarine warfare. Women cannot engage in infantry combat because of physical strength.

여성 (여군)은 잠수함 전투를 제외하고는 모든 형태의 공군 전투와 해군 전투에 (참가하는 것이) 허용된다. 여성은 체력 때문에 보병의 전투에는 참여할 수 없다.

allow 타동 허용/허락하다   **air and naval combat**: 공군과 해군 전투
submarine 명 잠수함   **warfare** 명 전쟁, 교전 상태   **engage in ...**: ...에 종사/관여하다
infantry 명 보병   **physical strength**: 체력, 물리적/신체적 힘

설명 여기서 여군이 어떤 전투에 참가할 수 있는지를 결정하고 집행하는 것은 국방부 (the Defense Department)와 군대 (the armed forces)임을 읽는 사람이 상식적으로 알고 있기 때문에 by the Defense Department 또는 by the armed forces가 표현되고 있지 않으며, 또 이 이야기의 흐름이 여성 군인들을 초점으로 (주어로) 흘러가고 있기 때문에 women이 주어로 수동태로 표현되어 있다.

example Social conservatives feel unsafe in Massachusetts. They **are** defeat**ed** politically and outnumber**ed** in a region with a long history of liberalism.

사회적으로 보수적인 사람들은 매서추세츠 주에서 불안하게 느낀다. 그들은 오랜 진보적 역사를 가진 지역에서 정치적으로 패배되고 숫적으로 압도된다.

conservative 명 보수주의자 형 종종 보수적인 이라는 의미의 형용사로도 사용
defeat 타동 패배시키다, ...에게 이기다   **outnumber** 타동 ...보다 숫적으로 압도하다
liberalism 명 진보주의

설명 진보적인 (liberal, progressive) 주인 Massachusetts에서 보수적인 정치인들이 누구에 의해 defeated되고 outnumbered되는가 하면 문맥상 또는 미국 사회의 이해에 있어서 상식상 진보적인 사람들 (liberals)임이 뚜렷하며, 이 표현은 보수주의자들을 화제의 초점으로 하고 있기 때문에 by liberals가 표현되어 있지 않고 보수주의자들을 주어로 하는 수동태 구문으로 되어 있다

Scene

Jamie   **418** Would you like to dance?
Landon   Ah, sorry, I don't dance.
Jamie   **419** Me, neither. **420** I mean, not usually **421** in front of anybody.
Landon   **422** Well, no, **420** I mean, I don't **423** at all, **424** as in "I can't."
Jamie   Everybody **425-a** can dance. **426** Come on, you **425-b** can't be **427** that bad. **428** Please? For me? **426** Come on. (They stand up and walk up to the dance floor.)

[*A Walk to Remember* (2002 film)]

장면

자기를 불량하게 보는 엄격한 보수적인 목사인 Jamie의 아버지를 용기 있게 만나 Jamie와의 데이트를 허락 받는데 성공한 Landon과 Jamie가 오늘 토요일 저녁의 첫 데이트에서 한 근사한 정원 음식점에 앉아 있다가 일어나 밴드가 연주하는 음악에 맞추어 춤을 추기 시작한다.

번역

Jamie   춤출래?
Landon   아, 미안, 나 춤 안춰.
Jamie   나도 아니야. 다른 사람이 누구라도 있으면 그 앞에선 거의 안춰.
Landon   음, 난 출 줄을 모른다는 식으로 전혀 안춰.
Jamie   누구나 춤 출 수 있어. 자, 이리, 그렇게 못 출 수야 없지. 자? 나를 위해서? 어서. (두 사람 일어서서 댄스 플로어로 걸어 다가간다.)

418   would like + to-부정사; Would you like + to-부정사?

Would you like to dance?
춤추고 싶어/춤출래?

'would like + to-부정사'는 '... 하고 싶다'는 미래 지향적인 바램을 나타낸다. (이에 비해 'like + to-부정사'는 현재 시점에서의 기호나 취향을 나타낸다.) like 대신에 love 또는 care가 쓰일 수도 있다. 이 경우에서의 Would you like + to-부정사?'는 의문문의 형태를 취해 상대방에게 ... 하고 싶으냐는 바램이나 의향을 묻는 한편, 상대방에게 ... 하자고 제안하는 어감도 포함하고 있다.

[➡ (302)]

example Harry: **Would** you **like to go** to the movies with me tonight?
Sally: Oh, oh, oh, I**'d love to**, Harry, but I can't.
Harry: What do you have, a hot date?
Sally: Well, yeah, yeah.   [When Harry Met Sally (1989 film)]

Harry: 오늘 저녁 나랑 영화 보러 갈래?
Sally: 오, 오, 오 가고 싶어, Harry. 근데 갈 수가 없어.
Harry: 무슨 일 있어, 뜨거운 데이트라도?
Sally: 음, 응, 응.

example Most Americans still **would love to eat** steak, pizza, fried chicken, or a hamburger for dinner.

대부분의 미국인들은 아직도 저녁 식사로 스테이크, 피자, 닭튀김, 또는 햄버거를 먹고 싶어 한다.

example I moved to Vermont because Vermont is what the rest of the United States **would like to be**: progressive and independent.

저는 Vermont 주로 이사 왔습니다. 왜냐하면 Vermont는 미국의 나머지가 되고 싶어 하는 것이기 때문이죠: 진보적이고 독립적이죠.

---

move 자동 움직이다, 이사하다   **rest** 명 나머지   **progressive** 형 진보적인. 진보주의자라는 명사로도 자주 사용된다   **independent** 형 독립적인

---

419 주어 = 목적격 (me)

Me, neither.
나도 아니야, 안 해.

Cross-reference
비교 (주어 + be + 목적격):
➡ (167)

말하는 이인 나 (I) 역시 앞에 온 (부정의) 진술과 같이 ... 아님/하지 않음을 나타내는 이 표현은 비격식체적 구어체에서 빈번히 쓰이는데, 형태상으로는 예외적으로 목적격 대명사인 Me가 주어로 사용된 경우이다. [➡ (399)]

이 경우의 **Me, neither.**는 달리 표현하자면 **I don't, either.** 또는 **Neither do I.** 또는 **Same here.** 라고 할 수 있다. 대명사, 형용사, 또는 부사로 쓰이는 neither는 여기서 부정의 부사로 '둘 다 어느 쪽도 아니다' 라는 뜻인 not + either의 결합형이다. 앞에 온 진술이 긍정이고 뒤따르는 주어 역시 긍정적으로 그러할 때는 '역시, 마찬가지로, 또한' 이라는 의미로 부사 too를 사용하지만 앞에 온 진술이 부정이고 뒤따르는 주어에 관한 진술 역시 부정적으로 그렇지 않거나 그렇게 하지 않을 때는 not + either 또는 neither를 사용한다. 그리고 Me, neither. 대신에 **Me, either.**라고도 한다. (Me, neither. = Me, either. = I don't (dance), either.). [➡ (399)]

주목 일상 구어체에서 'Me(,) either.'와 'Me(,) neither.'는 함께 같은 의미로 사용되는데, 적지 않은 수의 순수파 영어학자들은 전자가 부정의 의미를 전달하는데 적절하지 않다고 보고 사용을 피할 것을 권한다. 그러나 많은 원어민들이 문맥의 흐름에 기반해서 이루어지는 일상 대화에서 양쪽을 자연스럽게 사용한다.

example

Darcy: Nick, you're an exceptionally great kisser.
Nick: I've never had this much fun making out.
Darcy: **Me**, **either**. [*What Women Want* (2000 film)]
[**Me**, **either**. = **Me**, **neither**. = I haven't had this much fun making out, **either**.
= **Neither have I**.]
Darcy: Nick, 당신 키스하는 게 정말 뛰어나요.
Nick: 전 누굴 껴안고 이렇게 재미있어 본 적이 없어요.
Darcy: 저도 그래요 (그래 본 적이 없어요).

exceptionally 부 예외적으로, 뛰어나게   **make out:** 사랑 놀이를 하다

example

Murphy: You know the house rules as good as I do, Paul – no Injuns.
Paul: Yeah, but, Murph, I just flat don't like the house rules.
Mabel: **Me**, **neither**. [*A River Runs through It* (1992 film)]
Murphy: Paul, 너도 우리 업소 규칙들 나만큼 잘 알잖아 – 인디언은 안 된다는 걸.
Paul: 그래, 근데, Murphy, 난 이 업소 규칙들 딱 전혀 맘에 안들어.
Mabel: 나도 안 좋아해.

house rule: 업소/조직의 규칙/정책   **injun** (또는 injin): (속어) (흔히 모욕적) American Indian (Native American). 원래 Indian의 발음을 변형한 것.
flat 부 단적으로, 완전히; flatly; simply; downright; altogether; completely; thoroughly

장면 미국의 금주시대 (**Prohibition**, 1920-1933)에 술을 몰래 파는 업소 (**speakeasy**)에서 Paul이 원주민 (Native American 또는 American Indian) 혈통을 많이 가진 친구인 Mabel을 데리고 들어가려고 하는데 앞에서 Murphy가 원주민은 들여보낼 수 없다고 업소 규칙을 말한다.

420 의사소통의 윤활유: I mean

I mean

원래의 문자 그대로의 뜻은 '내가 뜻하는 바는 …' 이라는 뜻인 I mean은 여기서는 본 저자가

A Walk to Remember (워크 투 리멤버)

communication lubricant (의사소통의 윤활유) 라고 부르는 것으로서, 흔히 바로 뒤에 약간의 휴지 (pause)가 오며 (글로 표현할 때 앞뒤에 쉼표가 온다) 말하는 이에게는 하고자 하는 표현의 적합한 낱말, 어구, 구문 형태, 어법, 스타일 등을 생각할 여유를 주고, 듣는 이에게는 앞에 온 진술을 소화하고 곧 듣게 될 말을 예측하거나 준비할 시간을 허용함으로써 의사소통을 원활하게 하는 기능을 한다.

이러한 communication lubricant의 역할을 자주 하는 표현들로는 (You) see (?); you know (?); I'm telling you; I tell you; let me tell you; I mean; believe me; (all) right?; like 등이 있다. [➡ (72) (498)]

example
Annie: Alvy, you're incapable of enjoying life. You know that? **I mean**, you're like New York City. You're like this island unto yourself.   [*Annie Hall* (1977 film)]
Annie: Alvy, 넌 인생을 즐길 줄 몰라. 알아? 넌 마치 뉴욕시 같아. 독립적이고 자족적인 이 섬 (뉴욕시) 같단 말야.

incapable 형 할 줄 모르는, 불가능한. 주로 be incapable of + 명/-ing (동명사) 형태로 쓰인다.
this island unto yourself = this island unto itself: 그 자체가 독립적이고 자족적인 한 세계인 섬

장면
한 때는 boyfriend-girlfriend 였던 Annie와 Alvy. 그러나 중서부의 Wisconsin 주의 작은 마을 Chippewa Falls 출신인 Annie는 뉴욕의 주로 서민층이 거주하는 Brooklyn 출신으로 뉴욕시를 엄청 사랑하고 자랑하는 Alvy의 태도는 싫어한다. 결국 Annie가 Alvy의 청혼을 거절한다.

421   in front of: 비교: in the front of

in front of ...
... 앞에

주목
in front of ...는 장소나 지점이 '...의 (...보다) 앞에 (before, ahead of) 라는 뜻인데 이 경우에는 '...의 면전에(서), ...가 있는 곳에서' (in the presence of) 라는 뜻이기도 하다. 전혀 다른 의미로 '...의 앞쪽 또는 앞부분에(서)' 라는 뜻은 front 앞에 정관사 the를 사용하여 in **the** front of ... 라고 표현한다. back (뒤)의 경우도 마찬가지다. in back of ...는 '...의 (...보다) 뒤에' (behind) 라는 뜻이며 (behind 처럼 '...의 배후에 (있는), ...를 지원하는' 이라는 추상적인 뜻으로 쓰이기도 한다), 정관사 the가 붙은 in **the** back of는 '...의 뒤쪽 또는 뒷부분에(서)' 라는 뜻이 된다.

example
Many families have a barbecue party **in front/back of** their houses on Memorial Day or Independence Day.
많은 가족들이 Memorial Day (현충일, 5월 마지막 월요일) 또는 Independence Day (독립기념일, 7월 4일, the Fourth of July)에 집 앞/뒤에서 바비큐 파티를 한다.

[사진] Memorial Day에는 미국의 많은 이웃들과 친구들이 이 사진에서처럼 햄버거와 핫도그를 grill 해 먹고 맥주와 소다를 마시면서 초여름의 날씨를 만끽하며 좋은 시간을 갖는다. 미국의 Memorial Day는 이렇게 비공식적으로 긴 summer season을 시작하는 날이다.
사진: ⓒ 박우상 (Dr. David)

> 비교

example My mom's going to use our tax return for a face-lift **in the front/back of** our house.

나의 엄마는 (정부에 이미 납부된 세금의 일부를 돌려받는) 세금 환불액을 우리 집의 앞/뒤쪽을 단장하는데 쓸 생각이다.

tax return: 세금 환급(금)
face-lift: 명. 얼굴 성형 수술, 집이나 빌딩의 보수 또는 개조를 통한 새로운 단장

422 well = 수정, 불찬성, 반박/ 새로운 이야기: 조심, 신중, 주저, 배려

Well, …
글쎄, 근데, 허나, 실은

한국의 영어 교육에서는 감탄사나 군더더기 말로 well을 접하면 무조건 '글쎄'라고 판에 박은 듯이 번역을 하도록 가르치는데 그렇게 번역된 '글쎄'의 뉘앙스는 잘 이해하지 못한다. Well은 구어체에서 대단히 자주 일종의 **의사소통을 위한 윤활유** (communication lubricant)로 사용되는데 well의 중요 의미와 기능은

어법-1 앞에 온 진술에 대한 **반박, 수정, 주저**, 또는 **불찬성**을 가할 때, 그 새로운 진술 앞에서 그 새로운 진술이 오는 것을 신호하고 그 진술의 갑작스런 충격을 완화하거나 자기와 다른 의견을 표현한 상대방에 대한 **예의**나 **배려**를 표현하는 기능을 한다.

어법-2 Well은 또 **새로운 이야기**를 도입하거나 **이야기를 다시 계속**하거나 또는 상대방의 이야기를 이어받을 때, 이야기에 앞서 이야기를 불쑥 던지는 느낌이나 갑자기 자기 주장을 너무 강하게 내미는

느낌을 완화시키거나 말하는 이에게 할 이야기의 내용이나 적당한 어구나 구문 형태 또는 스타일 등을 찾는 시간을 주는 기능을 한다.

여기서 well은 well의 구어체에서 흔히 쓰이는 의미와 기능들 중의 하나로 앞에 온 진술에 대한 반박이나 수정 또는 불찬성을 가할 때 그 새로운 진술 앞에서 그 새로운 진술이 오는 것을 신호하고 그 진술의 갑작스런 충격을 완화하거나 자기와 다른 의견을 표현한 상대방에 대한 예의나 배려를 표현하는 기능을 한다.

여기서는 앞에서 자기가 춤을 추지 않는다고 말을 했지만 바로 뒤따라서 Jamie가 'in front of anybody' (아무나 앞에서는)' 그리고 'not usually' (별로/거의 안 한다) 라는 단서를 달자, 자기는 절대적으로 춤을 추지 않는다 (그리고 뒤에는 춤을 아예 출 줄 모른다, 그러니 전혀 추지 않는다는 뜻을 더 한다)고 자기의 입장을 분명히 하기 위한 새로운 진술 앞에 well을 충격 완화제 또는 신호로 사용한 것이다. [➡ (212) (505)] 아래 예문에서의 well은 [어법-2]의 기능을 한다.

example

Boolie: Hoke, what I'm looking for is somebody to drive my mother around.
Hoke: Your mother?
Boolie: Uh-huh. **Well**, it's a difficult situation. *[Driving Miss Daisy* (1989 film)]

[여기서의 well은 복잡한 사정이나 긴 이야기를 처음에 조금 주저하거나 조심스럽게 시작할 때 자주 사용하는 communication lubricant (소통의 윤활유) 기능을 한다. 여기서는 뒤에서 Boolie의 어머니가 건강이 악화된 것이 아니라 그 반대로 온 사방에 왔다 갔다 하면서 밖에서 온갖 일을 벌리는 어머니가 문제라는 이야기를 암시한다.]

Boolie: Hoke, 내가 찾고 있는 게 어머니를 여기 저기 운전해 줄 사람이야.
Hoke: 어머니를요?
Boolie: 응. 근데 어려운 상황이야.

---

drive someone around: 여기서 drive는 사람을 목적어로 취해 ...에게 차를 태워 주다는 의미. Drive someone around는 누구를 태워서 여기 저기 데려다 주다.

423 not + at all = 부정의 강조

I do**n't** (dance) **at all**.
난 전혀 안 해 (춤을 안 춰).

여기서의 at all은 부정을 강조하는 부사구로 '조금도, 전혀, 아예, 어떤 식으로도' (in the slightest degree; in any way) 라는 뜻이다. [➡ (481)]

example
Many still believe that hip-hop artists are "gangsta rappers" who have serious influence on crime and gang activity. This stereotype is **not** true **at all**.

많은 사람들은 아직도 힙합 예술가들을 범죄나 갱단 활동에 지대한 영향력을 행사하는 (소위) "갱 단원 랩 가수들"이라고 믿는다. 이 고정관념은 전혀 사실이 아니다.

> **gangsta rap**: 폭력이나 섹스를 주제로 하는 rap 음악의 일종인데 여기서의 "gangsta"는 갱단원인 gangster의 사회 체제에 저항적인 흑인 발음을 표기한 것이다. **influence** 명 영향(력)
> **crime** 명 범죄　　**activity** 명 활동　　**stereotype** 명 고정관념, 사회의 통념

424 as + 전치사구: 생략 현상

… as in "I can't."
"할 (춤출) 줄 몰라" 라는 말에서처럼

한국의 영어 교육에서 전혀 가르치지 않는 'as + 전치사구'의 형태로 여기서 as는 방식이나 모양새를 (… 듯이, 처럼, 식으로) 나타내는 접속사이며 as에 의해 이끌리는 절 (주어 + 술부)에 문맥에 의해 뚜렷이 드러나는 표현이 생략이 되는 어법이다. 이 경우에는 'as (it is) in "I can't."' (내가 춤을 추지 않는다고 한 것은 마치 "난 춤출 줄 몰라" 라고 하는 말에서처럼) 이라는 표현에서 상황 (내가 앞에서 나는 춤 추지 않는다고 한 것)을 나타내는 it과 be 동사가 생략된 것이다.

example In the Seventies Americans reinvented themselves: stockbrokers dressed up **as for safari**, professors looked like stevedores, grandmothers appeared in pant suits, young girls in granny dresses.

[**as** (they would dress up) **for safari**: 사냥 여행을 가러 옷을 챙겨 입듯이 (정장과 넥타이 스타일로부터 캐주얼 스타일로 바뀌었다는 뜻)]

(19)70년대에 미국인들은 스스로를 재발명했다. 증권 브로커들은 사냥 여행을 가듯이 복장을 하고, 교수들은 부두 하역 노동자들처럼 보이고, 할머니들은 바지를 입은 정장을 하고 어린 여자애들은 할머니 스타일의 드레스를 입고 나섰다.

> **reinvent** 타동 재발명/재창조하다, 크게 변화시키다　　**dress up**: 차려 입다, 정장을 하다
> **safari** 명 (아프리카 등) 야생적인 자연에서 탐험, 사냥, 모험을 즐기는 레저 활동　　**stevedore**: 명 부두 (선적/하역) 노동자　　**pant suit**: 상의 jacket에 (전통적인 여성정장의 skirt가 아니라) 바지를 입는 여성 정장 (suit)　　**granny** 명 (비격식체) grandmother

Topic: 복장의 변화를 통해 본 1970s년대의 사회문화적 변화로 권위주의적이고 위계질서적인 사회문화로부터 실용적, 비공식적, 일상적, 그리고 수평적 사회문화로의 변화가 시작되었다.

example With their strong family culture and emphasis on academics, Asian-Americans showed high rates of college attendance and upward mobility. **As in** most other immigrant groups, however, young people wavered between traditional ways and the lure of the mass culture.

[As (young people wavered between traditional ways and the lure of the mass culture) in most other immigrant groups], however, …]

튼튼한 가족 문화와 학업에 대한 강조에 힘입어 아시안계의 미국인들은 높은 대학 수학률과 계층 상승을 보였다. 그러나 대부분의 다른 이민 그룹들에서처럼 젊은 이들은 전통적인 문화와 (주변 사회의) 대중 문화의 유혹 사이에서 갈등하였다.

emphasis 명 강조　　**academics** 명 학업, 공부
attendance 명 재학, 출석, 참석　**upward mobility**: (사회경제적 지위의) 상승 이동
waver 자동 흔들리다, 왔다리 갔다리 하다, 불안정하다, 우유부단하다　　**lure** 명 유혹, 미끼

425/425-a　can = 가능성

(425) (425-a) Everybody can dance.
모든 사람이 춤을 출 수 있어.
(425-b) You can't be that bad.
네가 그리도/아주 형편없을 (못 출) 수는 없어.

Everybody can dance.에서의 조동사 **can**은 **능력** (ability)을 나타낸다. (Everybody can dance. = Everybody is able to dance./ Everybody is capable of dancing.) 그러나 You can't be that bad.에서의 can은 주어인 you의 능력을 나타내는 것이 아니라 이 문장 (주어 + 술부) 전체의 **가능성** (possibility)을 나타낸다. 즉, You can't be that bad. = It's not possible that you're that bad. (네가 그리도 형편없다는 것은 불가능해.) 이렇게 문장 전체의 가능성을 나타내는 예문들을 보자.

example Guys have always dated younger women, so why **can't** we turn the tables and have some fun too? Besides, you **can** date an older guy who turns out to be more immature than your little brother.

남자들은 항상 연하의 여자와 데이트를 해왔으니 왜 우리 (여자들)도 상황을 반전시켜 재미 좀 볼 수 없겠어요? 게다가 연상남이라 해도 남동생보다도 미숙한 (정신적으로 어린) 것으로 드러나는 남자랑 데이트 할 수도 있잖아요.

turn the tables: 상황을 변화 (반전) 시키다 (흔히 호전시키거나 성공적으로 이끌다).
　주목　**the** + 복수형 (tables)
besides 부 게다가, 더군다나; also; in addition; additionally; on top of that/it
turn out (to be) + 형/명: (나중에) …임이 드러나다/입증되다　　**immature** 형 미성숙한

[연하의 남자와의 데이트를 환영한다는 30세 여자의 표현이다.]

example New money **can** send a limousine across town at 3:00 a.m. for a chicken sandwich, two bottles of champagne and a complete set of Dickens.

졸부는 (사회적 책임감이나 품위 없이 돈 자랑이 너무도 하고 싶어서) 새벽 세시에 치킨 샌드위치와 샴페인 두 병과 (읽지도 않고 전시하기 위해서) 디킨즈 전집을 사러 타운을 가로 질러 (타운 반대편으로) 리무진을 보낼 수가 있다.

new money 명 졸부; a newly rich person(s); nouveau riche(s); upstart(s); arriviste(s)
Charles Dickens (1812-1870): 영국 소설가

426 Come on. (자, 어서, 빨리):

Come on.

Come on.은 명령문의 형태를 취하여 감탄사 또는 부사적으로 쓰이는 표현으로, 기본적으로 두 가지 의미를 가질 수 있다.

의미-1 Come on.은 긍정적인 반응이 없거나 주저하는 듯한 상대방을 부추기거나 **재촉**하거나 **격려**하는 감탄사적 표현으로 흔히 쓰인다.

의미-2 Come on.은 상대방의 의견이나 진술에 **반대** 또는 **일축**하거나 재고를 청하는 구어체의 표현으로도 자주 사용된다.

여기서는 첫 번째의 의미로 쓰여 있다. [➡ (89) (200) (220)]

example
Mr. Keating: I stand up on my desk to remind myself we must constantly look at things in a different way. The world looks very different from up here. Come see for yourself. **Come on. Come on.** Just when you think you know something, you have to look at it in another way. [*Dead Poets Society* (1989 film)]

Keating 선생님: 나는 나 스스로에게 끊임없이 사물을 다른 식으로 봐야만 한다는 것을 일깨워 주기 위해 내 책상 위에 서 있어. 이 위에서 보면 세상이 아주 달라 보여. 이리 와서 직접 (너희 눈으로) 봐라. 자, 어서. 너희가 뭔가 알고 있다고 생각이 들 바로 그 때, 그걸 또 다른 시각으로 봐야 해.

장면 Keating 선생님이 영어 수업에서 자기의 책상 위에 올라 서서, 학생들에게 이 세상을 새로운 시각으로 보고 자기만의 목소리를 갖고 살아가도록 가르치면서, 학생들에게 같은 식으로 자기 책상 위에 올라 서 볼 것을 권한다.

427   that = (1) 정도의 지시 부사; (2) 정도의 강조 부사

that bad
그리도/아주 형편없는/못 하는

Cross-reference
비교 (this = 정도의 지시 부사):
➡ (103)

거의 대부분 지시 대명사 또는 지시 형용사로 쓰이는 that이 형용사 또는 부사 앞에 쓰여서 정도의 지시 부사 또는 **정도의 강조** 부사로 쓰이는 어법이다. 이 어법의 that이 가리키는 정도는

어법-1 (정도의 **지시** 부사) 앞에 이미 구체적으로 언급된 또는 문맥상 이해되는 그러한 정도 (to the extent or degree indicated, suggested, or implied) 이거나

어법-2 (정도의 **강조** 부사) (앞에 어떠한 언급이나 암시도 없이 절대적으로) 아주, 상당히, 대단한 정도 (to a great extent or degree; very; greatly)를 나타낸다. 여기서는 (1)의 어법으로 앞에서 정말 전혀 춤을 못 추거나 안 춘다고 한 그런 정도이거나 (2) 대단히, 아주 못 추는 정도 어느 쪽으로도 이해될 수 있다. 이 어법의 that은 뒤에 형용사와 복수 명사가 따르는 경우에도 복수형인 those를 사용하지 않는다. (이 어법의 that은 부사로 바로 뒤에 오는 형용사를 수식하는 것이지 그 뒤의 복수 명사를 수식하는 것이 아니기 때문이다.)

어법-1: 정도의 지시 부사

example My husband was only 19 when I met him, and I was 25. I had serious reservations about dating someone who was **that** young, but his sweet personality won me over.

내가 나의 남편을 만났을 때 그는 열 아홉 살이었고 나는 스물 다섯이었다. 나는 그렇게 어린 사람과 데이트 하는 것에 대해 상당히 주저하게 하는 생각들을 갖고 있었지만 그의 달콤한 성격이 내 마음을 사로잡았다 (자기 편/사람이 되게 하였다).

reservation 명 예약. 여기서는 주저하는 (hesitate) 마음이나 주저하게 하는 생각
personality 명 개성, 성격. 비교: character: 성품, 인품, 사람됨
win over: (...의) 동의나 지지나 호의를 얻다

example Sports is one of the purest, most passionate things left. People don't get **that** passionate about politics anymore, or about religion.

스포츠는 (이 세상에 남은) 가장 순수하고 가장 열정적인 것들 중의 하나이다. 사람들은 정치 또는 종교에 관해서 더 이상 그렇게 (스포츠에 대해 열정적인 만큼) 열정적이 되지 못한다.

pure 형 순수한   **passionate** 형 열정적인   ... things (that are) left
politics 명 정치   **religion** 명 종교

[that + 형용 + 복수명사]

example Beverly Hills is home to more than 200 beauty salons and at least **that many** plastic surgeon**s**.

베벌리 힐즈는 200개 이상의 미용실과 적어도 그렇게 많은 수의 성형 외과 의사들의 본고장이다.

Beverly Hills: 미국 서부 California 주의 Los Angeles에 의해 둘러싸인 작은 도시로 연예인 주민들과 부유한 저택들과 함께 연예, 부, 명성, 유행, 사치 등의 본고장으로 오랫동안 널리 인식되어 오고 있다.

어법-2: 정도의 강조 부사

example Americans in general aren't **that** interested in, or aware of, the outside world.

미국인들은 일반적으로 외부 세계에 그다지/크게 관심이 있거나 잘 알지 못한다.

example Today is Father's Day. How should you show Dad you care? Keep it simple. Give him some time – time to do the things he doesn't have a chance to do **that** often. Play a game with him, or help him do things around the house. Give him something that reminds him of you – a picture for his wallet or his desk, not another tie or golf shirt.

오늘은 아버지의 날 (6월 셋째 일요일)입니다. 당신이 (아버지를) 사랑/배려한다는 것을 어떻게 보여 드리냐구요? 간단하게 하세요. 아버지께 시간을 좀 드리세요 – 아버지께서 별로 자주 하실 기회가 없는 (하시고 싶은) 일들을 하실 시간을. 아버지와 함께 게임을 하나 하시거나 아버지께서 집안에서 (이런 저런) 일들을 하시도록 도와 주십시요. 아버지께 당신을 생각나게 하는 것을 드리십시요 – (예를 들어) 또 하나의 넥타이나 골프 셔츠가 아니라, 아버지의 지갑이나 책상을 위한 (지갑이나 책상에 보관하고 볼 수 있는) (당신의) 사진을 말입니다.

... show (your) Dad (that) you care?
time to do things (that/which) he doesn't have a chance to do ...
something that reminds him of you: 아버지에게 당신이 생각나게 하는 무엇을

[사진] 미국 Wisconsin 주 시골의 한 작은 타운인 Blanchardville에서 타운 사람들과 이웃 타운들에서 온 사람들이 함께 오전에 모여 Father's Day를 축하하며 brunch로 chicken barbecue를 즐기고 있다.
사진: ⓒ 박우상 (Dr. David)

428 please

Please?:

한국의 영어 교육에서는 상당한 공손함을 나타내며 거의 기계적으로 '제발' 이라고 번역하도록 가르치는 말이지만 대부분의 경우에는 실은 그렇게 공손하거나 절박하거나 저자세의 표현은 아니며 흔히 please 자체는 번역하지 않고도 문장의 어감을 느끼고 번역할 수 있다. 명령, 주문, 부탁, 권고 등의 표현에 상대방이 불쾌하게 느끼지 않을 정도의 기본 예의를 갖추거나 신중한 어감을 더하는 부사로 보면 대부분의 경우 적절한 이해이다.

영어권의 사람들은 어릴 때부터 상대방에게 무엇을 부탁할 때 그것이 비록 가벼운 부탁이라도 거의 대부분의 경우에 please를 사용하도록 가르친다. 그러나 경우에 따라서는 오히려 은근히 강력히, 짜증스럽게, 또는 더 이상 인내할 수 없다는 듯이 촉구하거나 반감을 나타내는 어감을 나타낼 수도 있다. 이 경우에서는 Jamie가 춤을 절대로 추지 않는다는 Landon에게 함께 추자고 상당히 진지하게 애청하는 뉘앙스이다. [➡ (153)]

example

Ted: Billy has a home with me. I made it the best I could. It's not perfect. I'm not a perfect parent. Sometimes I don't have enough patience, and I forget that he's a kid. But I'm there. I get up in the morning, and then we eat breakfast, and he talks to me, and we go to school. At night we eat dinner together, and we talk, then I read to him. And we built a life together, and we love each other. If you destroy that, it may be irreparable. Joanna, don't do that, **please**.

[*Kramer vs. Kramer* (1979 film)]

Ted (ex-wife Joanna에게): Billy는 나와 함께 하는 가정이 있어. 난 그 가정을 최선을 다해 이뤘어. 난 완벽한 부모가 아니야. 때로는 충분한 인내심도 없고 Billy가 아이라는 걸 까먹기도 해. 그래도 난 Billy와 함께 있어. 아침에 일어나 우린 아침을 먹고 Billy는 나한테 이야기를 하고 우린 학교에 가. 밤에는 함께 저녁을 먹고 이야기 하고, 그리고 나선 내가 Billy한테 책을 읽어 줘. 그리고 우린 삶을 함께 이루었고 (Billy와 난) 서로 사랑해. 당신이 그걸 깨뜨리면 복구가 불가능할 수 있어. Joanna, 그러지 마, 제발.

irreparable 형 발음에 주의: /iˈrep·ər·ə·bəl/ 고칠 (repair) 수 없는 ← ir- (부정의 접두어: 뒤에 오는 r에 동화된 부정의 접두어 in-의 변형) + repair (수리하다) + -able (... 할 수 있는)

장면 먼저 이혼을 신청해서 남편 Ted와 어린 아들 Billy를 떠났던 Joanna가 이제는 Billy의 양육권 (custody)를 신청해서 Billy를 Ted로부터 데리고 가려고 한다. 뉴욕주의 한 법정에 서서 Ted가 Joanna에게 Billy와 자기가 함께 이룬 새로운 가정을 깨뜨리지 말아 달라고 애원한다.

Scene

Jamie   **429** How can you see places like this and have moments like this and not believe?

Landon   You're **430** lucky to be **431** so sure.

Jamie   **432** It's **433** like the wind. I can't see **432** it but I feel **432** it.

Landon   What do you feel? Jamie: I feel wonder and beauty, joy, love. I mean **432** it's the center of everything.

Landon   I **434** might kiss you.

Jamie   I **434** might be bad **435** at it. Landon: That's not possible. (Landon gets close to Jamie and kisses her.)

Landon   Jamie, I love you. (Jamie is looking into Landon's eyes silently.)

Jamie   **436** I told you **437** not to fall in love with me. (They kiss each other once again.)

[*A Walk to Remember* (2002 film)]

Words & Phrases

- **place** 명 장소
- **moment** 명 순간
- **believe** 자동 믿다
- **lucky** 형 운좋은
- **sure** 형 확신하는
- **wind** 명 바람
- **wonder** 명 놀라움, 경이로움
- **beauty** 명 아름다움
- **joy** 명 기쁨, 즐거움
- **possible** 형 가능한
- **silently** 부 말없이, 조용히

장면

깊은 신앙을 가진 Jamie에게는 사랑도 삶과 세상의 경이로움과 아름다움과 기쁨처럼 신앙의 한 구현이다. 우연한 사건을 통해 학교의 연극부와 학업이 부진한 아래 학년 학생들을 지도하는 지역사회 봉사에서 만나게 된 후, 드디어 오늘 저녁에 한 근사한 정원 음식점에서 첫 데이트를 시작한 Jamie와

Landon은 밤이 깊어 달과 별들이 환히 빛나는 North Carolina 주와 Virginia 주의 주 경계선 상에 있는 대서양 연안에서 바닷물결이 찰싹거리고 산들바람이 살랑이는 가운데 첫사랑의 첫 키스를 나눈다.

번 역

Jamie	이런 곳들을 (이렇게 아름다운 곳들을) 보고 이런 순간들을 맞으면서 어떻게 (신의 섭리를) 믿지 않을 수 있겠어?
Landon	넌 그렇게 확신할 수 있다니 행운이야.
Jamie	그건 (신의 섭리를 믿는 것은) 바람과도 같아. 난 바람을 볼 수는 없지만 느껴.
Landon	뭘 느끼는데?: Jamie: 경이로움과 아름다움, 기쁨, 사랑을 느끼지. 그것 (그러한 것들)은 모든 것의 중심이야.
Landon	널 키스할지도 몰라.
Jamie	나 그것 잘 못할지도 몰라.
Landon	그럴 순 없어. (Landon이 Jamie에게 가까이 다가가 그녀에게 키스한다.)
Landon	Jamie, 널 사랑해. (Jamie는 말없이 Landon의 눈을 응시한다.)
Jamie	나랑 사랑에 빠지지 말라고 내가 말했잖아. (그들은 서로를 다시 키스한다.)

429 Wh-수사 의문문

How can you see places like this and have moments like this and not believe?
이런 곳들을 (이렇게 아름다운 곳들을) 보고 이런 (이렇게 아름다운) 순간들을 맞으면서 어떻게 (신의 섭리를) 믿지 않을 수 있겠어?

이 Wh-의문문은 '네가 어떻게 ... 할 수 있느냐?' 라고 묻는 보통의 Wh-의문문이 아니라 소위 **수사의문문** (rhetorical question)으로서 말하는 이가 자기의 의견이나 판단을 의문문의 형식을 빌어 강하게 전달하는 표현 기법이다. 긍정의 수사의문문은 강한 부정의 진술의 효과를, 부정의 수사의문문은 강한 긍정의 효과를 노린다.

즉 이 문장은 You cannot see places like this and have moments like this and not believe. (이렇게 아름다운 곳들을 보고 이렇게 아름다운 순간들을 맞고도 (신의 섭리를) 믿지 않을 수는 없다.) 또는 You should believe when you see places like this and have moments like this. (이렇게 아름다운 곳들을 보고 이렇게 아름다운 순간들을 맞으면 (신의 섭리를) 믿어야 한다) 라는 진술을 의문문의 형식을 빌어 강조적으로 표현하는 것이다. [➡ (80)]

example Democracy works on such principles as communication and persuasion, respect for others' opinions, compliance with the rules of the game, and non-violence. **How can anyone** justify the armed raid on the U.S. Congress as an act of democracy or the freedom of speech?

민주주의는 소통과 설득, 다른 사람들의 의견들에 대한 존중, 게임의 규칙의 준수, 그리고 비폭력 같은 원칙들 위에서 작동한다. 어느 누구든 [2021년 1월 6일에 있었던] 미연방의회에 대한 무장 공격을 민주주의나 표현의 자유의 행위로 정당화할 수 있는가?

---

principle 명 원칙　　**persuasion** 명 설득　　**compliance** 명 (법, 규칙, 명령, 지시의) 준수
non-violence 명 비폭력　　**justify** 타동 정당화/합리화하다　　**armed** 형 무장된
raid: 명 (기습적) 공격, 습격　　**act** 명 행위　　**freedom of speech:** 표현의 자유

430　형용사 (lucky, correct, fortunate, right, wrong) + to-부정사

lucky to be so sure
그렇게 확신하다니 운이 좋다

'형용사 + to-부정사'의 구조로 여기서의 to-부정사는 말하는 이가 주어가 … (형용사) 이라고/하다고 말하는 판단의 근거를 나타낸다. 이 경우에는 '너는 (문맥상 신의 존재를) 그렇게 확신하다니, 네가 그렇게 확신하는 것을 보면 너는 운이 좋다' 라는 뜻이 된다.

이 어법으로 자주 쓰이는 형용사들의 예: **correct** (옳다); **fortunate** (운이 좋은, 일이 잘 풀리는), **lucky** (운이 좋은), **right** (옳은), **unfortunate** (불운한, 일이 잘 안 풀리는), **wrong** (틀린, 잘못된).

example
Warren: I miss her. I just didn't know how **lucky** I was **to have** a wife like Helen until she was gone.　　　　　　　　　　　　　　　　[*About Schmidt* (2002 film)]

Warren: 그녀가 그리워. Helen 같은 아내를 가졌으니 내가 얼마나 운이 좋았는지 (Helen 같은 아내를 가진 게 얼마나 행운이었는지) 그녀가 떠날 때까지 몰랐어 (그녀가 세상을 떠난 후에야 깨달았어).

장면　보험회사의 고위 간부로 은퇴한 Warren이 최근에 죽은 아내 Helen을 회고하면서 생전에 잘 대해 주지 못한 것을 아쉬워하며 Helen을 그리워한다.

example
Question: A friend of mine frequently cancels our plans for lunch or after-work socializing at the last minute, always because "things are just crazy" at the office or at home. Am I **right to be** annoyed with her?

질문: 제 친구 하나는 자주 점심 계획이나 퇴근 후 만나는 것을 언제나 직장이나 집에서 일들이 마냥 미친 듯이 돌아간다는 이유를 대고 마지막 순간에 취소하는데요. 제가 그녀 때문에 짜증나는 것이 (짜증을 내다니) 올바른 것인가요?

---

after-work socializing: 퇴근 후의 모임이나 회식
things: 이런 저런 주변 상황/사건들을 통틀어 가리키는 비격식체의 낱말로 구어체에서 대단히 자주 사용된다.　　**annoy** 타동 짜증나게 하다, 귀찮게 하다

example I recently gave a young relative a stuffed animal. Her mother told me that the girl hates stuffed animals. I think the child's mother was **rude and ungrateful to reject** my gift.

나는 근래에 속이 채워진 동물 인형을 어린 친척 아이한테 주었어요. 그 애 엄마는 저에게 그 여자애가 속이 채워진 동물 인형을 미워한다고 하더군요. 전 그 애의 엄마가 저의 선물을 퇴짜 놓다니 무례하고 고마워할 줄 모른다고 생각합니다.

---

relative 명 친척　**stuffed animal** 명 봉제 완구　**rude** 형 무례한
ungrateful 형 고마워하지 않는, 배은망덕한　**reject** 타동 거부/거절하다, 퇴짜 놓다

---

example We tried to run, but they shot us like we were buffalo. I know there are some good white people, but the soldiers must be **mean to shoot** children and women. Indian soldiers would not do that to white children.

우리는 도망치려고 했지만 그들은 우리를 들소들인 것처럼 우리를 쐈다. 난 좋은 백인들도 좀 있다는 것을 알지만 그 병사들은 아이들과 여자들을 쏘다니 비열함에 틀림없다. 인디언 병사들은 백인 아이들에게 그런 짓을 하지 않을 것이다.

---

buffalo 명 발음에 주의: /ˈbʌf·ə·ˌloʊ/ 여기서는 복수형 (단수형 = 복수형)
mean 형 못된, 비열한

배경 The Wounded Knee Massacre (12/29/1890):
1890년 12월 말의 한 겨울에 미연방 기병대 (cavalry) 군인들에 의해 300-350여명의 원주민들 (Native Americans; American Indians)이 사살된 the Wounded Knee Massacre (지금의 South Dakota 주의 황폐한 지역인 '부상당한 무릎' 이라는 개천 가에서의 학살)에서 살아남은 한 원주민 여자의 증언)

오늘날 South Dakota 주의 쫓기고 밀려난 원주민들의 척박하고 이미 좁은 땅으로부터 금은동을 비롯한 귀금속과 광물들이 발견됨으로써 1890년 12월 29일의 살을 에는 추위 속에 미연방 기병대에 의해 300-350명으로 추정되는 Sioux (발음에 유의: soo) 족 원주민들이 사살된 **the Wounded Knee massacre**는 원주민 학살 사상 최대의 비극이었다.

오늘날 학살의 현장에 남아 있는 것은 녹슬어가는 작은 철판 안내문과 학살 후 집단으로 시체들을 구

덩이에 묻은 이 초라한 공동묘지 뿐이다. 인종적으로 1% 미만인 극소수이고 정치 경제적으로 극히 미약한 미국 원주민들의 슬픈 역사와 현실을 증거하는 현장이다. 사진 왼쪽: 학살 직후의 현장;
[사진 오른쪽]: 원주민 희생자들의 공동 묘지.
사진 제공 (왼쪽): the Denver Public Library; 사진 (오른쪽): ⓒ 박우상 (Dr. David)

431 so = 정도의 지시 부사

so sure
그렇게/그토록 확신하는

Cross-reference
비교 (so = 강조의 부사):
➡ (39) (186) (264) (277)

여기서의 **so**는 앞에서 진술되거나 함축된 (대부분의 경우에 있어서는 상당한) 정도를 가리키는 **정도**의 **지시** 부사이다. 즉 이 용법의 so가 나타내는 정도는 문맥 속에서 전달되고 이해된다. 이 경우에는 앞에서 Jamie가 이렇게 아름다운 곳들을 보고 이렇게 아름다운 순간들을 접하면 신의 존재를 반드시 믿는 바로 그 정도로 확신한다는 뜻이다. 부사로서의 so의 대표적 용법이다. [➡ (59)]

example
Frank: I have a beautiful wife, two beautiful children. Ah, it was just like this on our honeymoon, the moon, the stars. God, she was so gorgeous. I couldn't believe she was mine. Ah, how come I got **so** lucky?   [*Fabulous Baker Boys* (1989 film)]

Frank: 난 아름다운 아내도 있지 두 멋진 아이들도 있지. 아, 우리 신혼 여행은 바로 이랬지. (신혼 여행 중에) 그 달이며, 그 별들이며. 와, 그녀는 너무도 멋졌어. 그녀가 나의 것이었다는 걸 믿을 수 없었지. 아, 난 어떻게 해서 그렇게도 운이 좋았나?

432 it = 앞에 온 진술 내용 (전체 또는 일부)

여기서 대명사 **it**은 앞에 온 어떤 특정한 (단수의) 대상물을 가리키는 것이 아니라 **앞에 오는 진술이나 대화의 내용** (전체 또는 일부)을 가리킨다. 여기서의 it은 앞에서 진술된 내용이자 영화의 장면상 드러나는 화제인 '내가 신을 믿는 것 또는 내가 느끼는 신의 존재나 섭리'를 나타낸다. [➡ (62)]

example I really don't believe, we, as a people, we are American. If you're Irish-

American, German-American, Italian-American, African-American, etcetera, **it seems a foolish, a foolish point.**

[it = the (view)point that we, as a people, we are American.]

전 정말 우리가 한 국민들로서 우리가 미국인이라는 걸 믿지 않습니다. 당신이 아일랜드계 미국인, 독일계 미국인, 이탈리아계 미국인, 아프리카계 미국인 등등이라면 그건 바보 같은, 바보 같은 생각이죠

a people: 주목: 여기서의 **people**은 앞에 부정관사 a가 사용된 **단수**. 한 공동체, 그룹, 사회, 국가의 사람들 전체; 국민

[영어와 사회문화] 미국인들이 모두 동질적인 American이 아니라 national/ethnic 뿌리에 기반한 다양한 사람들로 존재한다는 견해이다. 즉 미국인들은 용광로 (melting pot)이 아니라 구성원들이 다양한 개별 요소들로 남아 있는 salad bowl이라는 관점이다.

433 like = 전치사 = 은유/비유

like the wind
(마치) 바람과 같은

흔히 전치사로 쓰이는 like는 두 가지 의미를 가질 수 있다.

의미-1 Like의 기본적인 의미로 like의 목적어를 **은유**, **비유**, 또는 **유사**한 성질의 대상으로 들어 앞에 오는 어구나 진술의 이해를 돕는 기능을 하며, 흔히 '(마치) ...처럼, ...같은, ...같이, ...같은 식이나 종류로' (in the same way as; of the same kind as; similar to; resembling closely; possessing the characteristics of) 등으로 번역될 수 있다.

의미-2 은유나 비유 또는 유사성의 대상이 아니라 앞에 오는 어구나 진술의 의미 범위에 들어 있는 **예** (example)를 구체적으로 들어 이해를 돕는 어법으로, 흔히 '예를 들어/들자면, ...처럼, ...같은, ...같이' (for example; such as) 등으로 번역될 수 있다.

여기 like the wind에서의 like은 첫 번째 의미로 쓰였다. [➡ (8) (273) (474)]

example We are adopting more kids who do not look **like** their parents in race or ethnicity.

우리는 인종 또는 민족성에서 부모처럼 보이지 않는 아이들을 점점 더 많이 입양하고 있다.

[사진] 한국 아이들을 입양한 미국 가정들이 설날에 모여 입양 자식들과 함께 한국의 전통 놀이인 윷놀이를 즐기고 있다. 사진: ⓒ 박우상 (Dr. David)

434   might = 추측/가능성 (현재 또는 미래 지향적)

I **might** kiss you.
나 널 키스할 수가 있어, 키스할지도 몰라
I **might** be bad at it.
나 그것 잘 못할지도 몰라.

주목   한국의 영어 선생님들과 영어 학습서의 저자들의 절대 다수는 영어의 **시제**가 바로 물리적 **시간**인 것으로 착각하고 언어 표현의 한 방식이자 도구인 시제를 제대로 설명하지 못하거나 크게 잘못 가르친다. 여기서의 might은 형태상으로는 may의 과거형이지만, 즉 과거 시제 (tense)라는 언어적 형태를 취하고 있지만, 이것이 실제로 가리키는 물리적 시간 (time)은 현재 또는 미래이다. 이 **might**은 말하는 또는 글쓰는 이가 현재 또는 미래에 주어가 ... 할/일 가능성을 **예견** 또는 **추측**하는 조동사로서 그 메시지 자체 (주어가 현재 또는 미래에 ... 할/일 가능성이 있다는)는 같지만 may에 비해 보다 **신중**하고 **유보적**이며 때로는 가상적인 예측이나 추측을 나타낸다. 문어체, 구어체, 공식체, 비격식체에 두루 쓰이는 어법이다.

이 경우 'I might kiss you.'는 '내가 널 키스할 거야' 라는 즉각적인 의향이나 대단히 높은 가능성을 나타내는 'I'll kiss you.' 또는 'I'm going to kiss you.'보다 가능성이 상당히 낮고, 'I may kiss you.' (내가 널 키스할 수가 있어)보다도 그 가능성에 대해 조심스럽게 진술하는, 키스하지 않을 수도 상당히 있지만 키스할 가능성도 제법 있음을 뜻한다.

example   Drivers in all vehicles need to slow down, be aware of other drivers, wait your turn, and above all be patient. It **might** save your life – as well as other lives.

모든 차량의 운전자들은 속도를 줄이고 다른 운전자들을 의식하고 자기 차례를 기다리고 그 무엇보다도 인내심을 가질 필요가 있다. 그렇게 하는 것은 (심각한 사고가 있을 경우) 다른 사람들의 생명 뿐만 아니라 당신의 (그 자신의) 생명을 구할 수도 있다.

---

vehicle 명 차량, 탈것　**aware** 형 알고 있는, 인지하고 있는
above all: above everything/ all else; first and foremost; 다른 무엇 보다도, 최우선으로
patient 형 인내심 있는　**as well as …**: …뿐만 아니라; A as well as B = not only/just B but (also) B; not only/just B but A (as well)

주목 ▶ 국내 영어교육에서 전혀 가르치지 않지만, A as well as B에서 의미의 비중에 있어서 **B가 강조**되는 경우들이 (대다수는 아니지만) 종종 있음에 주의

---

example As recently as the early 1980s, calling a doctor's office to make an appointment involved a fairly simple dialogue with a human being. These days, a caller **might** encounter an automated answering machine or a "gatekeeper" with a list of questions.

1980년대 초만 해도 예약을 하기 위해 의사 사무실에 전화를 거는 것은 한 인간과의 꽤 단순한 대화를 수반하였다. 요즈음에는 전화를 거는 사람은 자동응답기나 한 목록의 여러 질문들을 하는 "문지기"를 만나게 되는 수가 있다.

---

dialogue 명 대화　**encounter** 타동 (우연히) 마주치다　**automate** 타동 자동화하다
gatekeeper 명 문지기

---

example
Alice: I did it! I got a job as a singer!
Tommy (Son): Are we rich?
Alice: Well, we're not rich yet, but we **might** be someday.
　　　　　　　　　　　　[*Alice Doesn't Live Here Anymore* (1974 film)]

Alice: 엄마가 해냈다! 가수로 일자리를 찾았어!
Tommy (아들): 우리 (이제) 부자야?
Alice: 뭐 아직 부자는 아니지만 언젠가 부자일 수 있지.

장면 ▶ California 주에서 새로운 인생을 시작하기 위해 어린 아들 Tommy와 길을 떠난 Alice가 한 작은 술집에서 피아노를 연주하고 노래하는 일시직을 구하는데 성공한 뒤 모텔에 돌아와 Tommy에게 이 기쁜 소식을 전한다.

435 at = 일, 과제, 직업, 종사, 목표

bad at it
그것을 잘 못하는, 능숙치 않은, 그것을 하는데 신통치 않다

여기서의 at은 어떤 일, 과제, 직업, 목표 따위를 나타내는 전치사이다. 이 경우에는 그 일 (키스하는 일)에 능숙하거나 신통한 기술이 없다는 뜻이 된다.

> example I work in the computer industry, and I make a good living **at** it. But life is more interesting when you go to a store for a book or anything else and actually interact with people.

나는 컴퓨터 산업에서 일을 하며 그 일로 잘 살고 있다. 그러나 삶은 책이나 다른 어떤 것이든지 사러 가게로 가서 사람들과 실제로 대할 때 더욱 재미있다.

industry 명 산업, 업계   **make a good living at it**은 그 일을 하면서 좋은 보수를 받는다/잘 산다는 뜻   **interact** 자동 남들과 어울리고 서로 언행을 주고 받거나 함께 일하다

> example In high school Nixon was clumsy but persistent **at** football.

고등학교 시절에 Nixon은 미식축구에 엉성했지만 끈질기게 (달려들어) 했다.

clumsy 형 서투른
persistent 형 끈질긴, 포기하지/떠나지 않는 < **persist** 자동 끈질기게 버티다

[**Richard M. Nixon** (1913-1994): 37대 미국 대통령 (1969-1974, 사임)]

> example After his damaging televised debates with Kennedy in 1960 Nixon adjusted his style and became adept **at** the medium, the most effective way to reach the general public.

1960년에 있었던 케네디와의 파괴적인 (선거에 패배하게 했다는 의미) 텔레비전으로 중계된 토론 이후에 Nixon은 자기의 스타일을 조절하여 일반 대중에게 접근하기에 가장 효과적인 방식인 그 미디어에 능숙하게 되었다.

damaging 형 손상을 가하는, 파괴적인   **adjust** 타동 조정/조절하다, 적응시키다
adept: 형 능숙한   **effective** 형 효과적인   **the general public** 명 일반 대중

> example Many homeschoolers think local schools are poor **at** teaching and sometimes are dangerous places.

많은 홈스쿨러들은 (아이들을 (학교에 보내지 않고) 집에서 교육시키는 사람들은) (자기들이 사는) 지역의 학교들이

가르치는 데에 있어서 형편없고 때로는 위험한 곳이라고 생각한다.

local 형 현지의, 지역/인근의

example ▶ Presley didn't write his own songs. He wasn't a proficient guitarist. There may even have been better vocal stylists. Nor was he adept **at** handling his career and business. But everyone copied his style. People imitated his gestures, dressed like him, wanted to be him (or his woman). He became the most influential solo popular artist of our time.

Presley는 자기 노래를 직접 쓰지 않았다. 그는 능숙한 기타 연주자도 아니었다. 그보다 노래를 더 멋들어지게 하는 사람들도 있었을지 모른다. 그는 자기 커리어와 비지니스를 다루는데도 능숙하지 못했다. 그러나 모든 사람이 그의 스타일을 흉내냈다. 사람들은 그의 제스처들을 따라 하고 그처럼 옷을 입고 그가 (또는 그의 여자가) 되기를 바랬다. 그는 우리 시대의 가장 영향력 있는 솔로 대중 예술가가 되었다.

proficient 형 능숙한   **adept** 형 능숙한   **copy** 타동 모방하다, 흉내내다
imitate 타동 모방하다, 흉내내다   **influential** 형 영향력이 있는, 영향을 미치는

Elvis Aron Prelsey (1935-1977): rock-'n'-roll 가수; the "King of rock-'n'-roll" (또는 단순히 "the King") 아직도 장르를 불문하고 20세기 최고의 대중음악 가수로 평가된다. **Topic**

[사진] 미국의 젊은 여성팬들이 1956-57년 경에 폭발적인 인기를 누리면서 미국의 대중음악계에 혜성처럼 등장한 Elvis Presley에게 환호하고 있다. 황홀감을 억제하지 못하고 까무러친 (swoon) 여성 팬들도 적지 않았다. 그렇게 수 많은 젊은 팬들이 환호하던 Elvis의 음악은 보수적 종교계와 문화계의 지도층으로부터는 부도덕, 반기독교적, 저질, 사회병리 (social pathology), 대중광기 (mass hysteria) 등으로 불리며 지탄과 (특히 초기에) 규제의 대상이 되었다. 그러나 Elvis는 오늘날 까지도 미국에서 가장 인기 있는 대중 음악인으로 남아 있다.
사진: ⓒ 박우상 (Dr. David) (Tennessee 주의 Memphis에 있는 Graceland에서)

436 타동사 + 목적어 + to-부정사

I told you not to fall in love with me.
나랑 사랑에 빠지지 말라고, 날 사랑하지 말라고 했잖아.

'tell + 목적어 + to-부정사 (= 목적 보어)'의 구조로 주어가 목적어에게 ... 하라고 (하도록, 할 것을) 말하다, 주문하다, 명령하다는 뜻이다. ... 할 수 있겠냐고 물어보거나 ... 하라고 또는 해 달라고 부탁하거나 청하는 'ask + 목적어 + to-부정사'의 구조보다 흔히 말하는 톤이 상당히 강한 점에 유의해야 한다. 따라서 ask를 써야 할 (부탁하는 경우거나 예의 바르거나 정중할) 필요가 있을 때 tell을 사용하면 무례하게 된다. 여기서는 Jamie가 자신이 백혈병 (leukemia)에 걸려 있는 사실을 아직 비밀로 하고 있기 때문에 전에 자기를 좋아하지 말라고 친근한 경고 (friendly warning)를 한 적이 있기 때문에 강한 톤의 told를 사용한 것이다 (그렇게 강한 표현을 쓸 만큼 너를 사랑한다는 어감을 나타낸다). [➡ (534)]

이렇게 주어가 목적어에게 (목적어로 하여금) ... 하도록 (... 하기를 또는 ... 상태에 있도록) 타동사의 동작/행위를 하는 것을 뜻하는 '**타동사 + 목적어 + to-부정사 (= 목적격 보어)**'의 구조를 취할 수 있는 타동사들의 대표적인 예들은 다음과 같다.

acknowledge (인정하다), **advise** (목적어에게 ... 하도록 충고하다), **allow** (목적어가 ... 하도록 허용하다), **ask** (청하다, 부탁하다), **assign** (임명하거나 임무를 주다), **authorize** ((권한을 부여하다), **beg** (청하다, 애걸하다), **believe** (믿다), **beseech** (간청하다), **call for** (또는 on/upon) (청하다, 촉구하다, 부탁하다), **cause** (초래하다), **caution** (주의시키다), **challenge** (촉구하다, 자극하다), (가르치다, 지시하다), **coax** (아첨이나 달콤한 말로 설득 또는 유도하다), **command** (명령하다), **compel** (강력한 이유, 정당성, 또는 힘으로 하게 하다), **conjure** (간청, 호소하다), **consider** (생각, 간주하다), **constrain** (강제하다), **construe** (해석하다), **convince** (납득시키다), **dare** (용기 있게 또는 대담하게 ... 하도록 촉구, 자극하다), **declare** (선언하다), **desire** (원하다), **direct** (지시하다), **drive** (압력이나 영향력을 가하다, ... 하게 하다), **empower** (권한이나 능력을 주다), **enable** (... 을 할 수 있게 하다), **encourage** (격려, 자극하다), **enjoin** (명령, 지시하다), **entice** (부추기다), **entitle** (자격을 부여하다), **estimate** (추정하다), **excite** (흥분 또는 자극 시키거나 부추겨서 ... 하게 하다), **exhort** (촉구, 충고하다), **expect** (기대, 예상하다), **find** (알게 되다), **forbid** (금지하다), **force** (강제하다), **get** (하게 하다), **hate** (미워하다); **impel** (촉구, 강제하다), **implore** (간청하다), **incite** (자극, 촉구하다), **induce** (설득이나 영향력으로 유도하다), **influence** (영향을 미치다), **inspire** (감명 따위를 주어 ... 하게 하다), **instruct** (지시하다), **intend** (의도하다), **interpret** (해석하다), **invite** (초대, 유도, 제안하다), **judge** (판단, 판결하다), **know** (알다), **lead** (... 하도록 하다, 유도하다, 이끌다), **leave** ((내버려 두다), **lecture** (가르치다, 지시하다), **like** (좋아하다, 원하다), **love** (좋아하다, 원하다), **mean** (의도하다), **nag** (잔소리하거나 귀찮게 하다), **need** (필요로 하다), **notify** (알리다), **oblige** (필요로 하다, (윤리적 또는 법적으로) 강제하다), **obligate** (의무적으로 하게 하다), **order** (명령하다), **permit** (허락하다), **persuade** (설득하다), **pique** (자극하다), **pray** (기도하다), **prefer** (선호하다), **prepare** (준비시키다), **press** (촉구, 재촉하다), **pressure** (압력이나 영향력을 가하다); **promise**: 목적어에게 (주어가

... 하겠다고, 해 주겠다고 약속하다; **prompt** ((곧바로) ... 하도록 (자극 또는 유도)하다), **provoke** (자극하다, 부추기다), **push** (재촉하다, 압력을 가하다), **recommend** (추천, 권고하다), **remind** (상기시키다), **request** (부탁, 요청하다), **require** (필요로 하다, 반드시 ... 하게 하다), **sentence** (선고하다), **signal** (신호하다), **solicit** (구하다, 청하다), **spur** (자극하다, 부추기다), **suppose** (가정, 생각, 기대하다), **teach** (가르치다), **tell** (말하다, 주문, 명령하다), **tempt** (유혹하다), **think** (생각하다), **trigger** (촉발시키다), **trust** (믿다, 신뢰하다), **understand** (이해하다), **urge** (촉구하다), **want** (원하다, 바라다), **warn** (경고하다), **wish** (원하다, 소망하다).

> **example** We can't publicly **tell our kids to obey** the Ten Commandments.

우리는 우리 아이들에게 십계명을 준수하도록 공적으로 말할 수 없다.

> **example** You shouldn't **tell the poor to accept** their poverty as God's will when you yourself have warm clothes and plenty of food and medical care and a roof over your head and no worry about the rent.

우리는 자신은 따뜻한 옷과 많은 음식과 의료와 머리 위에 지붕을 가지고 있고 집세 걱정이 없다고 해서 가난한 사람들에게 그들의 가난을 신의 뜻으로 받아들이라고 말해서는 안 된다.

> **주목** 여기서 you는 생활이 넉넉한 일반인을 뜻한다.
> ... when you yourself ...에서의 yourself는 주어인 you를 강조하는 어법으로 (다른 사람이 아니라 바로 당신이 라는 의미로) 사용되었다.

> **example** Crime is **forc**ing **federal, state and local government officials to spend** billions of dollars on police protection, prisons and the court system. It is also **compel**ling **citizens and companies to purchase** massive amounts of private protection.

범죄는 연방, 주, 그리고 지역 정부의 관리들로 하여금 경찰의 보호, 감옥, 그리고 법원 조직에 수십억 불을 쓰도록 만들고 있다. 범죄는 또 시민들과 회사들로 하여금 엄청난 양의 사적인 보호를 사도록 만들고 있다.

---

force 타동 ... 하도록 압력을 가하다/강요하다   **federal** 형 연방의   **official** 명 관리   **court** 명 법원   **compel** 타동 ...하도록 강요하다   **purchase** 타동 구입하다   **massive** 형 대규모의, 거대한, 방대한   **amount** 명 양, 액수

> **example** More than 12 million Americans **consider** themselves **to be** vegetarian.

천이백만 명이 넘는 미국인들이 스스로를 채식주의자라고 생각한다.

> **주목** A를 B라고/로 여기다/보다/생각하다/간주하다: see/view/regard/ think of/ look at/on A as B (= 명/형용) 또는 consider A (to be) B (= 명/형용). Consider의 경우는 as를 사용하지 않고 to be를 사용하거나 생략한다.

> **example** A majority of parents **want teachers to discuss** contraception with teenagers.

대다수의 부모들은 선생님들이 틴에이저들과 피임에 관해 의논하기를 (피임이라는 주제를 놓고 가르치기를) 원한다.

discuss 타동 ...에 관해 논의하다　**contraception** 명 피임 < **contracept** 타동 피임하다 > **contraceptive** 형 피임하는, 명 피임약/도구

example President Johnson **urged Congress to fight** against poverty, **beautify** America, **eliminate** water and air pollution, **clean** up the cities, and **provide** education for the young and medical care for the aged.

Johnson 대통령은 연방 의회가 가난에 맞서 싸우고, 미국을 미화하고, 물과 공기 오염을 제거하고, 도시들을 정화하고, 어린/젊은 이들에게 교육을 그리고 노인들에게는 의료를 제공할 것을 촉구했다.

urge 타동 촉구하다　**poverty** 명 가난　**beautify** 타동 미화하다
eliminate 타동 제거하다　**pollution** 명 오염　**the aged**: 나이 드신 분들
provide: 제공하다.　**주목**: provide + 사람 + **with** + 사물; provide + 사물 + **to/for** + 사람

> Lyndon Baines Johnson (LBJ) (1908-1973): 36대 미국 대통령 (1963-1969)과 그의 진보적인 the Great Society (위대한 사회) 정책들　**Topic**

example Immediately after King's assassination President Johnson declared a national day of mourning and **ordered U.S. flags to fly** at half-mast over U.S. installations at home and abroad.

King 목사의 암살 직후 (지체 없이) Johnson 대통령은 국가적인 애도의 날을 선포하고 미국기를 국내와 해외에 있는 미연방의 시설물들 위로 반기로 게양하도록 명령했다.

> the Rev. Dr. Martin Luther King, Jr. (King 목사/박사, 1929-1968, 암살): 미국의 1950-60년대의 민권운동 (the civil rights movement)와 경제 민주화운동의 기수　**Topic**

immediately 부 즉시, 곧바로　**assassination** 명 암살　**declare** 타동 선언/선포하다
mourning 명 애도　**order** 타동 명령하다　**at half-mast** 부 반기로; 국기 게양대의 반 높이로　**installation** 명 설치(물), 시설물 < **install** 타동 설치하다　**at home**: 국내에서(는)

example The sexual revolution, a new economy and a fear of divorce are **caus**ing **an increasing number of people to postpone** marriage.

성의 혁명과 (여성이 독립적인 경제력을 갖는) 새로운 경제와 이혼의 두려움은 점점 많은 사람들로 하여금 결혼을 미루도록 하고 있다.

revolution 명 혁명　**economy** 명 경제　**fear** 명 두려움　**divorce** 명 이혼
cause 타동 cause + 목적어 + to-부정사: 목적어가 ... 하게 하다/하도록 만들다
postpone 타동 연기하다, 미루다; put off

A Walk to Remember (워크 투 리멤버)

437 to-부정사의 부정 = not/never + to-부정사; to + not/never + 부정사

not to fall in love with me
나랑 사랑에 빠지지 말라고, 날 사랑하지 말라고

To-부정사의 부정형으로 대표적인 형태인 'not + to-부정사' 형이 사용된 경우이다. To-부정사의 부정형으로는 **[형태-1]** 대부분의 경우 부정어가 to-부정사 바로 앞에 위치하는 '**not/never + to-부정사**' 형이 쓰이며, **[형태-2]** 한국의 영어 교육에서 가르치지 않거나 아예 틀린 것으로 잘못 가르치는 형태이지만 이따금씩 to 바로 뒤에서 동사 원형을 부정하는 '**to + not/never + 부정사**'의 형태가 쓰이기도 한다.

형태-1

example Many young women today choose **not to wear** wedding rings.
오늘날 많은 젊은 여성들은 결혼 반지를 끼지 않는 것을 택한다.

example Commanders of U.S. soldiers in Iraq have told them **not to smoke, drink or eat** in public to avoid offending Muslims.
이라크에 있는 미국 병사들의 상관들은 회교도들의 감정을 상하게 하지 않기 위해서 공공 장소에서 담배를 피우거나 술을 마시거나 음식을 먹지 않도록 명령하였다.

commander 명 사령관, 지휘관, 명령권자　**in public**: 부. 공공 장소에서, 공개적으로
avoid 타동 (기)피하다. 목적어로 동사형을 취할 때는 -ing (동명사형)이 따른다.　(O) avoid + -ing; (X) avoid + to-부정사/원형동사　**offend** 타동 ...의 기분/감정을 상하게 하다, 불쾌하게 만들다　**Muslim** 명 회교도

example The Great Flood of '93 down the Mississippi taught everyone **never to underestimate** nature.
미시시피 강을 따라 흐른 1993년의 대홍수는 모든 사람에게 자연을 절대로 과소평가 하지 않을 것을 가르쳤다.

flood 명 홍수　**underestimate** 타동 과소평가하다
teach + 목적어 + to-부정사: 목적어가 ...하는/할 것을/하도록 가르치다. 여러 단계나 절차를 거치는 노하우를 가르치는 경우에는 '**teach + 목적어 + how + to-부정사**' 형태가 자주 사용된다.

example A growing number of schools across the country have formed "virgin clubs." Their members publicly pledge **not to have** sex.
전국에 걸쳐 증가하는 수의 학교들이 처녀/총각 클럽들을 만들었다. 그 클럽들의 회원들은 공적으로 섹스를 하지 않겠다고 서약한다.

| **virgin** 명/형 처녀/총각(의/인) | **pledge** 타동 맹세/약속하다 |

[사진 (왼쪽)] 처녀 총각 (virgin)은 박물관에 가야 볼 수 있다는 우스개의 말이 떠도는 미국에서 전국의 많은 도시들과 대학가들을 돌면서, 결혼할 때까지 금욕 (abstinence (abˊ·stə·nəns))과 성적 순결을 맹세하고 홍보하는 젊은이들이 Wisconsin주의 주도인 Madison을 방문하여 공개적으로 굳은 결심을 다짐하고 있다. [사진 (오른쪽)] 그 젊은이들 중의 한 젊은 여성이 "Shout It Loud, Pure & Proud" (크게 외쳐라, 순수하고 자랑스럽다) 라고 쓰인 sign을 들고 있다. 사진: ⓒ 박우상 (Dr. David)

형태-2

example Most people do not realize the danger of sexually transmitted diseases. The safest prevention is **to not engage** in illicit sex until marriage.

대부분의 사람들은 성적으로 전달되는 병들의 위험을 인식하지 못한다. 가장 안전한 예방은 결혼할 때까지 금지된 (부정한) 섹스를 하지 않는 것이다.

realize 타동 인식하다, 깨닫다　　**transmit** 타동 보내다, 전송하다　　**disease** 명 질병
prevention 명 예방　　**engage in …**: …에 종사/관여/참여하다　　**illicit** 형 법적 또는 도덕적으로 허용되지 않는; not legally or morally permitted; unlawful; illegitimate

example Kennedy and his brothers were bred to be winners by their father – **to never accept** defeat.

(John F.) Kennedy와 그의 형제들은 그들의 아버지에 의해 절대로 패배를 받아들이지 않도록, 승자가 되도록 키워졌다 (크면서 교육받았다).

breed: (breed-bred-bred) 타동 낳다, 기르다, 사육하다. 여기서는 양육시키다, 교육하다의 의미 (bring up; rear)　　**accept** 타동 받아들이다, 용납하다　　**defeat** 명 패배

> 참고   Kennedy가 (The Kennedy Family)의 아들들: John F. Kennedy (1917-1963, 35대 대통령 (1961-1963, 암살)); Robert F. Kennedy (1925-1968, 암살, 미연방 검찰총장, 미연방 상원의원); Edward "Ted" Kennedy (1932-, 미연방 상원의원); 장남 Joseph Kennedy, Jr. (1915-1944)는 2차 대전 중 미해군 조종사로 전사. 아버지: Joseph Kennedy, Sr. (1888-1969)

[사진] 3 Kennedy Brothers: (1963년, 우로부터 좌로): John F. Kennedy 대통령, Edward 'Ted' Kennedy (U.S. Senator 연방상원의원), Robert F. Kennedy (U.S. Attorney General, 연방 검찰총장 (법무부 장관))
사진: © Cecil Stoughton; 사진제공: John F. Kennedy Presidential Library

Scene

Father   Jamie, your behavior's sinful. You're, you're acting with that boy ④③⑧ like you're …
Jamie   In love?
Father   Jamie, you are a child.
Jamie   Dad, look ④③⑨ at me. I'm not a child.
Father   (raising his voice): ④④⓪ Then ④④① stop acting ④④② childish.
Jamie   I love him.
Father   ④④⓪ Then be ④④③ fair to him, Jamie, before ④④④ things get worse.

[*A Walk to Remember* (2002 film)]

Words & Phrases

- **behavior** 명 행위
- **sinful** 형 죄스러운, 죄짓는, 사악한
- **act** 자동 행동하다
- **raise** 타동 높이다, (들어)올리다
- **voice** 명 목소리
- **childish** 형 유치한, 어린애 같은
- **get worse**: 악화되다 (deteriorate). worse는 bad (나쁜)의 비교급 형용사

장면

기성세대는 흔히 젊은 세대의 사랑을 불순하고 도전적인 것으로 금기시하고 인정하지 않는다. Jamie의 보수적인 목사인 아버지의 경우에는 더욱 그러하다. 이 아름다운 토요일 밤 늦게 첫 데이트로부터 돌아온 Jamie와 Landon이 Jamie의 집 앞에서 good night 키스를 하는 것을 집 안에서 목격한 Jamie의 아버지가 밖으로 나와 Landon을 떠나게 한 후에 Jamie를 엄하게 혼낸다. 그러나 Jamie는 자기가 이제 어린이가 아니라 사랑에 빠진 어른이라고 당당하게 말한다.

번역

아버지	Jamie, 너의 행위는 죄를 짓는 거야. 넌, 넌 그 남자 애랑 놀고 있어. 마치 네가 ...
Jamie	사랑에 빠진 듯이요?
아버지	Jamie, 넌 어린애야.
Jamie	아빠, 절 보세요. 전 어린애가 아니예요.
아버지	(목소리를 높이며) 그럼 유치하게 놀지 말거라.
Jamie	전 그 앨 사랑해요.
아버지	그럼, Jamie, 일 돌아가는 모습이 악화되기 전에 그 애에게 순수하거라.

438 like = 접속사

like you're in love.

마치 네가 사랑에 빠진 것처럼

흔히 비유나 예를 나타내는 전치사로 쓰이는 like가 여기서는 뒤에 주어 (normal people)와 술부 (talk), 즉 절을 이끌고 있으니 접속사이다. 이렇게 접속사로 쓰이는 경우에 like는 다음 세 가지의 의미로 사용될 수 있다.

like: 의미-1 주절의 내용을 like에 의해 이끌리는 절의 내용을 유사성을 가진 예로 사용하여 보다 뚜

렷이 전달하고 효과적으로 이해시키는 어법으로, **방식**이나 **방법** (way, manner, fashion)을 예로 드는 기능을 하며 like-절이 흔히 '...하는 (방)식으로, ...하듯이, ...인 것처럼' (in the same way as/that + 절; as + 절; the way (that) + 절)으로 번역된다.

like: 의미-2 주절의 내용을 like에 의해 이끌리는 절의 내용을 비유적으로 사용하여 보다 뚜렷이 전달하고 효과적으로 이해시키고자 하는 점에서는 [의미-1]과 비슷하나, 주절과 like-절 간의 유사성이나 긴밀한 관계가 [의미-1]과 비교해 많이 떨어진다. 때로는 like에 의해 이끌리는 절의 내용이 종종 사실 무근이거나, 현실성이 없거나, 잘못 오도한다고 하는 점에서 주절과 like-절의 의미 관계가 [의미-1]의 경우와 다른 것으로, 기본적으로 **비유**적인 상황을 묘사하며 흔히 '마치 ...하/이듯이, 마치 ...하는/인 것처럼' (as if)으로 번역된다. 또한 like는 [의미-1]과 [의미-2]에서 It is, feels, looks, seems, sounds, tastes + like-절의 표현으로 자주 쓰인다.

like: 의미-3 like가 접속사 that과 같은 기능을 하는 경우로 가장 흔히 **It seems + like-절**의 구조로 쓰이는데, It seems + that-절 (...인 것 같다/...인 듯하다)과 같은 의미이나, 종종 that을 사용하는 경우보다 더 완곡하거나 또는 덜 강하게 주장을 내세우는 어감을 나타낸다. [의미-1,2,3]의 어느 경우이든, 이렇게 접속사로 쓰이는 like는 비격식체에서 그리고 일상 구어체에서 대단히 자주 사용된다.
[➡ (163) (209) (395) (438) (460) (528)]

여기서의 like은 [의미-2]의 경우로 주절의 내용을 like에 의해 이끌리는 절의 내용을 비유적으로 사용하여 보다 뚜렷이 전달하고 효과적으로 이해시키기 위해 사용되는 것으로, 흔히 '마치 ... 하/이듯이, 마치 ... 하는/인 것처럼' (as if)으로 번역되며, 비격식체에서 그리고 구어체에서 대단히 자주 사용된다. 여기서의 like you're in love의 의미는 Jamie의 아버지의 입장에서 보면 Jamie 너는 사랑에 빠진 듯이 보이고 그렇게 돌아다니고 있지만, 실은 아직 너무 어려 사랑에 빠질 수 없다, 그리고 사랑에 빠져선 안 된다는 의미를 함축한다.

439 at = 표적, 목표

Dad, look at me.
아빠 절 보세요.

여기서의 전치사 **at**은 술부의 동작이나 행위의 **표적**, **목표**, 또는 **대상물**을 나타낸다.

example

Ned: How long has it been since you fired a gun **at** a man, Will? Nine, ten years?
William: Eleven. [*Unforgiven* (1992 film)]

Ned: 총을 (마지막으로) 사람한테 쏜 지가 얼마나 되나, Will? 구, 십 년?
William: 11년.

fire 타동 발사하다

example During the second term of the Bush presidency, millions of Americans are angry **at** their lousy economic luck.

부시 대통령의 두째 임기 동안 수백만 명의 미국인들은 자기들의 형편없는 경제적 운 (경제적 불운)에 화가나 있다.

term 명 임기, 학기, 기간   **presidency** 명 대통령 직위/재임
lousy 형 (비격식) 형편없는, 아주 나쁜; miserable; contemptible

example Many Republicans argue that schools are a local responsibility and Washington shouldn't be throwing money **at** failing classrooms.

많은 공화당 사람들은 학교는 지역사회의 책임이며 워싱턴 (연방 정부)은 실패하는 교실들 (학교들)에 돈을 뿌리지 말아야 한다고 (현재 엄청난 돈을 쓰고 있는데 그러지 않아야 한다고) 주장한다.

argue 타동 주장하다   **local** 형 지역(사회)의, 현지의   **responsibility** 명 책임
throw money: 많은 돈을 쓰다, 낭비하다
failing 형 제 기능을 하지 못하는, 실패를 거듭하는, 낙오하고 있는

440 then = 결론/결과

Then
그러면

여기서의 then은 바로 어떤 특정한 시간을 가리키거나 일련의 사건들의 연속선상에서 시간적으로나 순서상으로 뒤따르는 사건에 관한 진술을 이끄는 것이 아니라 앞에서 언급된 조건, 가정, 또는 진술에 따르는 **결론**, **영향**, 또는 **결과**를 이끄는 부사이다. 흔히 '그러(다)면, 따라서, 결론 또는 결과적으로(는)' (if so, as a consequence, therefore, as a conclusion or result) 등으로 번역될 수 있다. 이 어법의 부사 then은 'if + A절, then + B절.'의 구문에서 자주 쓰인다. [➡ (116) (368) (416) (536)]

Cross-reference
비교 (then = 순서):
➡ (1) (366) (466)
비교 (then = 시간 (과거/미래)):
➡ (530)

Exercise

다음의 표현들에 사용된 부사 **then**의 의미를 영어로 설명해 보세요.

❶ King stepped out and stood on the second-floor balcony. Right **then** a shot rang out, and a bullet knocked him down.
❷ At Thanksgiving dinner, you eat roast turkey first with all the trimmings, and **then** pumpkin or sweet potato pie and other desserts.
❸ Robert Kennedy came from a super rich family but had profound sympathies for minority and underprivileged people. **Then** he truly deserves our respect.

[정답과 해설]

설명 >>>
❶에서의 then은 at that time/immediate afterwards (그 때/곧바로) 라는 뜻이며 ❷에서의 then은 next in time or order ((시간 또는 순서상) 그 다음(에/으로), 그리고 나서) 라는 의미이며 ❸에서의 then은 if so, in that case, since that is so, therefore (그렇다면, 그런 경우라면, 그러니까) 라는 의미로 쓰였다.

번역 >>>
❶ King은 나가서 2층 발코니 위에 섰다. 바로 그때 총성이 울리고는 탄환 하나가 그를 쓰러뜨렸다.
❷ Thanksgiving dinner에서는 구운 칠면조를 모든 곁다리 음식들과 함께 먼저 먹고 그리고 나서 호박파이 또는 고구마파이를 다른 후식들과 함께 먹는다.
❸ Robert F. Kennedy는 대단히 부유한 가정 출신이지만 소수 인종들과 불우한 사람들에 대한 깊이 배려하는 마음을 가졌다. 그러면 그는 진정으로 우리의 존경을 받을 만하다.

the Rev. Martin Luther King, Jr.: 침례교 목사, 미국 현대 민권운동의 기수 (1929-68, 암살)
Robert Francis Kennedy: 미국 연방 검찰총장, 상원의원, John F. Kennedy 대통령의 동생 (1925-68, 암살)
bullet 명 총알, 탄환
trimmings: Thanksgiving Day에 roast turkey (구운 칠면조)와 함께 먹는 곁다리 음식들 (cranberry sauce, stuffing/dressing, vegetables 등)
profound 형 깊은, 심오한   **sympathies** 명 동정심, 연민의 감정   **minority** 명/형 소수 인종/그룹(의)   **underprivileged**: 사회경제적으로 열악한 상황/지위에 있는 (사람들)
deserve 타동 …를 받을 가치나 자격이 있다

441 stop + -ing (동명사)

stop act**ing** childish
유치하게 행동하는 것을 중단하다

stop이 뒤에 동사형을 취할 경우 어떤 형태를 취할 것인지는 기계적으로 결정되는 것이 아니라 의미에 의해 결정된다. '... 하는 것' (동작, 행위, 상태)을 멈춘다는 뜻일 경우 **stop + -ing** (동명사)의 형태를 취하며 (이 경우 stop은 동명사를 목적어로 취하는 타동사이다), '... 하기 위해서' 라는 목적이나 의도를 위해 다른 것을 중단하는 경우 ('중단하고/멈추고 ... 하다' 라고 번역될 수 있는 경우도 종종 있다) **stop + to-부정사** (동사 원형)의 형태를 취한다 (이 경우 to-부정사는 stop의 목적어가 아니라 목적/의도를 나타내는 부사구이며 stop은 자동사이다). [➡ (147)]

> **example** Most native speakers of English have **stop**ped us**ing** such terms as B.C. and A.D. because of their Christian implications.
> 대부분의 영어 원어민 사용자들은 B.C. (기원전)와 A.D. (서기) 같은 용어들을 기독교인 함축의미들 때문에 사용하기를 중단했다.

term 명 용어 **B.C.**: before Christ: 기원전 **A.D.**: (Latin어) anno Domini: in the year of the Lord; since Christ was born: 서기 **implication** 명 함축의미; 관련, 연루

442 형용사 = 부사

childish
유치하게

Child (어린애)에서 파생된 형용사로는 형용사형 접미어를 붙인 childlike과 childish 두 가지가 있다. 둘 다 어린이 같다든지 어린이 답다는 기본 의미를 공유하지만 그 배후의 뉘앙스는 대단히 다르다. **Childlike**은 (명사형: childlikeness) 순수하거나 순진하거나 솔직하다든지 하는 긍정적인 뉘앙스를 가진데 비해 **childish**는 (명사형: childishness) 어린애들이나 위한 것이라든지 어린애 수준이라든지 어린애처럼 약하거나 뭘 모르거나 유치하다는 낮추어 보거나 부정적인 뉘앙스를 가진다. 그리고 여기서의 childish는 형용사가 아니라 어린애처럼 유치하게 (in a childish manner; childishly) 라는 뜻의 부사로 쓰여 앞에 오는 동사 act를 수식한다.

> **주목** 국내의 영어교육에서는 옳지 않은 영어라고 가르치고 시험에도 출제하여 종종 오답으로 처리하지만 그것은 영어의 실제를 모르고 잘못 가르치는 것이다. 이렇게 **형용사형이** (부사형 접미어인 -ly가

붙지 않고) 그대로 **부사**로 쓰이는 경우가 **구어체**에서 종종 있으며 **비격식체**적인 글에서도 쓰이기도 한다. 이 어법은 학구적이거나 문어체/격식체의 경우보다 일상적으로 사용 빈도가 높은 형용사들에 더욱 현저하며 20세기 중후반 이래로 그 빈도가 점차 증가하는 추세에 있다.

[예] good, bad, slow, quick, clear, perfect, loud, sweet, tender, soft, tough, rough, tight, strong, cheap, hot, cold, cool, new, thick, thin, dear, pretty, snug, bright, light, heavy, bitter

> example   You spoke up **loud** and **clear**: 44 percent of readers want "violent and hate-mongering" music banned from the radio.

[loud and clear: loudly and clearly]   [... want ... music (to be) banned ...]

여러분들은 목소리 크고 분명히 (의견을 주저 없이) 말씀하셨습니다. 독자들의 44 퍼센트가 폭력적이고 증오심을 파는 음악은 라디오로부터 금지되길 바라십니다.

speak up: 주저없이 말하다/의견을 발표하다   **violent** 형 폭력적인   **hate-mongering**: 증오(심)을 파는/부추기는   **ban** 타동 금지하다

> example

Lorelei (looking at the diamond ring Mr. Esmond gave her just now): Oh, Mr. Esmond!
Mr. Esmond: Is it the right size?
Lorelei (trying it on): Oh, yes, it fits **perfect**. You made me the happiest girl in the world. (Lorelei kisses Mr. Esmond)   [*Gentlemen Prefer Blondes* (1953 film)]

perfect 부 perfectly의 구어체 (informal), 형용사형 부사

Lorelei (Mr. Esmond가 방금 그녀에게 준 다이아먼드 반지를 보면서): 오, 에즈먼드씨!
Mr. Esmond: 사이즈가 맞나요?
Lorelei (반지를 껴 보면서): 오, 예, 완벽하게 맞네요. 저를 이 세상에서 가장 행복한 여자로 만들어 주셨네요.
(Lorelei가 Mr. Esmond에게 키스를 한다.)

> 장면   대단히 부유한 아버지를 둔 멍청한 아들 Esmond가 클럽에서 노래하는 Lorelei (Marilyn Monroe)의 분장실에 들어와 그녀에게 다이아먼드 반지를 건네주자 그녀가 너무도 좋아한다.

> example   College students party **hearty** on St. Patrick's Day and Halloween.

hearty 부 heartily의 비격식체 (informal); in a hearty manner; to a hearty extent

대학생들은 St. Patrick's Day와 Halloween에 마음껏 파티를 한다.

St. Patrick's Day (3월 17일): 아일랜드의 수호 성인인 Saint Patrick을 추모하는 전통에서 유래된 것으로 아일랜드의 전통과 문화를 기리는 날이다.
Halloween (ˋhæl·ə·ˊwiːn): 10월 30일 저녁/밤

[사진] 아일랜드 (Ireland)의 문화와 역사를 기리는 St. Patrick's Day (3월 17일)에 대학생들만 파티를 하는 것은 아니다. 아일랜드계가 전혀 아닌 수많은 사람들이 St. Patrick's Day를 축하하며 즐긴다. 이 사진에서는 아일랜드 혈통의 아빠가 아내와 두 아이들과 함께 아일랜드를 상징하는 green beer와 corned beef, Reuben sandwich, potato fries, potato/cabbage soup 등 아일랜드 음식을 즐기며 St. Patrick's Day 저녁을 즐기고 있다.
사진: ⓒ 박우상 (Dr. David).

443 fair

fair

여기서의 fair는 흔히 쓰이는 '공정한, 정당한' 또는 '(그런대로) 괜찮은' 또는 '보기 좋은, 잘생긴' 이라는 뜻이 아니라 '결함, 오점, 또는 불완전하거나 불명예스러운 점이 없는' (free from blemish or imperfection or disrepute) 이라는 뜻으로 이 문맥에서는 밤에 키스나 하고 다니면서 죄스러운 (sinful) 행동을 중단하고 순수하고 순결하라 (pure, chaste, virtuous)는 뜻이 된다.

444 things

things

여기서 things는 어떤 물체들을 뜻하는 것이 아니라 이렇게 앞에 관사 없이 복수형으로 써서 화제와 관련한 막연한 이런 저런 상황, 사정, 형편, 돌아가는 일들 (affairs; matters; the comings and goings)을 뜻한다. 구어체에서 대단히 자주 쓰이는 표현이다.

> example   It seems like so many parents don't really listen to their kids. They just tell them how **things** should be. They don't ask them how **things** are.
> 너무도 많은 부모들이 정말로는 자기 애들의 얘기를 귀담아 듣지 않는 것 같다. 그들은 자기 애들한테 일들이 어떻게 되어야만 하는지를 명할 뿐이다. 그들은 자기 애들한테 너희들 일들이 어떻냐 (어떻게 돌아가냐) 하고 물어보지 않는다.

주목 ... don't really ...: 정말로는 그렇지 않다. 일종의 '**부분부정**' 현상이다. 상당부분 긍정/인정하는 듯하면서도 적어도 일부는 부정하는 (때로는 사실상 강조적으로 (거의) **전체 부정**의 효과를 노리는) 표현 기법이다.

주목 여기서는 틴에이저의 눈에는 부모들이 일들이 어떻게 되어야 마땅하다고 명령만 하는 것이므로 (how things) '**should be**'에, 또 틴에이저의 눈에는 일들이 실제로는 어떤 모습인지 소통하는 것이 중요하다는 관점이므로 (how things) '**are**'를 강한 어조 (stress)로 발음하는 것이 자연스럽고 바람직하다.

[한 13세 소녀의 부모들에 대한 바람의 표현]

example As long as I've been here, **things** have been going badly. You have to work, work like a mule here, you'd better believe that.

내가 여기 있었던 동안 (내내) 상황들은 나쁘게 돌아 왔어. 일하고 또 노새처럼 일해야 해, 그 말 믿는 게 좋아.

mule 명 노새   **..., you'd better ...**: had better + 원형동사: ...하는 것이 (더) 낫다 라는 의미로 일상 구어체의 충고의 표현에 자주 사용된다.

Topic
19세기 중반에 한 독일계 미국 이민자가 모국에 있는 가족에게 쓴 자기의 미국 이민 생활의 설명

Scene

Landon   I **445** have brought us a thermos of hot coffee and, um, a blanket. (Landon lays down the blanket on the grass and sits down on it.)
Jamie   (with a smile and teasing eyes) Are you trying to seduce me?
Landon   (with seductive eyes) Why, are you seducible? (Jamie shakes her head slowly with a smile) That's **446** what I thought. **447** Ergo, **448** a second blanket. One for me, and one for you.
Jamie   Thank you.

[*A Walk to Remember* (2002 film)]

Words & Phrases
• **brought**: bring (가져오다)의 과거분사형

- **thermos** 명 보온병 (thermos bottle)
- **blanket** 명 (흔히 넓고 얇고 가벼운) 담요나 이불, 덮는 것
- **lay down** 내려놓다
- **tease** 자동 놀리다
- **try** 타동 시도하다. try + to-부정사: … 하려고/하기 위해 애쓰다, 노력하다
- **seduce** 타동 (올바름, 원칙, 의무 등으로부터 또는 성적으로) 유혹하다, 타락시키다.
  seducible 형 유혹할 수 있는, 타락시킬 수 있는. seduceable로 표기하기도 한다. < seduce + -i/able (가능한, 할 수 있는)
- **shake one's head**: (반대 또는 부정의 의미로) 머리를 흔들다, 고개를 젓다. 찬성, 동의, 긍정의 의미로 고개를 끄덕이다는 nod (one's head); give (someone/it) a nod

장면

단 하루의 삶을 살아도 삶의 커다란 의미는 희망에 있다. 백혈병을 앓으며 시한부 인생을 살고 있는 Jamie도 밤하늘의 별들을 관측하면서 삶과 사랑의 경이를 느끼며 신의 섭리에 감사하며 희망과 기쁨 속에 살아간다. Jamie는 오늘밤 자기가 천체 망원경으로 별들을 관측하는 동네 공동묘지의 한적한 지점에 Landon을 데리고 온다. Jamie가 망원경을 설치하고 Landon이 잔디 바닥 위에 담요를 깔고 커피가 든 보온병을 놓고 나서 두 사람은 함께 별들을 관측한다. 별 관측을 마치고 나서 별들이 쏟아질듯한 밤하늘 아래 Jamie는 Landon의 담요 위에 Landon과 함께 앉아 그의 가슴과 품 안에 기댄다.

번역

Landon 나 뜨거운 커피 보온병하고, 음, 담요를 하나 가져왔어. (Landon이 담요를 잔디 위에 내려놓고 그 위에 앉는다.)
Jamie   (미소를 지으며 놀리는 눈으로): 날 유혹할려고 그러는 거지?
Landon (유혹적인 눈으로) 왜, 자기 유혹될 수 있는 사람이야? (Jamie가 미소를 띠고 천천히 고개를 젓는다.) 그럴 거라고 생각했어. 그래서, 담요가 또 하나 있어. 하나는 내 것, 하나는 네 것.
Jamie   고마워.

445 현재 완료 = 완료 + (결과)

I <u>have brought</u> us a thermos of hot coffee.
나 뜨거운 커피 보온병을 가져왔어.

여기서 have turned는 have + 과거분사의 형태를 취하는 현재완료 시제이며, 이는 현재 완료 시제가 나타낼 수 있는 여러 가지 의미들 중에도 과거

Cross-reference
비교 (현재 완료 = 계속):
➡ (19) (88) (266) (400) (469) (552)

비교 (현재 완료 = 경험):
➡ (85) (190) (206) (262) (334) (369) (550) (582)

의 어떤 한 시점에서 또는 과거의 어떤 기간에 걸쳐 어떤 행위나 동작이 시작되었거나 이루어졌으며 현재 시점을 기준으로 보면 그 행위나 동작이 완료된 상태에 있음을 (그리고 흔히 추가적인 의미로 그 **완료**된 동작의 **결과**가 현재에 보이거나 남아있거나 **영향**을 미치고 있음을) 나타낸다 (**현재 완료 = 완료 + 결과**). 이 예문의 경우 내가 여기 도착한 시점을 기준으로 보아 내가 집에서부터 커피를 담은 보온병을 가져온 동작이 완료되어 있고 그래서 지금 그 보온병을 여기 갖고 있다는 것이다. [➡ (240)]

example Every May, communities across the United States celebrate Cinco de Mayo fiestas. The holiday **has become** so popular. Today, it's competing for a place right by St. Patrick's Day.

매년 5월에 미국 전국 각지의 지역 사회들은 Cinco de Mayo 축제들을 즐긴다. 그 할러데이는 대단히 인기가 있는 것이 되었다. 오늘날에는 St. Patrick's Day에 버금간다.

It's competing for a place right by ...: ... 바로 곁에서 자리를 잡으려고 경쟁하고 있다; It's almost second to ...; It's almost neck and neck with ...; It's almost about to overtake/catch up with ...

Cinco de Mayo: 미국에서 Mexico의 문화 전통을 기리는 날 (5월 5일)
St. Patrick's Day: Ireland의 수호 성인 St. Patrick으로부터 유래한 날로 Ireland의 역사 문화와 아일랜드 계 이민자들과 후손들의 미국 사회에 대한 기여를 축하하는 날 (3월 17일)

[사진] Cinco de Mayo에 서북부 Washington 주의 Cheney에 있는 Eastern Washington University 캠퍼스에서 선보인 멕시코의 전통춤. 사진 제공: © John Austin

446 what =관계대명사 = the thing that:

That's <u>what</u> I thought.
그게 바로 내가 생각했던 바야; 나도 그렇게 생각했어.

여기서 **what**은 그 자체가 **선행사를 포함**하는 관계대명사로서 다른 영어로 풀어 쓰자면 **the (kind of) thing that** 또는 **that which**라고 할 수 있으며 한국어로 흔히 '... (하는/인) 것'으로 번역된다.
That's **what** I thought. ← That's **the thing that** I thought.← That's the thing. + [I thought that thing (= that).]
➡ (54) (77) (280) (375) (506) (538) (549)

example Population explosion is **what** is threatening all humanity today.
인구폭발은 오늘날 온 인류를 위협하고 있는 것입니다.

population 명 인구, (사람들의) 정착, (한 지역의 어떤 특정 종의) 개체수
explosion 명 폭발 < **explode** 자동 폭발하다   **threaten** 타동 위협/협박하다
humanity 명 인류; the human race; mankind; humankind

447 ergo = 결론, 결과

Ergo
그래서, 그러니까

Ergo(ûr´·gō)는 논리의 접속 부사로 앞의 진술을 토대로 한 **결론**이나 **결과**의 표현을 이끈다. '따라서, 그래서, 그러니까' 등으로 번역될 수 있으며, 문장 앞에 놓여서 Ergo, ... 식으로 표기된다 (바로 뒤에 쉼표를 찍는다). 다른 영어로 표현하자면 Consequently; In consequence; As a result; Therefore; Hence; Thus; Accordingly 라고 할 수 있다.

주목 **Ergo**는 오늘날 일상 구어체에서 사용되는 빈도는 낮다. 기본적으로는 격식을 갖춘 **문어체**의 표현으로 **학구적**인 글이나 세련된 **격식체**의 에세이 등에 주로 사용되며, 이제는 old-fashioned 표현으로 간주된다. 그러나 의도적으로 오래된 **세련미**를 뽐내거나 **유머**스런 느낌을 주기 위해 사용되는 경우들이 있다.

example

Question: Why would he rather watch football than hang with you?
Answer (Michael Rosenberg, 34, San Francisco): There's pressure on guys to not forget their friends once they have a girlfriend, to show that we're still one of the guys. **Ergo**, football.

질문: 그는 (보이프렌드/남편(들)은) 왜 당신 (아내)하고 같이 노는 것보다 차라리 (다른 친구들 하고) 풋볼 경기를 보려고 하나?
대답 (Michael Rosenberg, 샌프란시스코 거주, 34세): 남자들은 걸프렌드가 생기는 즉시 친구들을 잊지 말라는, 우리는 아직도 그 친구들의 하나다 라는 것을 보여 주라는 압력이 있어요. 그래서 (함께 모여서) 풋볼(을 보는 거예요).

would rather + 원형동사 ... than + 원형동사 ...; would + 원형동사 ... rather than + 원형동사: ...하느니 차라리/오히려 ... 하겠다, 하고자 한다
hang (out) with ...: (비격식체) ...랑 (나가서/밖에서) 놀다/어울리다
once 접속 일단 ... 하면

448 a + 서수사 (+ 명사): a second + 명사

a second blanket
또 하나의 담요

▶주목◀ 한국인의 영어 교육에서는 second, third, fourth, ... 같은 순서를 나타내는 서수사 앞에는 정관사 the가 거의 기계적으로 오는 것으로 가르치기 때문에 여기서 서수사인 second 앞에 the가 아니라 부정관사 a가 쓰여 있는 것은 잘못된 것이거나 무엇인가 이상한 것으로 보일 수 있다. 그러나 여기서의 **a second** blanket은 여러 개의 담요들이 있고 그것들이 하나 하나 명확한 순서가 매겨져 있어서 이것이 그 중에 바로 두 번째 담요라는 **순번을 나타내는 것이 아니라** (그런 경우라면 a second가 아니라 특정화하는 정관사 the를 앞에 붙여서 the second가 되어야 한다), 앞의 담요 말고 담요가 하나 더 있다는 (one more; another)라는 뜻으로 그 물건이 **하나 더** 있음 또는 **추가**됨을 나타낸다 (특정한 순서를 지적하는 서수사의 기본 의미와 상당히 다른 어감이다).

example Among mothers 36 to 40, work schedules are changing. More are opting for part-time jobs. During those years, which may coincide with the birth of **a second** child, more are leaving the labor force altogether.

▶설명◀ 여기서의 **a second** child는 여러 명의 자녀들 중에 바로 두 번째 아이라는 뉘앙스가 아니라 (첫 아이에 이어) **또 하나의** 아이를 갖게 된다는 뉘앙스를 띈다.

36세에서 40세에 이르는 엄마들 중에는 직장 생활의 일정이 변하고 있다. (예전보다) 더 많은 엄마들이 파트타임 일을 선택하고 있다. 둘째 애의 출산과 겹칠 수 있는 이 연배에는 더 많은 엄마들이 노동력 (직장 생활)을 아예 떠나고 있다.

> **opt for ...**: ...를 선택하다   **coincide** 자동 (시간, 장소, 성격, 의견 등이) 일치하다, 동시에 발생하다   **the labor force**: the workforce; the labor market; 노동력, 직장/근로 생활

example California has the largest number of kids who speak English as **a second** language.

설명 여기서도 a second language는 여러 개의 순번이 매겨진 언어들 중에 두 번째 언어라는 뜻이 아니라 모국어 외에 (덤으로) 할 수 있는 언어를 뜻한다.

California 주는 (미국의 모든 주들 중에서) 영어를 추가언어로 말하는 아이들의 수가 가장 많다.

example Many elderly people own **second** homes.

많은 노인들이 second home (평소에 거주하는 집 이외에 휴가를 보낸다든지 일시적으로 살거나 세를 주는 집)들을 소유하고 있다.

example A friend of mine and her husband met at 9 at a ballroom dance, walking toward each other, almost colliding. Both of them jumped in the same direction and again **a second** time and **a third** (time). They celebrated their 55th wedding anniversary this year.

제 친구 하나와 그녀의 남편은 9시에 한 볼룸 댄스에서 서로 마주 걸어가다가 거의 충돌할 뻔하면서 만났습니다. 두 사람은 다시 그리고 또 다시 같은 방향으로 맞닥뜨렸죠. 그들은 금년에 결혼 55주년 기념 잔치를 했습니다.

> **ballroom** 명 무도회장.   **ball** 명 무도회, (비격식, 속어) 엄청 즐거운 시간   **collide** 자동 충돌하다   **in the same direction**: 같은 방향으로. 방향을 가리킬 경우 direction 앞에 전치사는 to가 아니라 in을 사용한다   **anniversary** 명 기념일

주목
one ..., another ..., and a third ...:
다수의 대상물이나 사람에 관한 진술을 할 때 그 다수가 특정한 기준에 의해 특정한 순위가 매겨져 있어 그 순서대로 진술할 경우에는 the first, the second, the third, the fourth, ... 처럼 'the + 서수사 (ordinal number)'를 사용한다. 그러나 그러한 특정한 순위를 순서대로 나열하는 것이 아니라 하나는 어떻고 다른 하나는 또 어떻고 ... 하는 식으로 막연히 개별적으로 **추가적**으로 지적해 나아가는 경우에는 one, **another, a third, a fourth, a fifth**, ... 처럼 **'a + 서수사'**를 사용한다.

(a) 그러나 그렇게 막연히 추가적으로 지적해 나가다가도 전체의 수가 몇(n)개로 확정되어 있어 그 마지막에 관해 진술할 때는 one, another, a third, ... and the nth ...처럼 마지막 서수사 앞에 the를 사용한다.

(b) 그러나 그 전체의 수가 확정적인 것이 아니라 막연하게 열려 있는 어감으로 진술할 경우에는 일단은 마지막인 것으로 보이더라도 잠정적이고 가변적인 것으로 취급하여 'a + 서수사'로 끝맺음하는 경우들이 있다.

example (a) How many four-year-olds does it take to have a birthday party? Five. **One** to blow out the candles, **another** to throw the cake on the rug, **a third** to raise hell with a balloon blowing out, **a fourth** to break the camcorder, and **the fifth** to get a foot stuck in the car door leaving the party.

네살박이 애들이 생일 파티를 하려면 몇 명이 필요한가? 다섯 명이 필요하다. 하나는 초를 불기 위해, 또 하나는 케이크를 양탄자에 떨어뜨리기 위해, 셋째는 풍선이 터지니 난장판을 피기 위해, 넷째는 캠코더를 부서뜨리기 위해, 그리고 다섯째는 파티를 떠나면서 발을 차문에 끼기 위해 (다섯 명이 필요하다).

blow out the candles: 초를 불어 끄다   **rug** 명 플로어 (floor)의 한 부분에 까는 양탄자 또는 카펫   **raise hell**: 난장판을 피다, 소란을 부리다   **stuck in** ...: ...에 끼어 있는

주목

example (b) Did you know? In 1977, Martha's Vineyard tried to secede from Massachusetts and – with Nantucket Island – form **a 51st** state!

설명 ▶ 미연방의 전체 주의 수가 51개 주로 확정적이며 Martha's Vineyard가 순서상 바로 그 51번째라는 어감이 아니라 (그런 어감을 나타내려면 특정함을 나타내는 정관사를 사용하여 **the 51st**라고 표현해야 한다) 50개 주에 **하나 더 더한다**는 의미로 서수사 51st 앞에 부정관사 **a**가 오고 있다.

아셨어요? 1977년에 Martha's Vineyard가 (근처에 Cape Cod의 남쪽에 있는 섬인) Nantucket Island와 함께 Massachusetts 주로부터 독립해서 51번째 주를 만들려고 했다는 걸!

Martha's Vineyard (마사의 포도밭): vineyard의 발음에 주의: /ˈvin·yərd/ 미동북부 Massachusetts 주 동남부에 있는 Cape Cod의 남서 연안의 작은 섬 타운으로 유명한 고급 여름 휴양지   **secede** 자동 탈퇴하다

Scene

Mother: I was doing laundry ⑭⑭⑨ the other day, and I, I found this. (She puts out a folded sheet of paper with Landon's handwriting on it.) "Examine a moon rock, go to ⑮⓪ college, get into ⑮⓪ medical school." Honey, ⑮① these are really beautiful ⑮② ambitions. ⑮① They are. But ⑮③ you're gonna have to work really hard.

Landon: I can do that.

Mother: (half-heartedly) Yeah, you can.

Landon: Mom, I … Jamie ⑮⑤ has faith in me, ⑮⑤ you know? ⑮⑥ She makes me want to be different, better.

[*A Walk to Remember* (2002 film)]

Words & Phrases

- **laundry** 명 세탁(물)
- **put out**: (꺼)내놓다
- **fold** 타동 접다
- **sheet** 명 종이 (또는 판판하고 얇은 판의) 한 장
- **handwriting**: 손으로 쓴 것/글
- **examine** 타동 조사, 검토, 검사, 심사, 연구하다
- **honey** (o의 발음 (u) (어)에 유의): 원래 꿀이라는 명사인데 여기서는 꿀처럼 달콤한 사랑하는 사람을 부르는 호칭으로 사용되었다. 유사한 호칭으로 baby, sweetheart, sweetie, darling, babe, dear, sugar 등이 있다.
- **ambition** 명 야심, 야심적으로 추구하는 대상, 목표
- **faith** 명 신념, 확신, 신앙
- **different** 형 다른, 평범하지 않은

번역

엄마: 며칠 전에 빨래를 하다가 내, 내가 이걸 발견했다. (Landon의 엄마가 Landon의 손으로 쓴 글이 적힌 접힌 종이 한 장을 꺼내 놓는다.) "달에서 온 돌을 연구하고, 대학 진학을 하고, 의대에 입학한다." 얘야, 이건 정말 멋진 야심이다. 정말 그래. 그러나 너 정말 열심히 해야만 하겠다.

Landon: 저 그렇게 할 수 있어요.

엄마: (반신반의 하면서) 어, 너 할 수 있어.

Landon: 엄마, 나 … Jamie가 절 믿어 준다는 거 아녜요. 그 애가 저로 하여금 달라지길, 더 나아지길 바라게 해요.

> **장 면** • • • • •
>
> Landon의 엄마는 최근에 Landon의 옷을 빨래하다가 발견한 종이에 쓰인 Landon의 메모를 보고 Landon에 중대한 변화가 일고 있음을 감지하고 오늘 Landon에게 조심스럽게 이야기를 꺼낸다. 빈둥 거리고 빈둥거리며 사고나 치고 다니던 Landon이 삶의 고귀한 가치들과 목표를 추구하자, 한편 놀라며 한편 Landon이 이루지 못하고 실망할까 걱정하는 엄마에게, Landon은 자기의 이 극적인 변모가 Jamie와의 사랑에 의한 것이며 자기는 이제 그러한 높은 이상을 추구하고 실현할 수 있다는 확신을 보인다. 사랑은 기쁨만을 주는 것이 아니라 희망과 확신을 주며 사람을 아름답게 근본적으로 변화시키는 경이로운 것임을 보여주는 장면이다.

449 the other day (afternoon, evening, night)

the other day
요 전날, 며칠 전에

여기서의 the other는 정관사 the가 사용되었음에도 불구하고 흔히 뜻하는 바로 그 다른 특정한 것을 뜻하는 어법으로 쓰인 것이 아니라 the other day (또는 afternoon, evening, night)의 형태로 쓰여 '(on) one day (afternoon, evening, night) not long past' 라는 뜻을 나타내며 **막연히 근래**의 '요 전날에, 요 며칠 전에 (요 며칠 전 오후, 저녁, 밤에)' 라고 번역될 수 있다. 여기서처럼 흔히 전치사 on을 생략한 부사구로 쓰인다.

> **example** As one frank man admitted **the other day**, there is hardly a man who will never take advantage of his wife's economic dependence upon him or who will never assume that it gives him special prerogatives.
>
> 요 며칠 전에 어떤 한 솔직한 남자가 인정했듯이, 자기 아내의 자기에의 경제적 의존을 절대 (자기에게 이득이 되게) 이용하지 않거나 그것이 자기에게 특권을 부여한다고 절대 생각하지 않은 남자는 거의 없다.

frank 형 솔직한 **admit** 자동 인정하다 **hardly** 부 거의 ... 아니다
take advantage of ...: ...를 이용/활용/악용하다 **dependence** 명 의존(성)
assume 타동 가정/전제하다 **prerogative** 명 특권; privilege

 여자가 남자로부터 경제적으로 독립해야 하는 이유를 역설하는 초기의 (1927년) 페미니즘적 표현이다. 오늘날에도 남녀의 존엄과 평등이라는 관점에서 여전히 시사하는 바가 적지 않은 표현이다.

> **example**
> Jack: Just **the other night**, I was sleeping under a bridge, and now here I am

on the grandest ship in the world having champagne with you fine people.
[*Titanic* (1997 film)]

Jack: 요 며칠 전날 밤만해도 전 다리 아래서 잠을 잤는데 지금은 여기서 세계에서 가장 웅장한 배를 타고 여러 훌륭하신 분들과 샴페인을 마시고 있네요.

장면 Jack이 the Titanic 호에서 뛰어내려 자살을 시도하려던 Rose를 구하고 난 다음날 귀빈석에서 만찬에 초대되어 대형 식탁에 앉아 젊은 예술가로서의 자신의 자유분방한 삶을 설명하고 있다.

450 무관사 + 단수 명사 = 목적, 기능

go to college
대학에 가다, 다니다
get into medical school
의대에 입학, 합격하다

어떤 대학을 한 물리적인 물체나 기관이라는 뜻으로 표현하자면 하나의 라는 수개념을 내포하거나 어떤 이라는 막연한 사물을 가리키는 부정관사 **a**를 앞에 써서 a college라고 한다. 또 앞에 언급된 어떤 대학을 다시 지칭하거나 어떤 특정한 대학을 지칭하려면 특정화하는 정관사 **the**를 써서 the college가 된다. 그러나 여기서 college 앞에 **어떠한 관사도 없는** 것은 그러한 물리적이거나 구체적인 대학을 뜻하는 것이 아니라 **추상적**으로 대학 교육을 뜻하는 바로서의 대학을 뜻하기 때문이다.

뒤따르는 medical school 역시 같은 원리로 어떤 특정한 의과 대학을 뜻하는 것이 아니라 의학을 가르치는 배우는 교육이라는 추상적 의미를 강하게 전달하기 때문에 앞에 아무런 관사가 오고 있지 않다. 이렇게 물리적이거나 구체적일 수 있는 명사 (가산 보통명사) 앞에 아무런 관사가 없이 명사가 단독으로 쓰여 그 명사의 추상적인 기능이나 의미를 뜻하는 경우들이 있다.

주의 이것은 언어 논리적인 규칙이 아니라 **용례 (usage)**적인 현상이다. 즉 이 어법이 적용되는 표현들이 있는 것이다. 유사하게 명사의 추상적인 기능이나 의미를 뜻하면서도 명사 앞에 정관사 the가 위치하는 용례들 또한 다수가 있다.

예시 **go to/fall into bed** (특정한 어떤 침대로 가는 것이 아니라 잠자리에 들다); **go to church** (특정한 교회 건물로 가는 것이 아니라 (신앙 생활을 하러) 교회에 다니다); **go to school** (특정한 어떤 학교를 가는 것이 아니라 교육을 받으러 학교에 다니다); **go to hospital** (입원하다); **cut/skip class/school** (수업이나 학교를 가지 않다, 땡땡이 치다); **at sea** (항해 중인); **go to sea** (항해에 나서다; 뱃사람, 선원, 항해사가 되다 (= follow the sea)); **go to jail/prison** ((형을 살러) 유치장/감옥에 가다) [비교: go to/be put in the slammer/big house: 감옥에 가다/감옥에 갇히다; the smaller/big house: (속어) 감옥]; **at (the) table** ((그냥 어떤 또는 특정한 식탁에 앉아 있는 것이 아니라) 식사 중인); **set up shop** (사업이나 장사를 시작하다); **wait (on) table(s)** (웨이터나 웨이츄레스로 일하다, 손님을 써브하다).

A Walk to Remember (워크 투 리멤버)

example My grandparents came to the U.S. in 1914. My grandfather **went to school** at night to learn English. My grandmother also learned the language.
나의 할아버지 할머니께서는 1914년에 미국에 오셨는데요. 할아버지는 밤에 영어를 배우러 학교에 다니셨습니다. 할머니 역시 그 언어를 배우셨구요.

example In the bull market of the 1980s, big-shot investment bankers swapped secret merger information for suitcases stuffed with cash. Some bankers **went to jail** but many others walked.
1980년의 호경기 시장에서 거물 투자 은행가들은 비밀 합병 정보를 현금이 든 (여행용) 숫케이스와 교환하였다. 어떤 은행가들은 감옥을 갔지만 다른 많은 자들은 풀려났다.

> **bull market**: 호경기의 증권 시장. 반대어: bear market **big shot** 명 (비격식체) 거물, 중요한/영향력이 있는 사람; big gun; big wig; big cheese. 여기서 big-shot은 형용사.
> **swap** 타동 교환하다. swap/trade/exchange A for B: A를 주고 B를 받다 **merger** 명 합병
> **stuff** 타동 (...의 안을) 채우다 **(that/which were) stuffed with cash**: 현금으로 가득 찬
> **walk**: (속어) 혐의를 벗다, 풀려나다

example Hispanic Americans are overwhelmingly Roman Catholic; 42 percent **go to church** once a week.
중남미 계의 미국인들은 압도적으로 가톨릭이다. 42 퍼센트가 일주일에 한번 성당에 (미사를 보러) 간다.

> **Hispanic** 형 중남미계의. 중남미계 사람을 뜻하는 명사로도 자주 쓰인다. Hispanic: Latino, Chicano **overwhelmingly** 부 압도적으로
> **(Roman) Catholic**: 여기서는 '가톨릭인, 천주교 신자인' 형용사. 명사로도 자주 쓰인다.

451 these ... they

These are really beautiful ambitions. **They** are.
이것들 정말 멋진 야심들이다. 그것들 (정말) 그래.

여기서의 they는 앞에 오는 대명사 these를 받는 것으로 영어에서는 이렇게 현재 진행 중이거나 가까이에 있는 사건이나 사물을 복수형인 경우에는 처음에는 일단 these로 받은 뒤에 그 이후부터는 they로 받는 경향이 현저하다. 언급의 대상물이나 사건이 그렇게 직접적이거나 가깝지 않은 경우에는 대명사 those를 먼저 사용한 뒤에 그 다음부터 they로 받는 경향도 있다. 단수형인 경우도 마찬가지로 먼저 this 또는 that으로 받은 뒤에 다시 대명사로 지칭할 때 it을 사용하는 경향이 있다.

Cross-reference
비교 (this + it):
➡ (13) (43) (348) (566)
비교 (that + it):
➡ (119)

> **example** Many old clichés say America is a beacon of hope and prosperity. **These** may be clichés but they really are true.

많은 오래된 상투적인 표현들이 미국은 희망과 번영의 등대 (또는 등불) 라고 한다. 이것들은 상투적인 표현들일지 모르지만 (상투적인 표현들이라 하더라도) 정말로 진실이다.

---

cliché 명 상투적인 표현/어구   **beacon** 명 등대, 신호등/봉화   **prosperity** 명 번영

> **example** The first Chinese went to California in the 1840s. **These** were mostly merchants and shopkeepers, with a sprinkling of skilled artisans, and **they** intermingled with the Mexican and American populations.

처음으로 (미국에) 온 중국인들은 1840 년대에 캘리포니아로 갔다. 이들은 약간의 숙련된 장이들을 포함하여 대부분 상인들과 가게를 하는 사람들이었으며, 그들은 멕시컨과 미국 사람들과 섞여 지냈다.

---

mostly 부 대부분, 대개, 주로   **merchant** 명 상인   **shopkeeper** 명 가게 주인, 자영업 소매 상인   **sprinkling** 명 (여기 저기 흩어져 있는) 소량, 소수   **skilled** 형 숙련된   **artisan** 명 장인, 기술자   **intermingle** 자동 섞이다, 어울리다   **population** 명 인구 (집단)

> **example**
>
> Derek (sobbing): Every problem in this country is race-related. Not just crime. It's, like, immigration, AIDS, welfare. **Those** are problems of the black community, the Hispanic community, the Asian community. They're not white problems.   [*American History X* (1998 film)]

Derek (흐느껴 울면서): 이 나라의 모든 문제는 인종과 관련되어 있어. 범죄만이 아니야. 예를 들어 이민, 에이즈, 복지 문제 같은 것들도. 그것들은 흑인 사회, 중남미 계 사회, 아시안 계 사회의 문제들이지 백인의 문제들이 아니야.

장면 백인 우월 인종 차별 주의자인 젊은이 Derek이 미국의 모든 문제들을 소수 인종들의 문제로 돌리면서 사람들에게 소수 인종들에 대한 증오감을 부추기고 있다.

---

race-related: related to race; 인종과 관련된   **crime** 명 범죄   **immigration** 명 이민   **welfare** 명 복지   **Hispanic** 형 중남미계의

---

452   a + 추상명사; 추상명사-s

ambitions
야심적으로 추구하는 것들

Cross-reference
비교 (물질명사-s): ➡ (235)
비교 (a + 물질명사): ➡ (301)

Ambition이라고 하면 대부분의 경우 '야심, 열의, 포부'라는 추상명사여서 앞에 하나라는 수 개념을 적어도 함축적으로 나타내는 부정관사 a를 사용하거나 복수형으로 ambitions 라고 하지 않는다. 예를 들어 '헨리 포드는 자동차 산업에 엄청난 야심을 가졌다'와 "헨리 포드는 대단한 야심을 가진 남자였다' 라고 표현하자면 Henry Ford had an enormous amount of **ambition** about/for the automobile industry. 그리고 Henry Ford was a man of great **ambition**. 이라고 ambition을 **추상명사**로 취급하여 아무 관사를 앞에 놓지 않는다.

그러나 여기서 복수형인 ambitions가 사용된 것은 ambition이 그런 추상적인 낱말로 사용된 것이 아니라 하나의 셀 수 있는 야심적으로 추구하는 대상이나 목표를 나타내는 소위 **보통명사**이자 **가산명사**로 쓰여 그 복수형이기 때문이다. 그런 의미로 '헨리 포드는 인생에 많은 야심들 (야심적으로 추구하는 목표들)을 가졌다' 라고 표현하자면 Henry Ford had many ambitions in life.가 된다.

이렇게 명사는 하나의 절대적인 의미나 모습으로 고정되어 있지 않고 **상황**, **문맥**, 또는 말하는 (또는 글 쓰는) 이의 **의도**에 따라 무쌍하게 변화하기 때문에 그러한 상황, 문맥, 또는 말하는 이의 의도에 주목하면서 그 형태와 의미를 포착해야 한다. 흔히 추상명사로 쓰여 앞에 부정관사 a를 취하거나 복수형으로 쓰이지 않는 명사들이 구체적인 의미를 띠면서 부정관사 a를 취하거나 복수형으로 쓰이는 경우들을 예리하게 관찰하고 그 변화된 의미를 이해하도록 노력해야 한다. [➡ (295)]

example (The) Police are **an** increasing **presence** in suburban school hallways.

설명 **presence** (기본형): 추상명사: 특정한 곳에 특정한 시간에) 존재(함), 참석한 상태;
a presence: 보통 가산명사: 존재/참석하고 있는 사람/사물/현상
경찰은 교외의 학교 복도들에서 존재감이 증가하고 있다.

example Despite fear**s** to the contrary, immigrants are becoming one of the U.S. economy's great strength**s**.

설명 **fear** (기본형): 추상명사: 두려움, 공포; **fears**: 보통 가산명사: 두려움의 대상들, 두려운 사람, 사물, 현상, 일들
strength (기본형): 추상명사: 강함, 힘; **strengths**: 보통 가산명사: 강점들, 장점들
그 반대에 대한 두려운 점들/생각들에도 불구하고 이민자들은 미국 경제의 커다란 강점들 중의 하나가 되고 있다.

example FDR had **a** physical **disability** himself and felt deeply for the working poor and underprivileged.
FDR은 자기 자신이 신체적 장애가 있어 가난한 근로자들과 약자들을 깊이 동정했다.
[FDR: Franklin Delano Roosevelt: 1882-1945, 미국 제 32대 대통령 (1933-45)]

[사진] Washington, D.C.에 있는 the Franklin Delano Roosevelt Memorial에 설치된 wheelchair에 앉은 FDR의 동상.
사진 제공: ⓒ Justin Meo

453 be going to = 추측: 가능성/순리

You're gonna have to work really hard.
너 정말 열심히 일/공부해야 하겠구나.

Gonna는 going to를 비격식체적 구어체에서 빨리 발음한 것을 표기한 것이다. 여기서의 be going to-부정사는 한국의 영어 교육에서 가르치는 주어의 의도를 나타내는 용법으로 쓰인 것이 아니라, 미래에 주어가 논리적으로나 상황적으로나 (예정이 되어 있다든지 일이 돌아가는 모양을 보건대 그렇게 될 조짐이 뚜렷하다든지) 주어가 그렇게 될 것이 마땅하거나 순리적이거나 자연스럽거나 분명하거나 가능성이 대단히 높다고 보는 말하는 이의 추측이나 판단을 나타낸다.

즉 이 문장은 네가 대학에 가고 의대까지 진학하자고 하다니 넌 이제 정말 열심히 하지 않으면 안 되게 되어 있다, 열심히 해야 하는 것이 마땅하다는 뜻이다. [➡ (40) 78) (93) (306) (453) (518) (570)]

Cross-reference
비교 (be going to = 말하는 이의 의지):
➡ (32)
비교 (be going to = 주어의 의지):
➡ (365) (494) (555)

454 자동사 + 전치사 + 목적어: believe/trust in + 목적어

has faith in me
나를 확신하다, 믿다

이 표현은 달리 표현하자면 believes/trusts in me라고 할 수 있다. believe나 trust가 타동사로 쓰여 목적어를 바로 취하여 believe me 또는 trust me라고 하면 흔히는 내가 어떤 특정한 상황에서 하는 어떤 구체적인 말이나 행동이나 입장 따위를, 그것이 사실임을 믿는다는 뜻이다. 이에 비하여 believe in me 또는 trust in me라고 하면 (believe와 trust는 자동사가 되어 자동사 + 전치사 + 목적어의 구조가 된다) 나의 전반적인 언행, 사람됨, 인격 등을 믿는다는 포괄적이고 추상적인 뜻이다. 이 경우에는 나의 인간적 가능성, 잠재력, 근본적인 변화의 가능성 따위를 믿는다, 확신한다는 뜻이다.

455 부가 의문문: ..., you know?

Jamie has faith in me, you know?
Jamie가 저에게 확신을 갖고 있잖아요, 갖고 있다는 거 아녜요.

Cross-reference
부가 의문문의 기본:
➡ (67) (75) (91)

'서술문, + 부가 의문문?'의 구조에서 부가 의문문이 (조)동사 + 주어로 도치 어순을 취할 뿐 언제나 서술문과 같은 주어와 (조)동사의 형태를 취하는 것은 아니다. 여기서는 '서술문, + you know?'의 구조에서 you know?는 부가 의문문의 기능을 하여 말하는 이가 듣는 이에게 서술문의 내용을 강조, 재다짐, 확인, 또는 촉구하거나 동의를 구하는 표현을 더한다. 이러한 특수한 형태의 부가 의문문으로 자주 쓰이는 표현들로는 (all) right?, O.K.?, (you) see?, you know?, huh? 등이 있으며 구어체에서 대단히 자주 사용된다. [➡ (173) (224) (291) (309) (325) (331)]

example

Jenny: Listen, you promise me something, **O.K.?** Just if you're ever in trouble, don't try to be brave. You just run, **O.K.?**
Forrest: O.K.   [*Forrest Gump* (1994 film)]

Jenny: 내 말 들어, 나한테 하나 약속해, 응? 혹시라도 문제에 빠지면 용감할려고 애쓰지 마. 그냥 도망쳐, 알았지?
Forrest: 그래.

ever 부 at any time; by any chance; 언제든, 혹시라도   **brave** 형 용감한

장면 ▶ 베트남 전쟁에 징집이 된 Forrest를 만난 친구 Jenny가 순진한 Forrest에게 용감하지 말라고 부탁한다.

example

Charlie: Now, you're the guy, **see?** You're gonna have to lead, **right?** I'm the date. So, uh, you wanna, uh, put your left hand up like this. That's good. Just keep moving. And you wanna put this other hand right behind my back, **right?** Now, when you dance, you can't watch my feet the whole time. Why don't

you just, just look up real slow? Just keep moving. There you go, Ray. You're dancing.
[*Rain Man* (1988 film)]

Charlie: 자, 형이 남자야, 알았지? 형이 리드를 해야 하겠지, 그지? 내가 데이트 상대야. 그러니까, 어, 형이 왼손을 이렇게 위로 대. 그거 좋아. 그냥 계속 움직여. 그리고 이 다른 손을 내 등 바로 뒤에다 대, 알았지? 이제 춤을 출 때는 계속해서 내 발을 보면 안 돼. 아주 서서히 위쪽으로 쳐다봐. 계속 움직여. Ray 형, 바로 그거야. 형 (이제) 춤을 추고 있는 거야.

the guy: (어떤 남녀가 같이 춤을 춘다고 가정하면 형이 바로 그) 남자야. **the date:** (형이 여자 데이트 상대랑 춤을 추는 거니까 내가 그) 데이트 상대야. 여기서의 date는 데이트 하는 행위나 사건이 아니라 데이트 상대 (사람)

keep ((right) on) moving: 'keep + -ing (현재분사)': 계속해서 ...하다
■ right behind my back에서의 right: 부. 딱, 바로, 꼭, 곧바로; exactly; precisely
■ you can't watch ...에서의 can't = shouldn't; 'd better not; ...하지 않아야 한다 (제안, 충고)
■ **the whole time**: all along; all the while; from (the) beginning to (the) end; 처음부터 끝까지 (계속해서)
■ **real slow**: 주목: really slowly의 비격식 구어체
■ **There you go.**: You did/are doing it right/correctly.; That's the way (to go/do it); 제대로 하고 있어요, 바로 그렇게 하는 거예요

장면 Las Vegas의 휘황찬란한 야경이 내려다 보이는 한 카지노 호텔 방에서 Charlie가 자폐증 (autism)을 가진 형 Ray에게 춤을 가르치고 있다.

456 make + 목적어 + 원형 부정사 (원형동사)

She makes me want to be different, better.
그 애는 저를 달라지길, 더 나아지길 바라도록 해요/만들어요.

이 문장에서 to be different, better (달라지길, 더 나아지길)는 앞에 오는 동사 want의 목적어이며 want to be different, better가 타동사 makes의 목적어인 me를 설명하는 소위 목적 보어이다. 타동사 make은 이렇게 뒤따르는 목적어가 ... 함/임을 나타내는 목적 보어를 취할 때 여기서처럼 동사 원형 (소위 원형 부정사, 여기서는 want)을 취한다.

즉, 이 문장은 구조적으로 She makes me want to be different, better. = 주어 + 타동사 (make) + 목적어 + 목적 보어 (동사 원형)의 구조로 주어가 목적어로 하여금 ... 하게 만들다 (하다) 라는 뜻을 나타낸다. 이 구조는 주어가 목적어로 하여금 ... 하게 make 할 (만들) 수 있는 주어의 **강제, 압력, 명령, 영향력, 권위** 등의 뉘앙스를 함축한다. [➡ (574)]

example Companies can **make you work** as many hours as they want, even if you want Sundays off or if you have family sickness.

회사들은 당신을 (피고용인을) 자기네들이 원하는 만큼 오랜 시간을 일하게 할 수 있다. 비록 당신이 일요일은 쉬기를 원하거나 식구가 아프다 하더라도.

example Elvis was shy and respectful, but something **made him jump** up on stage and pour his heart out.

엘비스는 부끄럼을 타고 (사람들을) 존중하는 형이었지만 뭔가가 그를 무대 위에 뛰어올라 그의 가슴을 쏟아 내게 했다/만들었다.

Elvis Aron Prelsey (1935-1977): rock-'n'-roll 가수; the "King of rock-'n'-roll" (또는 단순히 "the King")

Scene

Jamie: ④457 You know ④458 what I figured out today?
Landon: What?
Jamie: Maybe God has a bigger plan for me ④459 than I had for myself. ④460 Like this journey never ends. ④460 Like you were sent to me because I'm sick, ④461 to help me ④462 through all this. (Beaming with a big smile) You're my angel. (Landon gets close to Jamie and kisses her.)

[*A Walk to Remember* (2002 film)]

Words & Phrases

- **figure out**: 이해하다, 깨닫다, 알아내다
- **maybe** 부 어쩌면, 혹시
- **plan** 명 계획
- **journey** 명 여행(길, 기간)
- **sick** 형 (몸이) 아픈
- **beam** 자동 빛을 발하다, 환하게 웃다
- **angel** 명 천사

장 면

참사랑은 우연으로 느껴지지 않는다. 그것은 우연으로 치기에는 너무도 극적이고 애절하고 진실해서 필연처럼 다가온다. 백혈병이 악화되어 병원에 입원해서 응급 치료를 받고 있는 신앙심이 돈독한 Jamie에게는 더 더욱 그러하다. Jamie는 자신의 병과 Landon과의 만남과 사랑을 신의 커다란 계획 안에서 이해하고 감사하며, Landon을 신이 자기에게 보낸 천사라고 믿는다. (얼마 후 Landon과 Jamie는 결혼하며 그리고 얼마 되지 않아서 Jamie는 세상을 떠난다.)

> **번역** • • • •
>
> Jamie 내가 오늘 뭘 깨달았는지 알아?
> Landon 뭔데?
> Jamie 어쩌면 신은 내가 나를 위해 가졌던 것보다 더 큰 계획을 나를 위해 갖고 계신가 봐. 마치 이 여정이 결코 끝나지 않을 것처럼. 자기는 내가 아프니까 나한데 보내진 것 같이. 내가 이 모든 걸 이겨내도록 도와주기 위해서. (큰 미소를 환하게 지으며) 자긴 나의 천사야. (Landon이 Jamie에게 가까이 다가와 그녀에게 키스를 한다.)

457 서술문 + ? = Yes-No 의문문: 어법 (1): 중립적, 객관적

You know what I figured out today?
오늘 내가 뭘 깨달았는지 알아?

이 문장은 구문 형태상으로만 주어 + 술부의 어순을 취하고 있는 서술문이지 의미, 의도, 기능, 효과 모든 면에서 의문문이다 (**서술의문문**이라고 한다). 서술의문문은 서술문의 형태를 취하여 (1) **객관적**, 감정 중립적으로 **질문**하는 어법과 (2) 상대방의 진술에 대해 놀라움, 믿기 어려움, 역겨움, 반감, 반대, 빈정거림, 비판 등 **감정**적 반응이나 **주관**적 판단을 표현하는 어법의 두 어법이 있으며, 두 어법 모두 기본적으로 일상적 구어 표현이나 비격식체의 스타일이며 Yes-No 의문문에서처럼 문미에서 어조가 올라가며 글로 쓸 때는 의문부호로 끝맺는다. 이 문장은 어법 (1)의 문장이다.
[➡ (300) (411) (485) (489)]

Cross-reference
비교 (서술문 + ? = Yes-No 의문문: 주관적, 감정적):
➡ (37) (81) (99) (178)
   (251) (304)

example

Mr. Bailey: (father) You've got talent, son. I've seen it. You get yourself an education and get out of here.
George: Pop, **you want** a shock**?** I think you're a great guy.
                                              [*It's a Wonderful Life* (1946 film)]

Mr. Bailey: (아버지) 아들아, 넌 재능이 있어. 내가 그걸 봤어. 너 교육을 받고 여길 나가거라.
George: (아들) 아빠, 한번 놀래 보실래요? 아빠는 훌륭한 분이세요.

---

talent 명 재능. 여기서처럼 추상명사 (불가산명사)로도 또 보통명사 (가산명사)로도 사용된다.
get + 사람 (간접목적어) + 사물 (직접목적어): 국내의 영어교육에서 거의 가르치지 않지만 실제의 영어에서는 자주 사용되는 형태로 '...에게 ...를 (구해서, 가져다, 사서) 주다'

> **장면** ▶ 지금까지 아버지 Mr. Bailey의 small business인 주택 건축과 융자 회사에서 일해 온 George가 이제는 미래를 위해 "something big and important" (크고 중요한 무엇)을 하고 싶다는 포부를 밝히자 Mr. Bailey가 주저 없이 이제 대학교에 가서 교육을 받고 이 작은 세계를 떠나라고 격려한다.

458 타동사 + 의문사절

You know what I figured out today?
오늘 내가 뭘 깨달았는지 알아?

Cross-reference
Wh-의문사절:
➡ (14) (47) (164) (299) (360) (380) (545)

비교 (서술문 + ? = Yes-No 의문문: 주관적, 감정적):
➡ (37) (81) (99) (178) (251) (304)

여기서의 what은 의문사로 보아 '내가 오늘 무엇을 깨달았는가?' (What did I figure out today?)라는 의문문이 더 큰 문장의 일부로 (종속절로) 들어가 의문문에서의 조동사 + 주어의 도치 어순이 주어 + 술부 (I think)의 정상 어순으로 바뀐 것으로 (what I figured out today = Wh-의문사절) 볼 수도 있고, 또는 그 자체가 선행사를 포함하는 관계 대명사로 볼 수도 있다 (what I figured out today = the thing that I figured out today: 내가 오늘 깨달은 것).

459 than = 관계대명사

Maybe God has a bigger plan for me than I had for myself.
어쩌면/아마도 하느님은 내가 나를 위해 가졌던 것 (계획)보다 더 큰 계획을 나를 위해 갖고 계셔.

비교급 구문 (... more/-er ... than ...)을 만드는 than은 흔히 접속사이다. 접속사와 관계사의 중요한 구문적 차이는 접속사는 대부분의 경우 접속사를 없애고 보면 접속사에 의해 이끌리는 절이 하나의 독립적인 문장으로 성립되지만 관계사는 두 문장의 공통분모를 공유하는 것이기 때문에 관계사를 없애고 보면 관계사절은 독립적인 문장으로 설 수 없다. 이 예문과 유사하게 '신은 나보다 더 잘 알고 계신다' 라는 비교급 표현은 God knows better than I (do/know).가 되는데 이러한 전형적인 비교급 구문에서 than은 접속사로서 than에 뒤따르는 절인 I do/know.는 그 자체가 독립적인 문장으로 성립될 수 있다. 그러나 이 예문에서는 than에 뒤따르는 I had for myself.는 홀로 독립해서 설 수 없다. 왜냐하면 있어야 할 타동사 had의 목적어가 없기 때문이다. 이는 이 경우에서의 than이 접속사가 아니라 관계 대명사 (그리고 had의 목적어)이기 때문이다. 비교급 구문에 쓰이는 than은 상대적으로 소수의 경우들이지만 이렇게 관계사로 쓰이는 경우들이 있다. [➡ (464)]

example
Michael (to his wife): I'm working my ass off so my family can have a **better** life **than** I ever dreamed of when I was a kid!

[*Click* (2006 film)]

> **설명** 여기서 than은 접속사가 아니라 관계 대명사로 dreamed of의 목적어이다. 즉,
My family can have a better life **than** I ever dreamed of.
← My family can have a better life + I ever dreamed of **a good life** (= **than**).
= My family can have a better life **than** the (good) life that I ever dreamed of.

Michael (아내에게): 난 내 가족이 내가 어렸을 때 언제고 꿈꿔본 것보다 더 나은 삶을 누릴 수 있도록 엉덩이가 빠지게 열심히 일하고 있어.)

work one's ass off: bust one's ass: work like crazy/mad/hell: (slang/vulgar 비속어) 미친듯이 일하다

> **장면** 일에 중독된 (workaholic) 야심찬 건축 설계사인 마이클이 아내에게 아이들과 함께 가기로 예정되어 있던 가족 캠핑 여행을 취소하면서 그 이유를 설명하고 있다.

example Six million of us are doing yoga. That's **more than** are doing cross-country skiing or skateboarding.

> **설명** 여기서 than은 접속사가 아니라 관계대명사로 뒤따르는 관계사절인 are doing cross-country skiing or skateboarding의 주어의 역할을 하고 있다.

우리들 중의 6백만 명이 요가를 하고 있다. 그것은 크로스 컨트리 스키나 스케이트 보어딩을 하는 것보다 많은 수 (사람들)이다.

460 like = 접속사

Like this journey never ends.
이 여정이 결코 끝나지 않는 것처럼
Like you were sent to me because I'm sick.
내가 아프기 때문에 자기가 나한테 보내진 것처럼

흔히 비유나 예를 나타내는 전치사로 쓰이는 like가 여기서는 뒤에 주어 (normal people)와 술부 (talk), 즉 절을 이끌고 있으니 접속사이다. 이렇게 접속사로 쓰이는 경우에 like는 다음 세 가지의 의미로 사용될 수 있다.

like: 의미-1 주절의 내용을 like에 의해 이끌리는 절의 내용을 유사성을 가진 예로 사용하여 보다 뚜

렷이 전달하고 효과적으로 이해시키는 어법으로, 방식이나 방법 (way, manner, fashion)을 예로 드는 기능을 하며 like-절이 흔히 '...하는 (방)식으로, ...하듯이, ...인 것처럼' (in the same way as/that + 절; as + 절; the way (that) + 절)으로 번역된다.

like: 의미-2   주절의 내용을 like에 의해 이끌리는 절의 내용을 비유적으로 사용하여 보다 뚜렷이 전달하고 효과적으로 이해시키고자 하는 점에서는 [의미-1]과 비슷하나, 주절과 like-절 간의 유사성이나 긴밀한 관계가 [의미-1]과 비교해 많이 떨어진다. 때로는 like에 의해 이끌리는 절의 내용이 종종 사실무근이거나, 현실성이 없거나, 잘못 오도한다고 하는 점에서 주절과 like-절의 의미 관계가 [의미-1]의 경우와 다른 것으로, 기본적으로 비유적인 상황을 묘사하며 흔히 '마치 ...하/이듯이, 마치 ...하는/인 것처럼' (as if)으로 번역된다. 또한 like는 [의미-1]과[의미-2]에서 It is, feels, looks, seems, sounds, tastes + like-절의 표현으로 자주 쓰인다.

like: 의미-3   like가 접속사 that과 같은 기능을 하는 경우로 가장 흔히 It seems + like-절의 구조로 쓰이는데, It seems + that-절 (...인 것 같다/...인 듯하다)과 같은 의미이나, 종종 that을 사용하는 경우보다 더 완곡하거나 또는 덜 강하게 주장을 내세우는 어감을 나타낸다.

[의미-1,2,3]의 어느 경우이든, 이렇게 접속사로 쓰이는 like는 비격식체에서 그리고 일상 구어체에서 대단히 자주 사용된다. ▶ (163) (209) (395) (438) (460) (528)
여기서의 like는 [의미-2]의 as if ... (마치 ... 하/이듯이)의 의미로 사용되었다.

461   to-부정사 = 목적, 의도

to help me through all this
내가 이 모든 걸 이겨내도록 도와주기 위해서

여기서의 to-부정사 (to + 동사 원형: 여기서는 to help)는 '... 하려고, ... 하기 위해(서), ... 하고자' 라는 의미의 목적이나 의도를 나타낸다 (문법적으로 목적이나 의도를 나타내는 부사의 기능을 하는 부사구이다). 이 목적/의도의 to-부정사의 문어체적이고 격식을 갖춘 표현이 'in order to-부정사' 또는 'so as to-부정사'이다. [▶ (275) (480) (575)]

example
Seven golden daffodils are shining in the sun
To light our way to evening when the day is done.   [Carol Kidd, *Seven Daffodils*]
일곱 송이의 황금빛 수선화가 햇살 속에 빛나고 있어요.
하루가 저물 때 (길을 밝혀) 우리를 저녁으로 인도하기 위해서.

462 through = 단계, 절차, 과정, 경험, 통과, 극복

through all this
이 모든 것 (병의 시련)을 거쳐/지나(고 있는)

여기서 through는 어떤 단계, 절차, 과정 등을 경험, 통과, 또는 극복함을 나타내는 전치사이다.

example Popcorn is the voice of the people. It has been at our side **through** depressions, helped us smile **through** broken hearts and bad movies, soothed us while we waited for exam reports and lovers who did not phone. It is the original mood elevator.

팝콘은 사람들의 목소리이다. 팝콘은 (우리가) 우울한 때들을 지나도록 우리 곁에 있었고 상처받은 마음과 형편없는 영화를 다 지날 때까지 우리가 미소 짓도록 도와 주었고 우리가 시험 성적과 전화해 주지 않는 사랑하는 이를 기다리는 동안 우리를 위로해 주었다. 팝콘은 기분을 높여 주는 것의 원조이다.

depression 명 우울증; (경제) 공황, 불경기   **through broken hearts and bad movies**: 마음이 상처를 받았을 때나 형편없는 영화를 보았을 때 처음부터 끝까지 전 과정/시간을 관통하여 (이겨낼 때까지)   **soothe** 타동 (통증 등을) 달래다, 완화/진정시키다
phone 자동 전화하다   **origina** 형 독창적인, 원조인
mood elevator: mood booster; 기분을 높여 주는 것

example America kept her troops overseas, around the world, **through** the second half of the twentieth century.
미국은 군대를 20세기 후반을 거치는 동안 (20세기 후반 내내) 군대를 해외에 전세계에 걸쳐 유지하였다.

troop 명 (흔히 복수형 troops) 군대, 군인들, 병력   **overseas** 부 해외에, 해외로

example More than 89% of state judges go **through** some form of election process.
주 법원 판사들의 89 퍼센트 이상이 어떤 형태이든 선거 과정을 거친다.

state 명 주   **judge** 명 판사   **election** 명 선거   **process** 명 과정

Scene

Landon (in a monologue) Jamie and I had ④⑥③ a perfect summer together, with more love ④⑥④ than lots of people know ④⑥⑤ in a lifetime. And ④⑥⑥ then she ④⑥⑦ went, with her unfailing faith. ④⑥⑧ ④⑥⑨ It's been four years, but ④⑦① the vision of ④⑦⓪ Jamie walking towards me ④⑦② will stay with me forever. Jamie saved my life. She taught me everything, about life, hope, and the long ④⑦③ journey ahead. ④⑦② I'll always miss her. But her love is ④⑦④ like the wind. I can't see it, but I can feel it.

[*A Walk to Remember* (2002 film)]

Words & Phrases

- **monologue** 명 독백
- **perfect** (´pûr·fikt) 형 완벽한. '완벽하게 만들다, 완성시키다'라는 타동사로 쓰일 때의 발음은 (per·´fekt)
- **together** 부 함께, 같이
- **lifetime** 명 생애, 평생
- **unfailing** 형 실패하거나 죽거나 사그러지지 않는, 끝없는
- **faith** 명 신앙, 신념, 믿음
- **vision** 명 보는 또는 보이는 것, 모습, 시력

- **toward**(s) 전치 …를 향하여, …(쪽)으로
- **stay** 자동 남다, 머물다
- **forever** 부 영원히, 항상
- **save** 타동 구(원)하다, 저축하다
- **journey** 명 여행(길, 기간)
- **miss** 타동 …이 없음을 아쉬워하다, 그리워하다, …이 없음을 알아채다
- **wind** 명 바람
- **feel** 타동 느끼다

장 면

한평생 물리적으로 함께 하고 지속되어야 참사랑이 되거나 사랑이 완성되는 것은 결코 아니다. 이 마지막 독백의 장면에서 이제 막 대학을 졸업하고 의과 대학에 합격한 건실하고 사려 깊은 젊은이가 된 Landon은 4년 전에 백혈병으로 잃은 Jamie와의 너무도 짧았지만 너무도 깊고 진실했던 사랑을 돌이켜 보면서 그 사랑이 자기를 구원하고 자신의 삶에 영원한 존재임을 말한다. 마치 Jamie가 자기 앞에 Landon을 보내 주신 신의 뜻을 바람처럼 볼 수는 없어도 느끼고 확신했듯이, Landon 또한 Jamie의 사랑을 이제는 바람처럼 볼 수는 없어도 느끼고 확신한다.

번 역

Landon (독백으로)Jamie와 나는 많은 사람들이 평생 걸려야 아는 (경험하는) 사랑보다 더 많은 사랑을 나누며 완벽한 여름을 함께 했다. 그리고 나서 그녀는 그녀의 사르러지지 않는 신앙을 갖고 떠났다. (그 이후로) 4년이 되었지만 Jamie가 나를 향해 걸어오고 있는 모습은 나에게 영원히 머무를 것이다. Jamie는 나의 삶을 구원하였다. 그녀는 나에게 삶과 희망과 앞으로의 긴 여정에 관해 모든 것을 가르쳐 주었다. 난 언제나 그녀를 그리워할 것이다. 그러나 그녀의 사랑은 바람과도 같다. 나는 그것을 볼 수 없지만 그것을 느낄 수 있다.

463 무관사 + 계절; a + 계절; the + 계절; 계절-s

a perfect summer
한 완벽한 여름

일년 사계절들 중의 한 계절 (season)은 비특정한 추상명사여서 spring, summer, fall/autumn, winter 앞에 관사를 쓰지 않는 것이 기본형이다. 그러나 어떤 계절이 문맥상 어느 해의 계절이라든지 어떤 식으로 수식되어 그 계절의 여러 가지 가능한 종류들 중의 하나임을 뜻하든지 그 구체성, 특정성, 정체성 따위가 드러날 경우 그 한 계절 앞에는 하나라는 수개념을 적어도 속에 함축하는 부정관사 a가 오며 (a summer) 그 계절이 다수인 경우에는 복수형이 된다 (summers). 또 여러 특정한 해들의 여름은 구체성의 the와 복수형 -s가 붙는 the summers가 된다.

[예문: 무관사 + 계절]

example Getting a new outfit for Easter is one of the rites of **spring**.
부활절을 위해 새 옷을 장만하는 것은 봄의 (봄을 맞는) 의식들 중의 하나이다.

---

outfit 명 (특정한 용도, 직업, 활동 등을 위한) 옷, 복장　　**Easter** 명 (기독교) 부활절
rite 명 (전례상의) 의식, 예식

---

example For many people, **summer** means picnics and cookouts.
많은 사람들에게 여름은 피크닉과 집 밖에서 요리해 먹는 파티를 뜻한다.

---

cookout 명 옥외에서 (특히 집의 front yard 또는 backyard) 스테이크, 햄버거, 소시지 등을 그릴해 (grill) 먹는 것/파티

[예문: a + 계절]

example The summer solstice is the longest day of the year and a great excuse to celebrate **a** Midwest **summer**. Gather friends and spend the ample sunlight hours of the Midsummer Day enjoying the lush beauty and the fresh bounty of the season.

설명 여기서는 그냥 추상적인 여름이 아니라 여름 중에도 구체적으로 하지 (the summer solstice) 축제의 전통이 강한 스칸디나비아 계의 사람들 (Scandinavians)이 상대적으로 많은 미 중서부(식)의 한 여름을 뜻하기 때문에 하나의 어떤 종류를 뜻하는 부정관사 a가 summer 앞에 쓰여 있다.
하지는 일년 중 (해가) 가장 긴 날로 미국 중서부의 여름을 축하하고 즐기기에 훌륭한 이유입니다. 친구들을 모으고 이 계절의 풍성한 아름다움과 싱싱한 선물 (예: 과일 야채들)을 즐기면서 한여름 날의 햇볕이 풍부한 시간들을 보내십시오.

summer solstice 명 하지. 동지: winter solstice   **excuse** 명 변명, 이유, 구실
Midwest 형 (미국) 중서부 지역의   **gather** 타동 모으다. '모이다' 라는 자동사로도 자주 사용
ample 형 충분한, 풍부한   **lush** 형 무성한, 풍부한   **bounty** 명 너그러운 보상/주는 것, 풍부함

[사진] 노르웨이 계 (Norwegians)와 스웨덴 계 (Swedes)의 인구 밀도와 문화적 영향이 상대적으로 높은 Wisconsin 주에서 한 동네의 이웃들이 모여 하지 (the summer solstice) 날 밤 늦게 대형 불 (bonfire)을 질러 놓고 (Scandinavian지역의 전설상의 지하 동굴 난장이들 (dwarfs)인 troll을 나타내는 흉칙한 종이 가면을 쓰고 춤을 추거나 북을 두드리면서 하지 축하 파티를 즐기고 있다.
사진: ⓒ 박우상 (Dr. David)

[예문: the + 계절]

example I am a 17-year-old high school graduate. I have been dating my girlfriend for about a year and we plan to get married when we graduate college. My parents say I should break up with her before I go away to college in **the fall**.

설명 ▶ 여기서 fall (가을) 앞에 정관사 the가 온 것은 문맥상 특정한 가을, 즉 17세에 금년에 고등학교를 졸업하고 대학을 가는 다가오는 이번 가을을 뜻하기 때문에 **특정화**하기 위해 **the**가 사용된 것이다.

저는 17세의 고등학교 졸업생입니다. 저는 한 일년 정도 여자 친구와 데이트를 해 오고 있으며 저희가 대학을 졸업하면 결혼할 계획인데요. 제 부모님은 제가 (이번) 가을에 대학으로 떠나기 전에 그 애와 헤어져야 한다고 하세요.

graduate 명 졸업생   **break up with …:** …와 헤어지다, 갈라서다

[예문: the + 계절 이름 복수형]

example Unpredictable lake-effect weather rules **the** winter**s** in Indiana and Michigan, but locals don't hide when winter strikes. Instead, they relish the white stuff.

설명 ▶ 여기서 the winters는 해마다 오는 모든 겨울들을 예외 없이 통틀어 일컫는 **the + 복수형**의 **총칭적** 어법을 따른 것이다.

예측이 불가능한 호수의 영향을 받는 날씨가 Indiana와 Michigan 주의 겨울들을 지배하지만 이 지역 사람들은 겨울이 와도 (집 안에) 숨지 않는다. 대신 그들은 눈을 즐긴다.

unpredictable 형 예측할 수 없는　**effect** 명 영향, 효과
rule 타동 ...를 통치/지배하다, ... 위에 군림하다, ...의 주된 현상이다　**local** 명 현지 사람
relish 타동 ...의 맛을 즐기다, 만끽하다　**the white stuff**: snow

464　than = 관계대명사

more love than lots of people know in a lifetime
많은 사람들이 한평생이 걸려야 아는 (경험하는) 것 (사랑)보다 더 많은 사랑

비교급 구문 (... more/-er ... than ...)을 만드는 than은 흔히 접속사이다. 접속사와 관계사의 중요한 구문적 차이는 접속사는 대부분의 경우 접속사를 없애고 보면 접속사에 의해 이끌리는 절이 하나의 독립적인 문장으로 성립되지만 관계사는 두 문장의 공통분모를 공유하는 것이기 때문에 관계사를 없애고 보면 관계사절은 독립적인 문장으로 설 수 없다. 여기서의 than은 이것을 제외하고 뒤따르는 절을 보면 Lots of people know in a lifetime.이 타동사 know의 목적어를 결여하고 의미적으로도 불완전한 문장이기 때문에 이 **than**은 **접속사가 아니라 관계 대명사**로 뒤따르는 관계사절의 술부 동사인 know의 목적어이다. **비교급** 구문에 쓰이는 than은 상대적으로 **소수의 경우들**이지만 이렇게 **관계사**로 쓰이는 경우들이 있다.

more love than lots of people know in a lifetime ← more love + [Lots of people know love (= than) in a lifetime.] = more love than (the amount of love (that)) lots of people know in a lifetime (많은 사람들이 한 평생이 걸려야 아는 (경험하는) 사랑의 양보다 더 많은 사랑) [➡ (459)]

> **example**　In 1977, Alex Haley's television series Roots stirred African-Americans' quest for their Southern heritage. Partly as a result, for nearly a generation, **more** black Americans have moved to the South **than** have left.

> **설명**　이 예문에서도 than은 접속사가 아니라 관계 대명사로 뒤따르는 관계사절인 have left의 주어의 역할을 하고 있다.
1977년에 앨릭스 헤일리의 텔레비젼 연재물인 Roots는 미국 흑인들이 남부의 뿌리를 찾고자 하는 열기를 불러 일으켰다. 일부 그 한 결과로 거의 한 세대 동안 남부를 떠난 것 (흑인들)보다 더 많은 미국 흑인들이 남부로 이사를 했다.

stir 타동 휘젓다, 동요시키다, 불러 일으키다　**quest** 명 추구　**heritage** 명 유산
generation 명 세대　**African-Americans' quest for their Southern heritage:**
미국 흑인들이 자기들의 과거 미국 남부의 노예 시대의 유산/뿌리를 알아보고자 하는 노력

> **배경**　18세기 중기에 아프리카로부터 잡혀와 미국 남부에서 노예가 된 Kunta Kinte와 그 후손들의 미국 남부에서의 삶의 애환과 역사를 그린 미국의 흑인 전기 작가 **Alex Haley** (1921-1992)의

Roots는 흑인들의 인간적 존엄과 미국 사회와 역사에의 기여를 생생하게 묘사한다.

[사진] 흑인 노예 무역의 중요한 항구의 하나였던 Maryland 주의 Annapolis 시의 대서양 부둣가에 세워진 **Haley**가 흑인 아이들에게 Kunta Kinte의 이야기를 **Roots** 책으로부터 들려주고 있는 모습을 그린 Kunta Kinte-Alex Haley 기념비.
사진 제공: ⓒ Vicky & Ken Foreman

465 in = 시간의 폭

in a lifetime
한평생 동안, 한평생이 걸려

여기에서의 **in**은 '... 동안/간'이라는 시간의 폭을 뜻하는 전치사로 다른 전치사 for와 의미상 유사한 면이 있지만 대부분의 경우 for와 달리 그 기간 동안 어떤 사건이나 행위가 지속됨 (duration)을 나타내는 것이 아니라 그 **시간의 폭** (interval)에 초점이 있다. [➡ (207) (263)]

> example **In** the 1980s American business was undergoing its first redirection toward deregulation in 50 years.
1980년대에 미국의 업계는 50년 만에 처음으로 탈규제를 향한 방향 조정을 거치고 있었다.

undergo [타동] 겪다, 경험하다; go through; experience
redirection: 재조정, 방향 재설정 **deregulation** [명] 탈규제

> example **In** just two years (1956-1958), Elvis Presley sold more than 28 million records.
단 2년 (1956-1958) 만에 엘비스 프레즐리는 2천 8백만 장의 음반을 팔았다.

Topic Elvis Aron Prelsey (1935-1977): rock-'n'-roll 가수; the "King of rock-'n'-roll" (또는 단순히 "the King")

> **example** World-class gluttons assemble on Coney Island every Fourth of July to see how many wieners they can down **in** 12 minutes.

세계급의 먹보들이 얼마나 많은 핫도그 소세지를 12분 만에 먹어 삼킬 수 있는지 보기 위해 7월 4일 (미국 독립 기념일, Independence Day)에 Coney Island에 모인다.

glutton 명 대식가, 폭식가　**assemble** 자동 모이다, 집합하다　**the Fourth of July**: 7월 4일; (공식 국경일 이름) Independence Day, 미국 독립기념일　**wiener** 명 핫도그 소시지; frankfurter　**down** 타동 먹다, 꿀꺽하다; scarf down/up; chow down

[사진] 미국의 독립 기념일 (Independence Day)을 기념하여 New York 시의 Brooklyn (브루클린)에 있는 한 구역인 Coney Island에 있는 미국 hot dog의 오랜 전통인 Nathan's hot dog 가게에서 벌어지는 연례 hot dog 먹기 대회에서 12분 간의 치열한 경쟁이 벌어지고 있다. 친구들과 가족들의 응원전과 미디어의 취재 경쟁도 치열하다.　사진 제공: ⓒ Heather Littlecabbage

466　then = 순서 (시간/사건)

then
그리고 나서, 그 다음으로

Cross-reference
비교 (then = 결론/결과):
➡ (116) (368) (416) (432)

비교 (then = 시간 (과거/미래)):
➡ (530)

여기서 then은 바로 어떤 특정한 시간을 가리키거나 조건이나 가정을 따르는 결론을 이끄는 것이 아니라 일련의 사건들의 연속선상에서 시간적으로나 순서상으로 뒤따르는 사건에 관한 진술을 이끄는 부사이다. '그리고는, 그리고 나서, 다음으로(는), 이어서' (**next in order or time**) 등으로 번역될 수 있다. [➡ (1) (366)]

 The days of booze and brawling are over. Now parties tend to be work parties; a glass or two of white wine, a little networking, and **then** it's home to the kids.

술 마시고 싸움질하던 시대는 지났다. 이제 파티는 직장 파티가 추세라서 백포도주 한두 잔하고 약간 인맥 관리하고 그리고 나서는 아이들한테 집으로 가는 것이다.

booze 명 (흔히 많이 마시는) 술/음주　　**brawl** 자동 씨끌벅적 말싸움 하다, 실갱이 하다, 싸우다; 명 a noisy quarrel, squabble, or fight
networking 명 사람들과 모여 사회관계/인맥을 도모하는 것

467　go = die: 유사한 표현들: 어구의 사용과 Situation/Context/Style

went
죽었다

여기서의 go는 '죽다'는 뜻이다. 죽는다는 의미의 go와 유사한 표현들은 많다. 그러나 그 표현들의 뉘앙스에 차이가 있어서 상황과 문맥 그리고 스타일에 적합한 표현을 사용해야 한다. 일반적이거나 격식을 갖춘 상황에서 사용될 수 있는 가장 기본적인 것으로는 die; pass away; pass on이 있으며 breathe one's last (마지막 숨 (last breath)을 쉬다는 뜻); depart (this life); let go (of one's life)가 사용되기도 한다.

그리고 흔히 그다지 정중하거나 점잖치 못한 속어 또는 비격식체의 (informal/slang) 표현들은: drop dead; go/turn belly up (배가 위로 올라오게 뻗었다는 어감); kick the bucket (물동이를 걷어차다); bite the dust ((앞으로 자빠져) 흙을 입으로 깨물다); croak (개구리나 까마귀가 소리를 내듯 꼴까닥 하다); buy it; buy the farm (농장을 사다); bite/lick the dust (먼지를 깨물다/핥다); check out ((급히) 떠나다); cash in (one's checks/chips) (수표나 도박장 따위에서 쓰이는 칩을 현금으로 찾다); conk off/out (골아 떨어지다); give up the ghost (유령/혼을 내놓다); go west (서쪽으로 행하다); kick in (자기 몫을 내다); kick off (시작하다); pop off ((갑자기) 죽다, 떠나다); turn up one's toes (발가락들을 위로 하다); cross over (to the other side) (딴 쪽으로 건너가다); be fender meat (자동차에 치여 죽은 사람의 모습에 비유); pull the final curtain (마지막 공연을 끝내는 모습에 비유); fry (튀기다); take a dirt nap (흙 속에 낮잠을 자다); eat one's gun (자기 총을 꿀꺽하다), drop (떨어지다); kick (발로 차다); go six feet under ((6피트 아래의) 무덤으로 들어가다).

Exercise

다음의 표현에서 밑줄 친 어구를 대신해서 사용할 수 없는 것을 고르세요.

Three outlaw gunmen <u>dropped dead</u> in the famous gunfight at the O.K. Corral in Tombstone, Arizona, in 1881.

❶ kicked the bucket   ❷ bit the dust   ❸ cashed in   ❹ freaked out   ❺ went belly up

[정답과 해설]

해설 >>>
Drop dead, kick the bucket, cash in, go/turn belly up은 모두 to die (죽다)의 비격식 구어체 (informal/spoken) 또는 속어 (slang) word이다. Freak out은 극도의 흥분, 충격, 공포, 기쁨, 절망 등의 감정 또는 마약 (drug)의 영향으로 정서 또는 행위가 비정상이 되는 것을 뜻하는 slang word이다.

outlaw 명 무법자, 범죄자 (흔히 도망자)   **corral** 명 (말, 가축 등의) 울타리, 우리

번역 >>>
1881년 Arizona주의 Tombstone에서 벌어진 O.K. 목장에서의 그 유명한 총 싸움에서 세 명의 무법 총잡이들이 죽었다.

정답:

468 it = 상황의 it = 시간/기간

It's been four years.
4년이 되었다/지났다

여기서의 주어인 It은 앞에 언급된 어떤 구체적인 대상을 가리키는 용법이 아니라 상황이나 문맥에 의해 그 의미가 드러나고 이해되는 소위 '**상황의 it**' (situation 'it')이다. 여기서는 문맥상 Jamie가 죽은 이후의 시간/기간 (time, period)을 나타낸다. [➡ (13) (102) (150) (249) (305) (394) (415)]

example It's been four centuries since the first Thanksgiving and nothing about

America's favorite meal has changed much – except the guest list.

설명 여기서의 it은 미국 최초의 Thanksgiving Day (1621) 이후의 전체 기간을 나타낸다.

첫번째 Thanksgiving 이후로 4세기이지만 미국이 각별히 좋아하는 식사는 별반 달라지지 않았습니다. 손님 리스트를 제외하고는.

America's favorite meal: Thanksgiving dinner
except: except for; save; but: 전치. ...을 제외하고는

example
Don't look so sad.
I know **it**'s over.
But life goes on,
and this old world will keep on turning.

[*For the Good Times*, a country song sung by Elvis Presley, Bill Nash, Anne Murray, Dolly Parton, Frank Sinatra, Kenny Rogers, Willie Nelson, et al.]

설명 노래의 시작 부분인 여기서의 it은 노래 전체의 문맥에 비추어 '우리의 사랑, 우리가 함께 한 시간'을 나타낸다.

그렇게 슬퍼 보이지 말아요.
(우리의 사랑이) 이제는 끝난 것을 알아요.
그래도 인생은 계속되고
이 세상은 계속 돌아갈 거예요.

469 현재 완료 = 계속: 경과 기간

It's been four years.
4년이 되었다/지났다

여기서 쓰인 현재완료 시제 (have + 과거분사)는 현재완료 시제의 여러 용법들 중에도 (앞에서 이미 명백히 언급이 되었거나 문맥상 뚜렷이 드러나 있거나 말하는 이와 듣는 이 간에 서로 암묵적으로 이해하고 있는) 과거의 한 시점으로부터 현재에 이르기까지 **지속**되어 온 사건, 행위, 또는 상태를 나타낸다. 이 경우 Jamie가 죽은 이후로 지속되어 온 기간이 4년 되었음을, 지났음을 뜻한다. (It's been four years since Jamie passed away.)
[➡ (19) (88) (266) (400) (552)]

Cross-reference
비교 (현재 완료 = 경험):
➡ (85) (190) (206) (262) (334) (369) (550) (582)

비교 (현재 완료 = 완료 (+ 결과):
➡ (240) (445)

example It**'s been** almost four centuries since the first Thanksgiving, and most homes will still be cooking the traditional fare – turkey.

첫 번째 Thanksgiving Day (추수감사절, 11월 넷째 목요일) 이후로 거의 4세기가 되었는데 대부분의 가정들은 아직도 그 전통적인 음식인 칠면조를 요리할 것이다.

참고 Thanksgiving Day는 1620년 초겨울에 영국으로부터 오늘날의 Massachusetts 주의 Boston의 아래쪽인 Plymouth Colony에 도착하여 정착한 102명의 Pilgrim 정착인들 중에서 신세계(the New World)에서의 혹독한 첫겨울을 살아남은 55명이 1621년의 가을에 거두어들인 첫 수확과 생존을 신에게 감사드린데 기원을 두고 있다.

470 -ing (동명사)의 의미상의 주어: 모든 유형들

Jamie walking towards me
Jamie가 나를 향해 걸어옴, 걸어 오는 것

여기서 Jamie는 뒤따르는 동명사 walking의 주어이다. 동명사의 의미상의 주어는 문장의 주어와 같거나 일반인이거나 문맥상 또는 상식적으로 이해되는 경우 대부분의 경우 표현되지 않는데 이 경우에는 walking을 하는 주어 (동명사의 의미상의 주어)는 Jamie인데 이 문장의 주어가 the vision으로 다르기 때문에 walking을 하는 주어를 분명히 밝힐 필요가 있기 때문에 명시된 것이다. 이렇게 동명사의 의미상의 주어를 밝힐 필요가 있을 경우 그 주어는 소유격으로 표현되거나 (명사가 주어일 경우) 주격 또는 (타동사 또는 전치사의 목적어일 경우) 목적격이 될 수 있는데 흔히는 소유격이 사용되는 경우가 주격이나 목적격이 사용되는 경우보다 비교적 문어체적이고 공식체적인 경향이 있다.

이 경우에도 Jamie 대신에 소유격인 Jamie's를 사용할 수 있으나 일상적 구어체이며 앞에 전치사 of가 온 이 표현에는 Jamie가 더욱 적합하다. 그리고 이 경우 Jamie를 대명사로 표현하자면 앞에 오는 전치사 of의 목적어이기 때문에 목적격인 her를 사용한다 (이 경우 her를 소유격으로 볼 수도 있다).
[➡ (531)]

[예문: 무주어 + -ing]

example More and more people are becoming interested in getting back to their roots.

설명 여기서 동명사 getting (back to their roots)의 주어가 표시되어 있지 않은 이유는 그 주어가 문장의 주어인 more and more people임이 의미상 뚜렷하기 때문이다.
점점 많은 사람들이 자기들의 뿌리로 돌아가는 데 관심을 갖게 되고 있다.

example On December 1, 1955, a black woman was arrested for refusing to give her seat to a white passenger. The incident would trigger off the modern civil rights movement in America.

설명 여기서도 동명사 refusing을 한 주체는 문장의 주어와 동일한 the black woman (그 흑인 여자)이기 때문에 그 동명사의 주어를 다시 그 앞에 표현하지 않은 것이다.

1955년 12월 1일에 한 흑인 여성이 자기의 자리를 백인 승객에게 양보하기를 거부한다는 이유로 체포되었다. 그 사건은 미국에서 현대 민권 운동을 촉발시켰다.

---

arrest 타동 체포하다   **refuse** 타동 + to-부정사: … 하기를 거부하다
for refusing …의 for: 이유의 전치사. … 때문에, …를 이유로
passenger 명 승객   **incident** 명 사건 (흔히 우발적으로 발생한 안 좋은 일)
trigger off …: …를 촉발시키다   **the civil rights movement**: 민권운동

> 배경 ▶ 그 흑인 여자: Rosa Parks (1913-2005). 1955년 12월 1일에 미국 남부 Alabama 주의 Montgomery 시에서 있었던 역사적 사건이다.

[사진] **Rosa Parks** (1913-2005)와 **the Montgomery Bus Boycott**: 12/01/1955:
[사진: 왼쪽] 흑인 옷수선사 (seamstress) Rosa Parks가 1955년 12월 1일에 Alabama 주 Montgomery 시에서 백인 승객에게 자리를 양보하기를 거부한 혐의로 체포되어 시 경찰서에서 지문을 찍히고 (fingerprinted) 있다.
[사진 (오른쪽)] Rosa Parks 사건으로 촉발되어 미국 민권운동 (the civil rights movement)의 한 중요한 승리를 거둔 the Montgomery Bus Boycott (1955-1956)을 기념하는 미국 연방의 기념우표.
사진 제공: (왼쪽) the U.S. Library of Congress; (오른쪽: 우표) © the United States Postal Service (USPS)

> example ▶ In 1924, Virginia prohibited whites from marry**ing** anyone with "a single drop of Negro blood."

> 설명 ▶ 여기서의 동명사 marrying의 의미상의 주어는 이 문장의 주어인 Virginia 주가 아니라 whites (백인들)로서 주어와 다르지만 그 점이 문맥상, 상식상, 또는 문장 구조상 이해되기 때문에 marrying의 의미상의 주어가 표현되어 있지 않다.

1924년에 버지니아 주는 백인이 "흑인의 피를 단 한 방울이라도" 가진 어느 누구와도 결혼하지 못하도록 금지했다

> example ▶ The Thanksgiving holiday centers around be**ing** grateful.

> 설명 ▶ 여기서 동명사 being의 의미상의 주어는 문맥상 또는 상식상 일반인들을 가리키는 것으로 듣는 이 또는 읽는 이가 바로 이해하기 때문에 그 주어가 표현되지 않은 것이다.

추수감사절 휴일은 감사하는 마음을 갖는 것을 중심으로 한다.

center around ...: ...를 중심으로 하다, 이루어지다, 작동되다   **grateful**: 형용. 감사해 하는

[예문: 소유격 + -ing]
example Jazz is a big part of **our** be**ing** a free country.
설명 여기서는 being a free country (자유로운 나라임)의 주어가 다른 나라가 아니라 바로 우리 미국 (we = America/the United States of America)임을 명시하기 위해 소유격 our가 동명사 앞에 사용되었다.
재즈는 우리가 자유로운 나라임의 (자유로운 나라라고 하는 것의) 한 큰 부분이다.

example Toward the end of Obama's first term as president, most Americans were sure of **his** gett**ing** reelected.
Obama의 대통령으로서의 첫 임기가 끝나갈 무렵 대부분의 미국인들은 그가 재선될 것을 확신했다.

term 명 임기, 학기, 기간   **reelect** 타동 재선시키다

example When I was just a baby, when my mother got home from work, she would take me to the movies. I'd go home and act all the parts. It has a tremendous influence on **my** becom**ing** an actor.
내가 애기에 불과했을 때 나의 엄마는 일을 하고 집에 오면 나를 영화에 데리고 가곤 했다. 나는 집에 가서 (등장 인물들의) 그 모든 역할들을 연기하고 했다. 그것은 내가 연기자가 되는데 지대한 영향을 미쳤다. – 영화 배우 Al Pacino

여기서의 **would (she would …/ I'd)**: 과거의 습관적 행위를 나타내는 조동사 would: …하곤 했다   **act** 타동 연기하다   **part** 명 (등장인물들의) 역할
tremendous 형 대단한, 엄청난   **influence** 명 영향(력)

example I do not have a problem with evolution's being taught in schools. But I do have a problem with its being the only form of creation taught in schools.
나는 진화가 학교에서 가르쳐지는 데에 대해서 문제가 없다. 그러나 나는 진화가 학교에서 가르쳐지는 (세계/우주) 창조의 유일한 형태라고 하는데 문제를 갖고 있다 (동의하지 않는다).

evolution 명 진화(론)   **creation** 명 창조(론)   **(that is) taught in schools**

[예문: 주격 + -ing]
example
Constance MacKenzie: Well, in Peyton Place, **two people** talking is, is a conspiracy. A meeting is an assignation. And getting to know one another is a scandal.
                                                                                          [*Peyton Place* (1957 film)]
설명 여기서 talking의 의미상의 주어로 표현되어 있는 것은 two people로 주격이 사용되어 있

다. two people talking ← Two people talk.

Constance MacKenzie: 근데요 Peyton Place에서는 두 사람이 말을 하면 음모를 꾸미는 거가 돼요. (두사람이) 만나는 것은 밀회고요. 서로 알게 되는 것은 스캔들이죠.

conspiracy 명 음모   **assignation** 명 만남, (특히 남녀의 비밀스러운) 밀회
scandal 명 스캔들, 추문

설명 ▶ 평온하고 사이 좋은 것처럼 보이는 미국의 작은 타운 (small-town America)의 삶의 부정적인 면으로 사람들이 남들의 삶에 지나치게 간섭하고 입방아 찧고 하는 것의 때로는 비극적일 수까지 있는 면을 지적하는 표현이다.

example
Lorelei: **A man** be**ing** rich is like **a girl** be**ing** pretty.
[*Gentlemen Prefer Blondes* (1953 film)]
Lorelei: 남자가 부자라는 것은 여자가 예쁘다는 것과 비슷하죠.

[예문: 목적격 + -ing]
example Many employers ask that their employees avoid any piercings or tattoos, and have a visceral reaction to **them** sport**ing** any of those in non-traditional spots such as eyebrows, lips, shins, or ankles.

설명 ▶ 여기서 동명사 sporting의 의미상의 주어는 앞에 온 employees인데 그것이 전치사 to의 목적어이기 때문에 목적격 대명사 them으로 표현되어 있다.

많은 고용주들은 자기 직원/종업원들이 어떤 뚫이나 (귀, 코, 눈썹, 배꼽 등을 뚫는 것) 문신을 하지 않을 것을 요구하며, 직원/종업원들이 그것들의 어떠한 것이라도 눈썹, 입술, 정강이, 또는 발목 같은 상례적이지 않은 지점에 보란 듯이 하고 다니는 것에 대해 본능적인 (본능적으로 거친) 반응을 보인다.

avoid 타동 피하다   **piercing**: (멋을 내거나 자기 표현의 한 방식으로 귀, 코, 눈썹, 배꼽 등을) 뚫는 것   **tattoo** 명 문신   **visceral** 형 본능적인, 거친   **reaction** 명 반응
sport 타동 과시하다   **non-traditional** 형 비전통적인, 관례적이지 않은
spot 명 지점, 장소   **shin** 명 정강이   **ankle** 명 발목

example After nearly four years of a war for the ultimate survival of the nation, Americans wanted an end to **their boys** dy**ing**.

설명 ▶ 여기서도 동명사 dying의 의미상의 주어는 their boys이지만 이는 주격이 아니라 실은 전치사 to의 목적어인 목적격이다.

궁극적으로 이 민족의 생존을 위한 전쟁을 거의 4년이나 치른 후에 미국인들은 자기 아들들이 죽는 것을 끝내기를 원했다.

| **ultimate** 형 궁극적인, 최종의 | **survival** 명 생존 | **nation** 명 국가, 민족 |

미국의 제2차 세계대전 말인 1945년 여름의 일본의 히로시마와 나가사키 시의 원자탄 (atomic bombs) 폭격 결정

471 명사 + of + -ing (동명사): 명사 = -ing: 동격

the vision of Jamie walking towards me
Jamie가 나를 향해 걸어오고 있는 모습

'명사 1 + of + 명사 2 (또는 동명사)'의 구조에서 전치사 of가 앞뒤의 명사/동명사를 **동격**의 어구로 (명사 1 = 명사 2) 연결하는 어법이다. 그리고 흔히 명사 2는 명사 1보다 의미가 구체적이어서 명사 1의 의미를 제한하고 구체화하는 기능을 하며 '**명사 2라(고 하)는 명사 1** (또는 명사 1이 무엇이냐 하면 명사 2)' 이라는 식으로 번역된다. 이 경우에는 어떤 vision이냐 하면 구체적으로 Jamie가 나를 향해 걸어오고 있는 것임을 나타낸다. 즉, **the vision = Jamie walking towards me** ← Jamie is walking towards me. (Jamie는 나를 향해 걸어오고 있다.) [➡ (370)]

example

Garret: And now, tomorrow, I'm going to sail to the Windy Point, and I'm going to say good-bye to you. Then I'm going to go to this woman and see if I can win her heart. If I can, I know you'll bless me and bless us all. If I can't, then I'm still blessed because I've had the **privilege of loving twice in my life**.

[*Message in a Bottle* (1999 film)]

그리고 이제는, 내일 난 the Windy Point로 항해를 가서 당신에게 작별 인사를 할 거예요. 그리고서는 이 여자분한테 가서 내가 그녀의 마음을 얻을 수 있을지 보겠어요. 그럴 수 없다면 난 그래도 축복받은 거예요. 왜냐하면 난 내 인생에 두 번 사랑한 특권을 가졌더랬으니까요.

bless 타동 축복하다
privilege 명 특권, 특전, 특혜. 여기서는 privilege = loving twice in my life

장면 Garret이 병으로 세상을 떠난 아내 Catherine에게 쓴 편지에서 아내에게 마지막 작별 인사를 하면서 새로운 사랑 Theresa를 찾아 가는 마음을 전한다.

472 will = 추측 (현재 또는 미래)

will stay with me forever
나와 함께 영원히 (남아) 있을/머무를 것이다
I'll always miss her.
저는 언제나 그녀를 그리워할 겁니다.

Cross-reference
비교 (will = 주어의 의지):
➡ (117) (121) (142) (174) (234) (527) (580)
비교 (Will you?):
➡ (320) (406)
비교 (will = 말하는 이의 의지):
➡ (138)]

'll은 조동사 will의 축약형이다. 여기서의 will은 말하는 이가 주어의 미래의 (주목: 때로는 현재의) 사건, 행위, 또는 상황에 관해 **상당한 가능성**이나 확률을 가지고 (아마도 그러리라고) **추측**하거나 **예견**하는 것으로 will의 주어의 의지나 소망 또는 고집 등을 나타내는 어법과 함께 will의 가장 대표적인 2대 어법의 하나이다. [➡ (104) (128) (316) (323) (372)]

example
Question: Do you feel the notion of a "gentleman" conflicts with modern-day thinking or still has a place in today's society?
Answer: (Julia Roberts) Being a gentleman **will** never not have a place in the world.
질문: "젠틀맨" 이라는 개념이 현대의 사고와 충돌한다고 생각하시나요, 아니면 오늘날의 사회에서도 아직 자리를 지키고 있다고 생각하세요?
대답: (미국 여배우 Julia Roberts) 신사라고 하는 것이 이 세상에서 의미가 없는 일은 결코 없을 겁니다.

notion 명 idea; concept; conception; 생각, 개념   **conflict with ...:** ...과 충돌하다; contradict   **have a place:** 의미/역할이 있다, (중요한) 위치/자리를 차지하고 있다

example Even the darkest night **will** end, and the sun **will** rise.
[Victor Hugo, *Les Misérables* (1862)]
가장 어두운 밤조차 끝날 것이며, 태양은 떠오를 것이다.

473 명사 + 부사 (명사를 수식)

the long **journey ahead**
앞으로의 그 긴 여정

ahead는 흔히 '앞으로, 앞에' 라는 의미의 부사로 쓰이는데 여기서는 명사인 journey 뒤에 놓여서 그 명사를 수식하는 형용사로 쓰여 있다. 이렇게 부사가 이따금씩 **형용사화** 해서 **명사를 수식**하는 경우들이 있는데 그런 경우 흔히 (항상 그런 것은 아니다) 명사 뒤에서 수식한다.

> **예시** night out (밖에 나가 즐기는 밤). a boys' night out: 남자들끼리 나가서 즐기는 밤 또는 밤에 나가 즐기는 것. 여자들의 경우에는 girls/ladies' night out.
> 남자들끼리 (주로 안에서) 모여 노는 모임이나 파티는 stag party (숫사슴 파티), 여자들끼리 모여 노는 모임이나 파티는 hen party (암탉 파티)라고 한다. 둘 다 비격식체적 표현들이다.

> **예시** way out (나가는 길, 빠져나갈 길); bus ticket home (집으로 가는 버스표); long-distance call home (집으로 거는 장거리 전화); road ahead (앞으로 나가는 또는 앞으로 펼쳐질 길); day off (일하지 않고 쉬는 날: day that you take off); trip/drive east (동부로의 여행/운전); trip back (돌아가는 여행).

> **예문** Study abroad can change your life. (유학은 인생을 변화시킬 수 있다.)

> **예시** away game (상대방 팀에 가서 하는 경기); off-year election (대통령 선거 (4년마다 있다)가 없는 해에 있는 선거 (← The presidential election is off that year. 그 해에는 대통령 선거가 없다.)

> **주목** 흔히 전치사로 쓰이는 낱말도 이따금 명사를 수식하는 경우가 있는데 그런 경우에도 이 패턴을 따른다.

> **예시** the day after (다음 날); the night before (전날 밤).

474 like = 전치사 = 은유/비유

But her love is like the wind.
그러나 그녀의 사랑은 바람과도 같습니다.

전치사로 쓰이는 like는 두 가지 의미를 가질 수 있다.

의미-1 Like의 기본적인 의미로 like의 목적어를 은유, 비유, 또는 유사한 성질의 대상으로 들어 앞에 오는 어구나 진술의 이해를 돕는 기능을 하며, 흔히 '(마치) ...처럼, ...같은, ...같이, ...같은 식이나 종류로' (in the same way as; of the same kind as; similar to; resembling closely; possessing the characteristics of) 등으로 번역될 수 있다.

의미-2 은유나 비유 또는 유사성의 대상이 아니라 앞에 오는 어구나 진술의 의미 범위에 들어 있는 예 (example)를 구체적으로 들어 이해를 돕는 어법으로, 흔히 '예를 들어/들자면, ...처럼, ...같은, ...같이' (for example; such as) 등으로 번역될 수 있다.

여기 like the wind에서의 like은 첫 번째 의미로 쓰였다. [➡ (8) (273) (433)]

> **example** March comes in like a lion and goes out like a lamb. [속담 (영국, 미국, 유럽)]
> 3월은 사자처럼 들어와 양처럼 나간다. (3월은 사자처럼 맹렬히 춥고 거친 날씨로 시작했다가 끝에는 양처럼 온화한 날씨가 된다.)

The Bridges of Madison County

영화 내용 Plot Summary

사랑에는 국경도 없다고 하는데 나이의 장벽은 더더구나 없다. 나이를 초월하여 사랑을 갈망하는 인간의 가슴은 언제나 사춘기 소녀 또는 청년이다. 이 영화에서는 미국 중서부 Iowa 주의 시골의 한 작은 마을에서 성실한 농부인 남편과 두 아들 딸과 함께 평범하고 평온한 가정 주부의 삶을 살아 온 원숙한 중년에 접어든 45세의 Francesca가 남편과 아이들이 옆의 주인 Illinois 주의 주 축제 (state fair)에 가있는 동안, 느닷없이 자기 마을에 있는 한 포장 다리 (covered bridge)의 사진을 촬영하기 위해 나타난 50대의 잡지 사진 기자인 Robert를 만나게 되면서 겪는 내적인 사랑의 갈구, 그리고 그렇게 새로이 발견한 인생에 한번 올까 말까 하는 사랑과 관련한 자아와 자기 삶의 과거와 현재와 미래에 대한 성찰을 섬세하게 그리고 있다.

감독/Director Clint Eastwood
주연 Actor/Actress Robert Kincaid 역: Clint Eastwood: Francesca Johnson 역: Meryl Streep

09

매디슨카운티의 다리

1995 Flim

Francesca가 Robert를 안내한 Iowa 주 서부 시골 Winterset 마을의 이 로우즈먼 다리 (the Roseman Bridge)는 이 마을의 온갖 역사와 사연이 담긴 실제의 다리이다. 다리 안쪽의 벽면에 많은 사람들의 온갖 사연들이 갖가지 필체와 방식으로 적혀 있다. 대부분이 사랑 또는 못다 이룬 사랑의 이야기이다. Winterset을 주변으로 모두 7개의 covered bridge들이 있으며 매년 10월 두 번째 주말에는 그 covered bridges에 관련된 지역의 역사와 생활과 문화를 기리는 축제가 벌어진다.
사진 제공: ⓒ Irene Bee

 **Scene**

Francesca Oh, ❹⑺⑸ there you are.
Rober You caught me. I was ❹⑺⑹ just ❹⑺⑺ picking you some flowers. ❹⑺⑻ Men still do that, don't they? ❹⑺⑻ I'm not out-of-date, am I, ❹⑺⑼ picking flowers for a woman ❹⑻⓪ to show appreciation?
Francesca ❹⑻① No, not at all.

[*The Bridges of Madison County* (1995 film)]

Words & Phrases

- **caught: catch** ((붙)잡다, 여기서는 발견 또는 목격하다)의 과거형
- **pick** 타동 따다, 집다, 고르다
- **out-of-date** 형 철 지난, 유행이 지난, 시대에 뒤진, 쓸모 없는. 빨리 발음할 때 of의 (v)음이 d와의 자음 충돌을 피하기 위해 발음되지 않는 경우가 있다 (이 복합어에서 of의 의미의 비중이 약하기 때문에 발음 또한 약하다).
- **appreciation** 명 감사, 고마워 함 < 동 **appreciate**: …를 고마와하다

장 면

1960년대의 Iowa 주의 서부의 시골 마을인 Winterset에 이 지역의 애환을 담고 있는 아름다운 포장 다리 (covered bridge)인 the Roseman Bridge를 National Geographic 잡지에 내기 위해 사진 촬영 여행을 온 사진 작가 Robert가 Francesca의 집 앞에 멈춰 길을 물으면서 Robert와 Francesca의 만남은 시작된다. Robert의 픽업 트럭에 올라타 다리까지 직접 길을 안내한 Francesca가 다리 근처를 잠시 어슬렁거리다가 개울가에서 들꽃들을 따고 있는 Robert를 발견한다. Robert는 개울 언덕을 올라오면서 감사의 표시로 Francesca에게 들꽃 한 다발을 건넨다.

번 역

Francesca	오, 거기 계시군요.
Robert	들켰네요. 부인께 드리려고 방금 꽃을 좀 따고 있었어요. 남자들 아직 그렇게 하지 않나요? 저 여자분께 감사 표시를 하려고 꽃 따고 있는 것 시대에 뒤떨어진 것 아니죠?
Francesca	아니예요, 전혀 아녜요.

475   There + 주어 (= 대명사) + be.

There you are.
거기 계시군요.

무엇이 있다고 표현할 때 영어로 'There is/are + 주어'의 구문을 사용한다. 이 구문은 독특한 구조로 부사인 there를 마치 가짜 주어처럼 문장의 주어의 위치에 놓고 일단 문장을 시작한 다음 be 동사와 주어를 도치시킨 구문이다. 그래서 '그 남자가 있다.' 또는 'Robert가 있다.' 라고 표현하자면 <u>There is the man</u>. 또는 <u>There is Robert</u>. 라고 한다. 그러나 이 There is/are 구문의 주어가 **대명사**일 때, 즉 이 경우 the man 또는 Robert 대신에 남성 주격 대명사인 he를 사용할 경우 <u>There is he</u>.가 아니라 <u>There he is</u>.로 주어와 be 동사의 어순이 정상 어순이 된다.

example
Father: Well, **there she is**, folks – the land of milk and honey, California

[*The Grapes of Wrath* (1940 film)]

 설명 ▶ There is California. California = she: → **There she is**.

주목 ▶ 여기서 캘리포니아 주를 의인화하여 여성인 she로 받아 표현하고 있다.

장면 ▶ 1930년대 후반부에 계속되는 흙먼지 폭풍 (dust storms)과 가뭄 (drought)으로 인해 오클라호마 (Oklahoma) 주의 고향땅 소작지를 떠나 가족을 이끌고 캘리포니아를 향하던 Joad 일가의 아버지가 캘리포니아를 목전에 두고 새 삶의 희망에 벅차 하는 표현이다.

example On Valentine's Day, **there you are** with no boyfriend and a zit. What to do? Chat with a new guy – or even ask someone out.

설명 ▶ There is a woman. (한 여자가 있다.) the woman = you: → **There you are**.

밸런타인 데이 (2월 14일)에 당신이 남자 친구도 없고 뽀록지만 하나 갖고 있죠. 무엇을 해야 할까요? (그냥 처량하게 앉아서 속만 상하지 말고) 새로운 남자랑 얘기를 나누시고 아니면 누군가에게 데이트를 청해 보기까지 하세요.

What (are you) to do?: What (are you going) to do?: 무엇을 해야 할까요?, 뭘 할 수 있을까요?)   **zit** 명 뽀록지; pimple; acne   **ask someone out**: …에게 데이트를 청하다. go out with someone: …와 데이트를 하다

476   just = 시간: 방금, 막

I was just picking you some flowers.
부인께 드리려고 방금 꽃을 좀 따고 있었어요.

여기서의 just는 강조를 위한 부사가 아니라 시간을 나타내는 부사로서 '방금, 막, 조금 전에, 바로 전에' (only a moment before; within a brief preceding time; just now) 등으로 번역될 수 있으며 흔히 과거, 현재 완료, 과거 진행, 또는 과거 완료 시제와 함께 쓰인다.

example The presidential motorcade was just entering downtown Dallas when the president was fatally shot.
대통령의 자동차 행렬이 댈러스 시 다운타운을 방금 들어오고 있을 때 대통령이 치명적으로 총에 맞았다.

motorcade 명 자동차 행렬   **fatally** 부 치명적으로

Topic 미국 John F. Kennedy 대통령의 1963년 11월 22일 Texas 주 Dallas 시에서의 암살

example I just started college this fall. I am 18 and sometimes I feel like I'm the only virgin on campus.
저는 이번 가을에 막 대학을 시작했는데요. 열 여덟 살인데 때로는 제가 캠퍼스에서 유일한 처녀인 것 같은 느낌이 드네요.

virgin 명 성경험이 없는 사람; 처녀, 총각

[한 18세 대학 1학년 (freshman) 여학생의 젊은이들의 성문화에 관한 표현]

example I had just started a new job at a manufacturer of computer components. One morning I asked our boss if our parts came with lifetime warranties. "Yes," he said, "our parts are guaranteed to work for the lifetime of the product. Of course, once the part is broken, the product's lifetime is over."
나는 한 컴퓨터 부품 제조 회사에서 새로 일을 막 시작했던 참이다. 어느 날 아침 내가 우리 부품들은 평생 보증을 포함하냐고 보스에게 물었다. 그가 말했다. "그럼요. 우리 부품들은 제품의 평생 동안 작동하도록 보장되어 있죠. 물론 그 부품이 고장 나는 즉시 그 제품의 평생 (수명)은 끝난 거죠."

manufacturer 명 제조사, 제조업자   **component** 명 구성원/요소, 부품   **warranty** 명 (품질) 보증서   **guarantee** 타동 보증하다   **once the part is broken** 에서의 **once**: 뒤에 절 (완전한 문장 구조)를 이끄는 접속사: 일단 ...하면   **product** 명 제품, 상품 (특히 공산품)

The Bridges of Madison County (매디슨 카운티의 다리)

477 타동사 + 간접 목적어 (사람) + 직접 목적어 (사물)

pick you some flowers
당신에게 꽃을 몇 개 따 주다

Cross-reference
비교 (make + 목적어 1 + 목적어 2):
➡ (303)

***특수 수여동사**
흔히 목적어를 하나 취하여 그것을 따다, 집다, 고르다, 선택하다를 뜻하는 pick이 여기서는 목적어를 두 개 (사람 (you) + 사물 (some flowers) 취한 타동사로 쓰여 있다. 흔히 '... 에게 ... 하다/주다, ... 를 위해 ... 하다/주다'의 의미를 가져 ('... 에게'는 긍정적, 부정적, 또는 객관적일 수 있다) 소위 **수여동사** (또는 여격동사)라고 불리는 동사로 쓰인 것이다.

주목 영어의 **수여동사**는 실제로는 한국의 영어 교육에서 가르치는 것들보다 수가 **훨씬 많고 의미도 다양**하며 원어민들의 경우 상당히 이른 나이에 터득하고 사용하기 때문에 많은 실제의 좋은 예들을 접하고 숙달하도록 노력해야 한다. [➡ (314)]

example Would you **draw me a map/the directions**, please?
[= Would you **draw a map/the directions for me**, please]
저한테 지도를/길 방향들을 좀 그려 주시겠어요? (길을 물으면서)

주목 길/방향을 묻거나 대답할 때 direction은 복수형인 direction**s**로 표현한다.

example Would you please **grab me a coffee** on your way back from the post office?
[= Would you please **grab a coffee for me** ...?]
우체국에서 돌아오는 길에 커피 하나 사다 (갖다) 줄래요?

478 부가 의문문: 긍정, + 부정?; 부정, + 긍정?

Men still **do** that, **don't they**?
남자들 아직도 그러죠 (여자에게 꽃 따서 주죠)?
I'm not out-of-date, **am I**?
저 시대에 뒤지지 않았죠?

여기서 이 문장의 끝에 붙은 don't they?와 am I?는 **소위 부가 의문문 (tag question)**으로 불리는 구문이다. 부가 의문문은 서술문 뒤에 쉼표 (,) (comma)를 치고 꼬리표 (tag)를 달듯이 부가시키는 의문문의 구조로 흔히는 (항상 그런 것은 아니다) 앞에 오는 서술문이 긍정문이면 부정 의문문의, 부정문이면 긍정 의문문의 형태를 취하여 서술문의 진술을 강조 또는 재다짐 하거나 (이런 경우 부가 의문문의 문미에서 **어조가 내려가는 것**이 보통이다) 상대방에게 물어보거나 동의를 구하는 형식을 취해 확인을 하는 (이런 경우 부가 의문문의 문미에서 어조가 올라가는 것이 보통이다) 표현 기법이다.

부가 의문문의 주어와 (조)동사는 대부분의 경우에 앞에 오는 서술문의 주어와 (조)동사와 일치하며, 부가 의문문은 문어체보다 **구어체에서 더욱 자주** 쓰인다. 이 두 문장의 경우 Robert는 내가 아무리 나이가 들고 세상이 달라졌다 하더라도 Men still do that. (남자들 아직도 여자에게 꽃을 따서 준다.) 그리고 I'm not out-of-date. (나 시대에 뒤지지 않았다.) 라고 믿고 싶고 그 점을 Francesca에게 동의받고 싶은 어감을 나타낸다. [➡ (67) (75) (91) (139) (173)]

example In the movie *The Notebook* (2004), **Noah and Allie loved** each other all the way to the end of the lives, **didn't they?**

영화 *The Notebook* (2004)에서 Noah와 Allie는 인생 끝까지 서로 사랑했잖아요?

example **Both Georgia O'Keeffe and Freda Kahlo** as feminist artists **were** far ahead of their times, **weren't they?**

페미니스트 화가들로서 Georgia O'Keeffe와 Freda Kahlo 두 사람 다 시대를 훨씬 앞서 있었죠?

[사진: 왼쪽] Georgia O'Keeffe: (1887-1986) 미국 화가. 사진제공: National Gallery of Art – Alfred Stieglitz Collection   [사진: 오른쪽] Freda Kahlo: (1907-1954) 멕시코 화가. Image Credit: Sotheby's; Original photograph by Guillermo Kahlo

The Bridges of Madison County (매디슨 카운티의 다리)

479 현재 분사 구문 = 동시/부대 상황

pick*ing* flowers for a woman
한 여자에게/한 여자를 위해 꽃을 따고 있는, 있다 하더라도

I'm not out-of-date, am I? (저 시대에 뒤지지 않았죠?) 라는 주문장에 현재분사 picking에 의해 이끌리는 소위 분사구문인 picking flowers for a woman이 부가된 구조로, 이 분사구문은 주문장의 사건, 행위, 또는 상황과 동시적으로 또는 부수적으로 발생하거나 진행되는 사건, 행위, 또는 상황을 보충적인 정보로 추가한다. 이 문장의 경우 '제 지금 한 여자분에게 드리려고 꽃들을 따고 있는데 (그래도) 저 시대에 뒤지지 않은 거죠?' 라는 뜻이 된다. [➡ (30) (33)]

example Well into the early twentieth century, a small proportion of men supported women's rights, march*ing* along with women in suffrage processions and advocat*ing* the abolition of discriminations against women.
20세기 전반에 들어서까지 소수의 남자들은 (여성) 투표권 행진들에서 여성들과 함께 행진을 하면서, 그리고 여성에 대한 차별들의 철폐를 옹호하면서 여권을 지지하였다.

into ...: 전치 ... 시대/시간대에 들어서까지 **proportion** 명 (부분의 전체에 대한) 비율
march 자동 행진하다 **suffrage** 명 (여성의) 투표권 **procession** 명 행렬, 행진
advocate 타동 옹호하다 **abolition** 명 철폐, 폐지 < **abolish** 타동 철폐/폐지하다
discrimination 명 차별

example America's Music Corridor, spann*ing* about 700 miles from St. Louis to New Orleans via Memphis, follows the Mississippi River. It features the sites where the blues, jazz, rock and ragtime were born.

설명 여기서의 spanning ... Memphis는 문장의 주어인 America's Music Corridor에 관한 보충정보 (additional/supplemental information)이라고 볼 수도 있다.
'미국의 음악 통로'는 St. Louis로부터 Memphis를 거쳐 New Orleans까지 약 700 마일에 걸치는 것으로 Mississippi강을 따라간다. 그것은 the blues, jazz, rock, 그리고 ragtime (음악)이 태어난 곳들을 보여준다.

corridor 명 복도, 통로 **span** 자동 뻗다, 뻗치다, 구간이 ...이/가 되다
via 전치 ...를 거쳐, 경유하여 (by way of ...); ...를 이용하여, ...를 수단으로 해서
feature 타동 ...를 보여주다, ...를 특집으로 다루다 **site** 명 장소, 현장

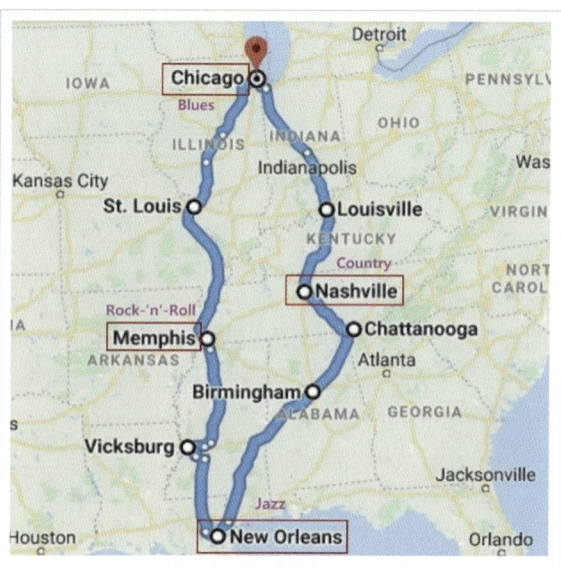

[지도] 미국 대중음악의 본고장이라고 해도 과언이 아닌 미국 중서부의 **Chicago** (blues 음악)로부터 Tennessee 주의 **Memphis** (Elvis Presley가 대표하는 rock-'n'-roll 음악)과 **Nashville** (country 음악의 대표 도시)를 거쳐 **New Orleans** (jazz 음악)에 이르는 소위 **America's Music Corridor** (미국의 음악 복도/통로).

480 to-부정사 = 목적, 의도

to show appreciation
고마움을 표시하기 위해서

여기서의 to-부정사 (to + 동사 원형: 여기서는 to show)는 '... 하려고, ... 하기 위해(서)'라는 의미의 목적이나 의도를 나타낸다 (문법적으로 목적이나 의도를 나타내는 부사의 기능을 하는 부사구이다).
[➡ (275) (461) (575)]

> example Seven golden daffodils are shining in the sun
> **to light** our way to evening when the day is done.
>
> [*Seven Daffodils*: 1957 song; Carol Kidd version, 2000]

일곱 송이의 황금빛 수선화가 햇빛 속에 빛나고 있어요
하루가 다할 때 우리의 길을 밝혀 주기 위해

481 not + at all = 부정의 강조

No, <u>not at all.</u>
아니예요, 전혀 아녜요.

이 표현은 No, (you're) not (out-of-date) at all, (picking flowers for a woman to show appreciation).에서 앞에서 진술된 내용과 반복되는 부분을 표현의 경제를 위해 생략한 것이다. 여기서의 at all은 부정을 강조하는 부사구로 '조금도, 전혀, 아예, 어떤 식으로도' (in the slightest degree; in any way) 라는 뜻이다. [➡ (423)]

example My husband is an Asian immigrant. Most of the immigrants who come to this country from Asia come here just for economic purposes. They do**n't** participate in our society **at all**.

제 남편은 아시안 계 이민잔데요. 아시아로부터 이 나라로 오는 이민자들의 대부분은 여길 경제적 목적으로만 와요. 그들은 우리 사회에 전혀 참여하질 않아요.

immigrant 명 이민자   **economic** 형 경제적인   **purpose** 명 목적
participate 자동 참가/참여하다. participate in ...: ...에 참여/참가하다

배경설명 남편이 아시아계 이민자라고 주장하는 한 미국 여자가 전국 라디오 토크쇼에서 아시안 계 이민자들의 미국 사회에의 저조한 참여에 불만을 표현하고 있다.

Scene

Francesca	**482** Would you like **484** some **483** iced tea?
Robert	Yeah.
Francesca	**485** You like lemon?
Robert	**486** Sure.
Francesca	Maybe a little bit of sugar?
Robert	**487** You bet. **488** Thanks.

[*The Bridges of Madison County* (1995 film)]

Words & Phrases

- **maybe** 부 어쩌면; 혹시; perhaps; possibly
- **a little bit of** ...: 약간의 ... (양)

장 면

Robert를 Roseman 다리까지 직접 길을 안내한 뒤 Robert의 pickup 트럭을 타고 함께 집으로 돌아온 Francesca는 Robert에게 잠시 집에 들어와 iced tea를 들고 갈 것을 권한다. 이 한잔의 – 은유적으로 약간의 설탕을 곁들인 – iced tea가 Francesca의 지금까지의 가정적이고 보수적이고 규범적인 인생관을 뒤엎는 하룻밤의 로맨스로 그리고 더 나아가 중년의 부인이자 두 아이의 엄마로서 처음으로 발견한 참사랑에 이르게 된다.

번 역

Francesca	iced tea 좀 드실래요?
Robert	예. Francesca: 레몬 좋아하세요?
Robert	물론이죠.
Francesca	혹시 설탕도 약간?
Robert	그럼요. 감사합니다.

482 Would you ...?

Would you like some iced tea?
냉차 좀 드시겠어요?

Cross-reference
비교 (would: 추측):
➡ (511)
비교 (would: 의도):
➡ (53) (513) (521)

Would you ...? 는 형태상으로만 과거형 (would)이지 미래 지향적인 두 가지 의미를 가진다. [의미-1] 상대방 (말을 듣는 이)에게 ... 하겠는가 하는 상대방의 의사를 묻는 표현이다. [의미-2] 상대방의 의사를 묻는 것이기는 하지만 기본적으로는 내가 (말하는 사람이) 상대방에게 ... 를 해 달라고 주문, 부탁, 또는 제안을 하는 표현이다. 양쪽의 경우 다 would 대신에 will을 사용하는 경우보다 정중하고 신중한 표현이다. 이 경우의 Would you ...?는 이 두 의미가 혼용된 어법이다. [➡ (146) (152) (508)]

483　iced tea의 이해

iced tea

영어권 사회에서 이민 생활을 이삼십 년 이상 해 온 교포들도 절대 다수가 이 iced tea를 ice tea라고 듣고 사용한다. Ice tea라고 잘못 알고 있기 때문에 잘못 들리고 잘못 사용함을 깨닫지 못하는 것이다. 얼음이 들어 있거나 차가운 tea (차)니 기본 메시지를 전달하는 데는 문제가 없다. 게다가 iced (aist)의 마지막 음 (t)가 뒤따르는 tea의 첫음 (t)와 중복되니 그 오해를 부추긴다. 그러나 여기서의 ice는 얼음이라는 명사가 아니라 '얼음을 더하다, 얼음을 더하거나 이용해서 차게 하다, 얼음으로 덮다' 라는 타동사로 사용된 것으로 iced는 그 과거 분사로 '얼음을 더해 또는 얼음에 의해 차게 된' 이라는 수동적인 의미를 가진다. 품사로는 형용사로 분류된다.

484　some: 의문문에 쓰인 some

Would you like some iced tea?
냉차 좀 드시겠어요?

주목 의문문에 some이 사용된 경우이다. 한국의 영어 교육에서는 부정 (비특정) 대명사 또는 형용사로 쓰이는 some (something, someone, somebody; 부사 somehow와 somewhere에도 적용)과 any (anything, anyone, anybody; 부사 anyhow와 anywhere에도 적용)의 용법에 관해 some은 긍정문에 any는 부정문 (그리고 if-조건절)에 쓰인다고 가르친다. 즉 some과 any의 사용은 그것이 사용된 문장이 긍정문인가 또는 부정문인가에 따라 서로 배타적으로 선택되는 것으로 가르친다. 그러나 이것은 some과 any에 관한 근본적인 무지와 오해다.

핵심적으로 설명하자면 some과 any는 둘 다 비록 비특정한 대상이나 수량을 가리키지만 서로 다르고 독자적인 의미와 뉘앙스를 가지며 둘 다 의문문에 (긍정문과 부정문 그리고 조건절에도) 쓰일 수 있다. 의문문에 쓰이는 대명사 any (또는 형용사로서의 any)는 그것이 지칭하는 사람/사물의 수량, 종류, 성격 등을 불문에 부치는 질문을 나타내며 언급하고 있는 내용에 대해 종종 부정적이거나 회의적인 태도를 함축한다. 이와 비교적으로 의문문에 some이 쓰이는 경우에는 그 some이 가리키는 대상물이나 사람에 대해 그 존재를 전제, 가정, 또는 인정하는 어감에 기초하여 질문을 던지는 표현이 되며 그것을 권유하거나 격려하거나 긍정적으로나 적극적으로 대

Cross-reference
비교 (부정문에서의 some):
➡ (193)
비교 (if-조건절에서의 some):
➡ (500)

하는 경우에 자주 쓰인다. 이 경우에는 iced tea가 있는데 좀 드시겠느냐고 의사를 물어보는 한편 드시는 게 어떨까 제안 또는 권하는 긍정적인 뉘앙스이다.

그러나 Would you like **any** iced tea? 라고 하면 어떤 종류나 양의 iced tea이든 (any kind or any amount of iced tea) 개의치 않고 드시겠냐는 전혀 다른 뜻이 된다. [➡ (154) (197) (412)]

example
Rachel: This kind of coat doesn't have buttons. See? Hooks and eyes.
John: **Something** wrong with buttons?
Rachel: Buttons are proud, vain. It's not plain. [*Witness* (1985 film)]

Rachel: 이런 코트는 단추가 없어요. 보이죠 (보시고 아시겠죠)? Hook과 eye들을 (단추 대신에 씁니다).
John: 단추와 관련해서 뭐가 잘못된 것이 있나요 (단추가 뭐 잘못된 건가요)?
Rachel: 단추는 건방져요, 우쭐거리고. 소박하지 않아요.

proud 형 오만한, 건방진; arrogant   **plain** 형 평범한, 소박한

▶ **설명**
Rachel이 앞에서 한 This kind of coat doesn't have buttons. See? Hooks and eyes.라는 말을 듣고서는 '아, Amish 사람들은 옷에 단추를 사용하지 않는구나.'하고 알아차린 John이 'Amish 사람들은 단추를 사용한다는 것에 대해 어떤 문제가 있다고 보는가 보다.'라고, 즉 **문제가 있음을 보거나 전제함**을 나타내는 의문문이기 때문에 이 의문문에서 대명사 **something**이 쓰여 있는 것이다. 만일 여기에 Is there anything wrong with buttons?라고 한다면, 단추에 (관해서) **아무 문제가 없음을 가정하거나 없기를 기대**하는 태도로 **혹시 무슨 또는 어떠한 문제**가 되는 것이 있냐고 물어보는 것이 되며, 이미 앞에서 Rachel이 설명해 준 이야기로부터의 자연스러운 이야기의 흐름이 깨지게 된다.

▶ **장면** 마약거래와 살인 범죄의 추적을 놓고 **Pennsylvania** 주의 **Amish Country**인 Lancaster County 일대의 한 Amish 가족을 배경으로 벌어지는, 범죄의 소탕과 Amish 여자 Rachel과 백인 형사 John Book 사이의 로맨스를 다룬 1985년의 영화 **Witness**의 한 장면이다. 마약조직의 일당과의 총격에서 허리 위로 부상을 입고 Amish 마을에 있는 Rachel의 farm house에 피신한 형사 John Book (Harrison Ford 역)에게 Rachel이 죽은 남편의 Amish 남자 겉다고리를 갖다주면서, 왜 이 옷에는 단추가 없는 지를 설명한다. Amish 사람들은 단추나 지퍼가 허영심과 건방짐을 부추긴다고 생각하여 사용하지 않고, 대신에 양 고리가 서로 겹치는 **hook**과 **eye**를 사용한다.

▶ **역사와 문화** **Amish**:
원래 17세기 후반에 독일과 스위스를 중심으로 순수파 분리주의자들 (Separatists)로 형성이 되었던 개신 기독교의 한 그룹으로, 18세기 초에 미국으로 이민을 와서 처음에는 미국의 Pennsylvania 주의 동부인 오늘날의 Lancaster County 일대에 정착하게 되었다 (이들이 그때 정착하여 오늘날까지 살고 있는 이 지역을 아직도 **'Pennsylvania Dutch Country'**라고 부른다). 그 이후로 점차적으로 Ohio, Indiana, Illinois, Wisconsin을 포함한 미 중서부 일대로 퍼져 집단적으로 정착하였다.

검소하고 순수한 삶만이 신에게 가까울 수 있는 바른 길임을 믿는 Amish 사람들은 현대의 과학기술과 세속적 즐거움을 피하고, 옛날 방식대로 농사를 지으며 수공예나 장인 일을 하며 살아간다. 교통수단으로는 자동차 대신에 마차를 (말 뒤에 사각형 박스 모양의 buggy가 달려 있다), 의복에는 지퍼와 단추 대신에 고리 형의 hook과 hook이 걸리는 eye를 사용한다 (지퍼와 단추가 허영심과 오만함을 부추긴다고 생각한다). 유아 세례, 군대, 사형 등을 반대하며, Amish 교회법을 어기는 사람에게는 공동체로부터 차별하고 외면하는 벌을 부과하며, 아동 교육은 8학년에서 끝마친다.

Amish의 문화적 전통과 관례들을 모르는 대부분의 미국인들은 Amish하면 피상적으로 말과 buggy, 수염을 기르고 창이 넓은 모자를 쓴 남자와 긴 치마를 입고 수수한 모자를 쓴 여자를 연상한다. 오늘날 미국에 살고 있는 Amish 전체의 인구로는 상당히 폭넓게 다른 통계가 있으나, 약 25만 명으로 보는 것이 가장 근소한 숫자로 추산된다.

[사진] 일명 Pennsylvania Dutch Country로 불리는 미국 동부 Pennsylvania 주의 Lancaster County에서, 옛날 방식대로 쟁기를 사용하여 밭을 갈고 있는 한 Amish 농부와 그 곁을 지나고 있는 Amish horse and buggy. 사진 제공: ⓒ Brothers Gentry

[사진] Ohio 주의 한 Amish 마을에서 옛날의 도구들을 사용하여 작업을 하고 있는 한 Amish cabinet maker.
사진 제공: ⓒ Randy Habfam

[사진] Ohio 주의 한 Amish 마을에 있는 한 Amish 가정의 침실. Amish 삶의 검소하고 소박한 모습을 바로 느낄 수 있다.
사진 제공: © Chuck Janco

[사진] Pennsylvania 주의 Lancaster County에 있는 한 Amish 마을에서 쉬고 있는 Amish 아이들.
사진 제공: © Bob Jagendorf

[사진] 검소함, 순수함, 정교함으로 정평이 있는 Amish의 홑이불 (quilt)을 기리기 위해 2001년에 발행된 미국 연방정부의 우표.
© the United States Postal Service (USPS)

[사진] Amish 사람들이라고 현대 문명과 주변 세계로부터 완전히 떨어져 사는 것은 아니다. 그들의 삶의 터전 바로 곁에 현대 문명과 주변 세계로부터 정신적 그리고 물질적 압력과 유혹은 끊임이 없다. Pennsylvania 주의 **Lancaster County**를 지나는 포장도로 위에 주류 사회의 미국인들이 몰고 가는 차량들 속에 길을 가고 있는 한 **Amish horse and buggy**.

사진 제공: ⓒ Darragh Sherwin

485 서술문 + ? = Yes-No 의문문: 어법 (1): 중립적, 객관적

You like lemon?
레먼 좋아하세요?

이 문장은 구문 형태상으로만 주어 + 술부의 어순을 취하고 있는 서술문이지 의미, 의도, 기능, 효과 모든 면에서 의문문이다 (서술의문문이라고 한다). 서술의문문은 서술문의 형태를 취하여 [어법-1] 객관적, 감정 중립적으로 질문하는 [어법-2] 상대방의 진술에 대해 놀라움, 믿기 어려움, 역겨움, 반감, 반대, 빈정거림, 비판 등 감정적 반응이나 주관적 판단을 표현하는 유형의 두 어법이 있으며, 두 어법 모두 기본적으로 일상적 구어 표현이나 비격식체의 스타일이며 Yes-No 의문문에서처럼 문미에서 어조가 올라가며 글로 쓸 때는 의문부호로 끝맺는다. 이 문장은 [어법-1]의 문장으로서 레먼을 좋아하는지 상대방의 취향을 객관적으로 묻는 표현이다.
[➡ (300) (411) (457) (489)]

Cross-reference
비교 (서술문 + ? = Yes-No 의문문: 주관적, 감정적):
➡ (37) (81) (99) (178) (251) (304)

example

Finn: (granddaughter) So, **this quilt is** something you're making for the State Fair**?**
Hy: (grandmother) It's your wedding quilt, honey.

[*How to Make an American Quilt* (1995 film)]

Finn: (손녀) 그래 이 홑이불을 state fair에 가져가서 선보이려고 만들고 계신 거예요?
Hy: (할머니) (아니야) 얘야, 너 결혼할 때 (기념으로) 네게 줄 이불이란다.

> example

Laurie: **You are** spending Christmas with your folks**?**
Joe: No, I have an opportunity to work full time over Christmas, earn a little extra money. [*Gross Anatomy* (1989 film)]
Laurie: 크리스마스 식구들하고 함께 보낼 예정이야?
Joe: 아니, 크리스마스를 걸쳐 풀타임으로 일해서 돈을 좀 더 벌어 둘 기회가 있어.

> 장면 ▶ 의대 classmates인 Laurie와 Joe. 집이 부유한 Laurie는 크리스마스 때에 집에 가서 가족들과 쉴 수 있으나, 가난한 어부의 아들인 Joe는 캠퍼스에 남아 학비를 벌기 위해 풀타임으로 일을 해야 한다.

486 형용사 = 부사: sure

Sure.
그럼요, 물론이죠

여기서의 sure은 형태상으로는 '확실한, 확실해 하는'이라는 형용사형이지만, 기능상으로는 '물론, 확실히, 분명히'라는 부사인 surely와 같은 부사인데, surely에 비해 주로 구어체와 비격식체에서 쓰인다. 같은 의미로 부사인 certainly, definitely, absolutely, positively를 쓸 수 있는데 (Of course. 또는 **You bet**. 또는 **And how!** 라고도 할 수 있다), 주의할 점은 이 부사들은 이 의미로 부사형 어미 -ly가 없는 형용사형으로는 부사로 사용할 수 없다. [➡ (141)]

> example

Nathan: That was some meal you fixed, Miss Rebecca. And I **sure** wanna thank you.
Rebecca: I'm **sure** glad you liked it, Nathan. Nathan: You know, I missed them dumplings almost as much as I missed you. [*Sounder* (1972 film)]
Nathan: Miss Rebecca, 만들어 주신 식사 훌륭했어요. 정말 감사드리고 싶어요.
Rebecca: 좋아하셨다니 정말 기쁘네요, Nathan.
Nathan: 있잖아요, 거의 당신을 그리워했던 만큼이나 저 만두도 그리웠네요.

some meal: 주목: 여기서의 **some**은 훌륭하다, 놀랍다, 대단하다는 형용사의 기능을 한다; awesome, amazing, wonderful
fix 타동 여기서는 요리하다, 만들다; cook, make
(비격식체/구어체) That was **some** meal you fixed.: (Standard English) It/That was some meal that you fixed.
주목 ▶ **them + 복수명사**: (비격식체/구어체, 저교육체) them dumplings = those dumplings

The Bridges of Madison County (매디슨 카운티의 다리)

487 You bet.과 유사한 표현들

You bet.
그럼요, 물론이죠

여기서의 bet은 원래 '내기를 걸다' 라는 뜻의 동사인데 You bet. 또는 You bet!의 형태로 쓰여 '당신이 내기를 걸어도 좋다, 내가 확실하다' 라는 의미에서 '그럼(요), 물론(이죠), 확실히, 분명히' (Sure(ly)., Certainly., Of course., Absolutely., Definitely., Positively., And how.) 라는 뜻을 나타내며 구어체의 표현이다. 상대방이 고마움을 표시할 때 You're welcome. (원래 언제든 해드릴 수 있다, 환영한다는 뜻); My pleasure. (오히려 제가 해 드리게 되어 저의 즐거움이라는 뜻); No/Not a problem. (제게 전혀 아무 문제가 아닙니다 라는 뜻); Don't mention it. (그런 말씀 마세요 라는 뜻) 등과 같은 예의 바른 대답으로도 자주 쓰인다. 더욱 비격식체적이고 친근한 어감을 나타내기 위해 You betcha./! 라고도 한다. (betcha의 기원은 bet you(rself)를 빠르고 친근한 어감을 주도록 발음한 것을 표기한 것으로, 즉 너 자신을 내기에 걸어라, 그만큼 확실하다, 물론이다 라는 뜻이다.) 대단히 비격식체적이거나 다소 거친 어감이 있거나 점잖은 자리에서 피하는 것이 좋은 유사한 표현들로 (You can) Bet your (sweet) bippy/ (sweet) life/ ass/ boots/ bottom dollar/ last nickel/ farm/ ranch/ rent/ whiskers/ shirt 등이 쓰이기도 한다.

example
Question: Should you say excuse me after you sneeze?
Answer: **You bet**. "Bless you!" is the proper response.
질문: 재채기를 하고 나면 실례합니다 라고 말해야 하나요?
대답: 물론입니다. (그에 대한) 올바른 응답은 "Bless you!" 입니다.

 여기서의 Bless you!는 (당신이) 당신을 축복하라는 명령문이 아니라 ((May) God) bless you! (신이 당신을 축복하시길, 하느님께서 당신께 축복을 내리소서!) 라는 기원문에서 God 또는 May God이 생략된 형태이다.

488 Thanks:

Thanks.
고맙습니다

➡ (337) (374)
안부를 묻는 인사말인 compliments와 regards인 복수형: ➡ (283)

고마움을 표현하는 말로 thank를 명사로 사용하는 경우에도 하나의 고마움이라도 항상 복수형인 thanks를 사용하며, 축하를 하는 표현도 하나의 일/경우를 축하할 때도 항상 복수형인 congratulations/congrats를 사용한다. 칭찬/찬사의 의미가 아니라 잘 계시냐, 잘 계시라는 안부 인사로 쓰이는 경우의 compliment (kom´•plə•mənt) 역시 관용적으로 복수형인 compliments로 사용된다. 같은 안부의 인사인 wishes와 regards 또한 (best wishes/ regards) 항상 복수형으로 표현된다. [➡ (283) (337) (374) (488)]

Norman: How wonderful you look. Really. You look great.
Allison: Thank**s**.   [*Peyton Place* (1957 film)]

Norman: 엄청 예쁘네. 정말. 아주 멋져. Allison: 고마워.

Scene

Robert: ⟨489⟩ You ⟨490⟩ like living here in Iowa? ⟨491⟩ I guess, ⟨492⟩ huh?

Francesca Hmm. (Hesitating to give a ready and straightforward answer as yet) Yeah.

Robert ⟨493⟩ Go ahead. ⟨494⟩ I'm not gonna tell anyone. (Francesca giggles.)

Francesca Oh, it's ⟨495⟩ just fine. ⟨496⟩ The people are ⟨497⟩ real nice. ⟨498⟩ You know, we all ⟨499⟩ help each other out. ⟨500⟩ If someone gets sick or hurt, all the neighbors come in, and they pick ⟨501-a⟩ the corn, harvest ⟨501-b⟩ the oats, or ⟨502⟩ whatever needs to be done. If you go into ⟨503⟩ town, you can ⟨504⟩ leave your car unlocked, and, uh, let ⟨501-c⟩ the kids run around, and don't worry about them. Yeah, there are a lot of nice things about ⟨496⟩ the people here. But …

Robert But?

Francesca ⟨505⟩ Well, it's not ⟨506⟩ what I dreamed of ⟨507⟩ as a girl.

[*The Bridges of Madison County* (1995 film)]

Words & Phrases

- **guess** 자동/타동 추측하다
- **hesitate** 자동 주저하다. hesitate + to-부정사: … 하기를 주저하다
- **ready** 형 준비된
- **straightforward** 형 솔직한, 직설적인

The Bridges of Madison County (매디슨 카운티의 다리)

- **as yet**: 아직(은)
- **help out**: 완전히/크게 도와주다. out은 강조의 부사
- **sick** [형] 아픈
- **hurt** [형] 다친, 상처 입은. 원래 hurt (다치게 하다, 고통을 주다)의 과거분사.
- **neighbor** [명] 이웃 또는 동네에 사는 사람
- **corn** [명] 옥수수
- **harvest** [타동] 수확하다, 거두어 들이다
- **oat** [명] 귀리
- **leave** [타동] 떠나다, 내버려두다
- **unlocked**: unlock ((문이나 상자 등의) 자물쇠를 열다)의 과거분사로 '자물쇠가 열려진' 이라는 수동적 의미
- **kid** [명] (비격식체) 아이, 자식
- **worry** [자동] 걱정하다
- **dream** [자동] 꿈꾸다

번 역

Roseman 다리로부터 돌아온 Francesca와 Robert는 Francesca 집 안에 들어와 식탁에 앉아 iced tea를 나누며 서로의 삶에 관한 가벼운 대화를 시작한다. 대화가 점차 진행되면서, Francesca는 외딴 시골 마을에서 한 가정 주부이자 엄마로서 살아가는 자기의 모습과 대조적으로 넓은 세상을 자유로이 다니는 야성과 사진 작가로서의 지성과 섬세함을 지닌 Robert에게 서서히 끌리면서, 처음에는 주저하다가 그녀의 일견 평화롭고 안정된 삶이 실은 그녀가 원래 꿈꾸었던 이상과 거리가 있다는 속 마음을 털어 놓는다.

장 면

Robert 아이오와에 사시는 게 좋으세요? 그러신가 보죠?
Francesca 음. (즉각적이고 솔직한 대답을 하기를 아직은 주저하면서) 예.
Robert 말씀하세요. 저 누구한테도 얘기 안 해요. (Francesca가 깔깔 웃는다.)
Francesca 오, 그것 (이곳 Iowa에 사는 것) 아주 좋아요. 사람들이 정말 좋아요. 있잖아요, 우리 모두 서로 돕지요. 누가 아프거나 다치게 되면 모든 이웃들이 몰려들어 옥수수를 따고 귀리를 거둬들이고 아니면 할거는 뭐든지 (따거나 거둬들여 주죠). 마을 내로 가면 차도 잠그지 않은 채 내버려둘 수 있고, 그리고, 어, 애들을 뛰놀게 놔두고도 그 애들 걱정 하지 않아도 돼요. 예, 여기 사람들 좋은 점들이 많아요. 근데 ...
Robert 그러나 (뭐죠)?
Francesca 근데 이게 제가 소녀적에 꿈꿨던 것은 아니예요.

489 서술문 + ? = Yes-No 의문문: 어법 (1): 중립적, 객관적

<u>You</u> <u>like</u> living here in Iowa?
이곳 아이오와에 사는 게 좋으세요?

이 문장은 구문 형태상으로만 주어 + 술부의 어순을 취하고 있는 서술문이지 의미, 의도, 기능, 효과 모든 면에서 의문문이다 (서술의문문이라고 한다). 서술의문문은 서술문의 형태를 취하여 (1) 객관적, 감정 중립적으로 묻는 어법과 (2) 상대방의 진술에 대해 놀라움, 믿기 어려움, 역겨움, 반감, 반대, 빈정거림, 비판 등 감정적 반응이나 주관적 판단을 표현하는 유형의 두 어법이 있으며, 두 어법 모두 기본적으로 일상적 구어체의 표현이나 비격식체의 스타일이며 Yes-No 의문문에서처럼 문미에서 어조가 올라가며 글로 쓸 때는 물음표로 끝맺는다. 이 문장은 어법 (1)의 문장이다.
[➡ (300) (411) (457) (485)]

Cross-reference
비교 (서술문 + ? = Yes-No 의문문: 주관적, 감정적):
➡ (37) (81) (99) (178) (251) (304)

example We all love to go to some place for vacation in summer. As school's out and the heat builds up, we all get anxious to travel to one of our dream destinations. <u>People</u> living in such dream areas like Hawaii, Florida, Vermont, the Bahamas, or the like also <u>travel</u> to a vacation spot in some other place? You bet.
우리 모두가 여름에는 휴가를 위해 어딘 가로 가고 싶어 합니다. 학교가 방학을 하고 열기가 쌓이면서 우리 모두가 꿈에 그리는 목적지들의 하나로 여행을 가기를 열망하게 되죠. 허와이, 플로리다, 버만트, 버해머즈 (바하마) 섬들이나 그런 꿈의 지역에 사는 사람들 역시 다른 곳에 있는 휴양지로 여행을 가나요? 물론이죠.

school's out: (학교가) 방학이다 **The heat builds up.**: (여름의) 열기/온도가 쌓이다/상승하다 **anxious + to-부정사**: …하고 싶어하는, 열망하는, 조바심내는 **dream destination** 명 꿈에도 그리는 휴가지 **You bet.**: Absolutely/Positively/Certainly; (For) sure; Of course

490 like + -ing (동명사); like + to-부정사

<u>like</u> liv<u>ing</u> here in Iowa
이곳 아이오와에 사는 것을 좋아하다

…를 좋아한다는 타동사 like는 목적어로 동사형을 취할 경우 –ing (동명사) 또는 to-부정사 형을 취한

다. 원어민이 이 두 형태를 사용할 때 그 의미의 차이를 항상 뚜렷이 구분하여 사용하는 것은 아니다. 그러나 일반적으로 말해서 **like + -ing**를 사용하는 경우에는 흔히 **일반적**, **장기적**, **습관적**으로 하는 또는 지금 또는 요즈음에 하고 있는 행위에 대한 선호, 기호, 취향을 나타내며, **like + to-부정사**는 일시적이거나 특정한 상황에서의 또는 **미래 지향**적인 기호나 바램을 나타내는 경향이 있다. (like 대신에 love가 사용되는 경우도 마찬가지다.) 이 경우에는 Francesca가 Iowa 주에 오래 살아온 경험을 바탕으로 Iowa에 사는 것, 살고 있는 것이 좋으냐는 어감이다.

[like + -ing]

example

Pino: I'm sick of niggers. I don't **like being** around them. They're animals.
Sal: Why you got so much anger in you?   [*Do the Right Thing* (1989 film)]

Pino (아들): 전 깜둥이들 진저리가 나요. 그 놈들 주변엔 있기도 싫어요. 짐승들이예요.
Sal (아버지): 너는 왜 니 안에 그리도 많은 분노를 갖고 있니?

sick of …; tired of …; sick and tired of …: …이/라면 넌저리가/신물이 나는
nigger 명 Black (American), African-American의 극도로 혐오적이고 경멸적인 속어. 절대 사용을 자제할 것   **anger** 명 분노; fury

장면 ▶ New York 시 Brooklyn의 한 흑인 동네에서 피자 가게를 운영하고 있는 아버지 Sal의 아들 Pino가 흑인들에 대한 극도의 미움을 터뜨린다.

example I **like** be**ing** a woman; I respect the right of women to stay home.
저는 여자인 것이 좋아요. 저는 여자가 (밖에 나가 일하지 않고) 집에 있을 권리를 존중해요.

[like + to-부정사]

example If you **like to travel** in America and also abroad, visit Cajun Country and you will think you have done both.
미국 내에서 그리고 해외에서 여행하고 싶으시면 (여행하기를 원하시면) Cajun 지방을 방문하시면 양쪽을 다 했다고 생각하실 것입니다.

Cajun (´kei·jən) **Country:** 미국 남부 루이지애나 (Louisiana) 일대의 지역으로 매콤한 Cajun 음식과 어코디언 (accordion)을 중심으로 한 경쾌한 템포의 음악이 독특하고 프랑스의 전통이 강하게 남아 있는 지역이다.

example Some Republicans **like to scream** "class warfare" whenever anyone says that the affluent should pick up more taxes.
어떤 (어느 정도의 수의) 공화당 사람들은 누군가 부유한 사람들이 더 많은 세금을 내야 한다고 말할 때면 "계급 전쟁"이라고 소리치길 좋아한다.

Republican 명 (미국) 공화당 사람 (당원, 유권자)　　**scream** 타동 ...라고 비명을 지르다　**class warfare**: 계급 전쟁　**affluent** 형 wealthy; rich; 부유한. the affluent (rich/wealthy): affluent people; 부유한 사람들　**pick up** 타동 여기서는 ...를 내다/지불하다　**tax** 명 세금

491　so = 지시 대명사: guess (so); think (so)

I guess (so).
그러실 거라고 짐작이 되네요, 그러실 거예요.

여기서의 I guess.는 I guess so. (so = that you like living here in Iowa)가 비격식체 구어체의 표현에서 so가 생략된 경우이다. 이 어법의 so는 앞에 온 진술을 가리키는 지시 대명사로 가장 흔히는 do so (그렇게 하다), say so (그렇게 말하다), think so (그렇게 생각하다) 등의 표현에 쓰인다.
여기서 so는 앞에 온 진술인 that you like living here in Iowa (부인께서 이곳 Iowa 사는 것을 좋아하신다는 것을)을 뜻한다.

[주목] 국내의 영어교육에서는 가르치지 않지만 실제의 비격식체의 구어체 영어에서는 **guess, think, hope, believe, suppose + so**의 so가 종종 생략된다. [➡ (520) (532)]

example

Gus: Wow, you're really on it, aren't you?
Lee: Hmm? Studying? Yeah, **I guess.**　　　　[*Mr. Wonderful* (1993 film)]
Gus: 와, 너 정말 그 일 (공부) 열심이네?
Lee: 음? 공부하고 있다고? 응, 그런가 봐.

be on it = be into it; be absorbed/engrossed in it; be big on it; (그 일/하고 있는 일에) 몰두해 있다. (문맥상) focused on your study: 공부에 집중하고 있는

 전기 기사인 Gus가 이혼한 전아내인 Lee를 집에 찾아가 Lee가 이혼 후 대학에 등록해서 열심히 공부하고 있는 모습을 보고 놀란다.

example

Rocky: (to Adrian) You're very shy by nature.
Adrian: **I suppose.**　　　　[*Rocky* (1976 film)]
Rocky: (Adrian에게) 천성적으로 아주 수줍어 하나 봐.
Adrian: 그런가 봐요.

by nature: 천성적으로; naturally　　**I suppose (so).**

장면 ▶ 추수감사절 (Thanksgiving Day) 저녁에 실내 스케이트장에서 첫 데이트를 하고 Rocky 와 Adrian이 동네로 돌아오면서 대화를 나누고 있다.

example ▶ Honey, it would be a great idea to take our kids to Mount Rushmore for our family vacation this summer. Don't **you think**?

여보, 이번 여름에 애들을 우리 가족 휴가로 Mount Rushmore에 데려가는 게 아주 좋은 생각일 거야. 그렇게 생각하지 않아?

---

take + 사람 + to + 장소: ...를 ...로 데리고 가다   Don't you think (so)?

[사진] 미국 South Dakota 주에 있는 **Mount Rushmore** (큰바위 얼굴)는 미국의 핵심적인 상징물들의 하나로 여름 방학 동안 전국으로부터 아이들을 데리고 찾아 오는 방문 가족들이 끊임없다. 왼쪽으로부터 **George Washington** (미국의 탄생을 상징한다), **Thomas Jefferson** (미국의 성장/팽창을 상징한다), **Theodore Roosevelt** (미국의 발전을 상징한다), 그리고 **Abraham Lincoln** (미국의 보존을 상징한다) 대통령의 얼굴이 Mount Rushmore의 화강암 벽에 크게 새겨져 있는 Mount Rushmore National Memorial.   사진: ⓒ 박우상 (Dr. David)

492 부가 의문문: ..., huh?

I guess, huh?
그러실 것으로 짐작되는데요? 그러신 것 아닐까요?

흔히 놀라움, 믿기 어려움, 황당함, 무시, 경멸, 또는 웃긴다는 느낌이나 감정을 나타내는 감탄사인 **huh** 가 서술문 뒤에 추가되어 상대방에게 앞에 오는 서술문의 진술에 관한 동의를 구하거나 확인하게 하는 **부가의문문**을 만드는 경우이다. 이 경우 '부인께서 이곳 Iowa에 사는 것을 좋아하신다고 내가 짐작이 가는데 그런 게 아닌가요, 어떠세요?' 정도의 어감이다. [➡ (331)]

example You're saying this war on terrorism is making America safer and freer, **huh?**
이 테러에 대한 전쟁이 미국을 더 안전하고 자유롭게 한다는 말씀이시군요?
[와, 웃긴다, 답답한 소리다라는 어감]

example
Hunt: Hey, the pizza shop's closed, **huh?**
Audrey: Yeah. Yesterday. And next week, the barbershop, the record store ... The only one who's doing well is the guy who rents U-Hauls.   [*Gung Ho* (1986 film)]
Hunt: 헤이, 저 피자 가게가 문을 닫았네, 어?
Audrey (여자 친구): 응. 어제. 그리고 다음 주엔 이발소, 레코드 가게 ... (등이 닫았어). 잘 굴러가고 있는 유일한 사람은 (이삿짐을 나르는 트럭인) U-Haul 트럭들을 빌려주는 친구 뿐이야.

barbershop 명 이발소
U-Haul 명 You haul. (당신이 (당신의 이삿짐을 직접) 끈다/몰고 이사한다)는 뜻에서 기원한 미국의 이삿짐 운반 트럭과 트레일러 대여점 체인 브랜드, 또는 그 회사의 트럭/트레일러

장면 Hunt가 일본에 일본 자동차 제조회사와 협상을 위해 갔던 출장에서 돌아오는 길에 자기 동네의 피자 가게가 문을 닫은 것을 보고, 일본 기업들은 미국에 진출해서 날로 번창하고 미국 기업들은 문을 닫고 해외로 공장을 내보내는 등 보통 근로자에게 힘든 상황이 진행되는 것에 반감을 느낀다.

493 Go ahead.

Go ahead.

문자대로는 '앞으로 가다' 라는 뜻인데 구어체에서 보다 흔히 쓰여 상대방에게 주저 없이 또는 지체 없이 하라고 (proceed without hesitation or delay) 주문 또는 동의나 허락을 하는 표현이다. [주의] 상황에 따라서는 '하려면 해봐라 (그 결과에 대해서는 네가 책임지게 하겠다)' 라는 자극적이거나 위협적인 표현이 되기도 한다. 다른 구어체 표현으로 **Be my guest**. 라고도 한다.

example
Josh: I'm pissed at you.

The Bridges of Madison County (매디슨 카운티의 다리)

Oliver: So, what do you wanna do about it? You wanna take a swing at me? Is that gonna make you feel better? Then **go ahead**. (They hug each other tight.)

[*The War of the Roses* (1989 film)]

Josh (아들) 나 아빠한테 뿔따귀 났어요.
Oliver (아버지) 그래 니가 화나서 뭘 (어떻게) 하고 싶니? 날 한방 치고 싶니? 그렇게 하면 기분이 나아질 것 같으니? 그럼 그렇게 해 (날 때리거라). (두 사람 서로를 꼭 껴안는다.)

---

pissed (off): (속어: 정중한 자리에서 피해야 할 표현) 화난; infuriated, angry
take a swing at ...: ...를 치다, 패다, 때리다

장면 대학으로 가기 위해 집을 떠나는 Josh가 이혼을 한 부모를 무책임하다고 생각하며 분노를 아버지 Oliver에게 터뜨린다. 그러다가 곧 마음을 가라앉혀 Oliver를 껴안는다.

example I have only one thing to say to the tax increasers. **Go ahead** – make my day.
[President Ronald Reagan, 3-25-1985]

세금을 올리는 자들에게 제가 할 말은 딱 하나가 있습니다. 그렇게 (하려면) 해 보시라 – 저의 오늘을 멋지게 해 주시죠.
[Make my day.는 '내 이 하루를 멋지게, 즐겁게, 뜻 깊게, 또는 가치 있게 해달라'는 표현인데 여기서는 반어법으로 쓰였다.]

배경설명 작은 정부 (small/minimal government), 낮은 세금을 주장한 Ronald Reagan 대통령 (1981-1989)이 민주당 정치 지도자들에게 한 표현이다.

494   be going to = 주어의 의지

I'**m** not **gonna** tell anyone.
아무한테도 말 안 할 거예요.

Gonna는 **going to**를 비격식체적 구어체에서 빨리 발음한 것을 표기한 것이다. 여기서의 'be going + to-부정사' 형태는 (주어가 ... 할/하는 것이 당연하다든지 **순리** 또는 **논리적**으로 생각된다든지 **가능성**이 높다든지를 표현하는 어법과 함께) 이 형태의 대표적인 어법의 하나로 말하는 또는 글쓰는 이가 (자신이 아니라: 물론 주어가 I일 경우에는 동일인이다) 주어가 앞으로 ...할 **의사**, **계획**, 작정, 고집, 결심이라고 단언적으로 또는 상당한 가능성이나 근거를 함축하면서 진술한다.
[➡ (365) (555)]

Cross-reference
비교 (추측: 가능성, 순리):
➡ (40) (78) (93) (306)
(453) (518) (570)
비교 (be going to = 말하는 이의 의지):
➡ (32)

example If you're **going to** tip badly, don't go back to the same restaurant.
팁을 형편없이 낼 거면 같은 음식점으로는 다시 가지 마세요.

example I'm **going to** love you for the rest of my life. It doesn't matter whether you're **going to** love me back or not.
저는 당신을 제 여생 내내 사랑할 겁니다. 당신이 저를 사랑해 줄지 아닐지 하는 것은 상관 없어요.

It (가주어) = whether ... or not (진주어/의미상의 주어)   matter 자동 중요하다

495 just = 강조의 부사

just fine
아주, 확실히 좋은, 좋기만 한

여기서의 **just**는 '딱, 꼭, 바로, 정말, 확실히, 정확히/분명히 말하자면 (precisely, exactly, right, really, positively, certainly, absolutely)'이라는 뜻의 **강조**의 **부사**이다. 이 경우에는 내가 이곳 Iowa에 사는 것이 정말 좋다, 좋기만 하다는 어감이다. [➡ (159) (349) (383)]

example Cut the cost of health care? How? By punishing drug companies, imposing price controls? This is **just** an absolute assault on capitalism. Disgusting!
의료 가격을 낮춘다고요? 어떻게? 제약회사들을 처벌하고 가격 통제를 부과해서? 이건 분명 자본주의에 대한 절대적인 공격이에요. 역겹네요!

impose 타동 (처벌 (penalty, punishment), 벌금 (fine), 세금 (tax), 행정/사법 조치 등을) 부과하다   **absolute** 형 절대적인, 전적인   **assault** 명 공격
(Do you/we want to) cut the cost ...?/ (Should/Do you/we have to cut the cost of health custom?

배경설명 한 보수주의적인 radio talk show의 호스트가 미국의 진보진영이 주장하는 의료 비용 인하 방안들을 비판하고 있다.

496 people; the + people

The people are real nice.
이곳 사람들 정말 좋아요.

막연하게 세상의 일반적인 사람들을 뜻할 때는 앞에 부정관사 a든 정관사 the 든 쓰지 않고 복수형인 people 이라고 표현한다. [예] Liberty cannot be preserved without knowledge among **people**. (자유는 사람들 간에 지식이 없이는 유지될 수 없는 것이다.) 그러나 그 사람들이 누구인지 문맥상, 상식적으로, 또는 말하는 이와 듣는 이 간에 암묵적으로 이해되거나 어떤 **구체적**인 사람들인지 드러날 경우에는 **특정화**하는 정관사 **the**를 people 앞에 놓는다. 이 경우 대부분 시골 사람들인 Iowa 주의 사람들이거나 Francesca가 사는 지역의 사람들을 뜻한다.

example Our great republic is a government of laws and not of men. Here, **the people** rule.　　　　　　　　　　　　　　　　[President Gerald Ford, 8-09-1974]
우리의 위대한 공화국 (미국)은 법의 정부 (통치)이지 인간의 정부가 아닙니다. 여기서는 이 나라의 국민들이 통치합니다.

republic 명 공화국. 왕 (군주, monarch)가 아니라 국민/시민이 주권자 (sovereign)인 정치체제
rule 자동 통치/지배하다

example Twenty-five percent of **the people** entering the work force are immigrants and minorities, many with language or education barriers.
(그냥 일반적인 사람들이 아니라 요즘에) 직업을 시작하는 사람들의 25 퍼센트가 이민자들과 소수 인종들이며, (그들의) 많은 수가 언어와 교육 장애를 갖고 있다.

enter the work force/workforce (보다 종종 한 단어로 붙여 쓴다): 직장/근로 생활을 시작하다
minorities 명 (인종적, 민족적, 또는 문화적, 종교적, 성적) 소수인들, 소수 그룹들
barrier 명 장애물, 장벽

497 형용사 = 부사: 정도의 강조 부사: real, good, bad, awful, mighty, plain, wicked

real nice
정말 좋은

여기서의 **real**은 흔히 쓰이는 '사실인, 실제인' 이라는 형용사로 쓰인 것이 아니라 '정말, 아주' (very, extremely, enormously) 라는 뜻의 정도의 **강조 부사**인 really의 비격식체적 **구어체**의 표현이다. **Good, bad, awful, mighty, plain, wicked** 역시 well (아주, 잘), badly (아주, 몹시), awfully (대단히, 아주), mightily (대단히, 아주), plainly (아주, 단적으로, 명백하게), wickedly (아주, 완전히, 정말) 대신에 비격식체적 **구어체**에서 정도의 **부사**로 대단히 자주 쓰인다.

> **example** We need coffee, and we need it **bad**. And it has to be good. **Real** good. And we want it now! Across the nation we are java junkies.

우리는 커피를 필요로 하며 그것도 몹시도 필요로 한다. 그리고 커피는 좋아야 한다. 아주 좋아야 한다. 그리고 우리는 그것을 지금 당장 원한다. 이 나라 온 사방에 우리는 커피 중독자/광들이다.

java 명 (속어) 커피; joe (속어)
junkie 명 (속어). 중독자, 광팬; enthusiast, devotee, fan, nut, freak, aficionado

> **example** I've always done pretty **good** in school, and neither one of my parents went to college. They're glad to see me go on to college.

저는 학교에서 항상 꽤 잘했는데 저의 부모님은 두분 다 대학을 안 다니셨어요. 두 분은 제가 대학에 진학하게 되는 것을 보시고 기뻐하세요.

> **example** Most immigrants believe America to be a **wicked** cool place.

대부분의 이민자들은 미국이 끝내주게 좋은 곳이라고 믿는다.

wicked: (속어) 부 very; really; totally; 아주, 몹시, 정말, 완전히

> **example** Loud cell-phone conversations in public places are **plain** bad manners.

공공 장소에서 큰 소리로 휴대 전화로 대화하는 것은 단적으로 좋지 못한 예의이다.

plain (비격식체) 부 plainly; clearly; simply; obviously; downright; 분명히, 명백히, 단적으로
manner 명 (-s: 항상 복수) 예절, 예법. 단수형 manner: (일을 하거나 일이 굴러가는) 방식, 모양새

> **example** Racial discrimination is just **plain** wrong, not to mention illegal.

인종 차별은 불법일 뿐만 아니라 명백히 잘못된 것이다.

racial 형 인종 (race)의   **discrimination** 명 차별
주목 not to mention ...: ...은 두말 할 필요도 없고; to speak/say nothing of ...; let alone ...; much/still less ...   **illegal** 형 불법적인

> **example**

Deanie: I'm getting married next month.
Bud: Are you, Deanie?
Deanie: A boy from Cincinnati.
Bud: Gee, things work out **awful** funny sometimes, don't they?
Deanie: Yes, they do.
Bud: Hope you're gonna be **awful** happy.   [*Splendor in the Grass* (1961 film)]

Deanie: 나 다음달 결혼해.   Bud: 그래, Deanie?
Deanie: (Ohio 주의) Cincinnati 출신의 남자야.   Bud: 야 이런, 세상일 때로 아주 웃기게 돌아가지?
Deanie: 응, 그래.   Bud: 아주 행복하길 바래.

> **gee** (이따금씩 jee) 감탄. 놀라움, 실망, 또는 관심, 강조를 나타내는 감탄사
> **things** (복수형) 이런 저런 세상 돌아가는 일들. 비격식 구어체에서 대단히 자주 사용된다.
> **awful** 부 (비격식체, 구어체) very; extremely; 아주, 몹시, 끝내게   (I) hope (that) you're ...

> **장면** 고등학교 시절의 sweethearts였던 Bud와 Deanie가 수년 후에 다시 만났다. Bud는 결혼하여 둘째 아이의 탄생을 기다리고 있으며, Deanie는 정신병에서 회복하면서 곧 결혼을 할 예정이다.

> **example**

Norma: I want this church for a union meeting next Saturday afternoon. That's blacks and whites sitting together.
Pastor: This is a house of God. You're coming **mighty** close to blasphemy, Norma.
                                                                          [*Norma Rae* (1979 film)]

Norma: 저 다음 토요일 오후에 노조 모임을 하러 이 교회를 사용하고 싶어요. 흑인들과 백인들이 함께 앉는 거예요.
목사: 이건 하느님의 집입니다. 신성 모독에 거의 가깝군요, Norma.

> **장면** 자기가 일하는 방직 공장의 근로자들과 모임을 어려서부터 자기가 다니는 교회에서 열고자 하는 Norma의 부탁을 보수적인 목사가 불경스런 일이라고 거절한다.

> **union** 명 결합, 연합. 여기서는 labor union (노동조합)
> **blasphemy** 명 신성모독, 불경스러움, 또는 그러한 언행

Exercise

다음의 표현들 중에서 밑줄 친 낱말의 사용이 옳지 않은 것은 어느 것입니까?

❶ The quarterback of the Green Bay Packers did a <u>mighty</u> good job on Monday night.
❷ The fans were <u>real</u> happy about their play.

❸ The fans didn't care a thing about their terrible expensive game tickets.
❹ The fans are going to have an awful good time tailgating before the next home game.

[정답과 해설]

해설 >>>

Mighty, real, awful은 모두 비격식체의 구어체에서 mightily, really, awfully와 같이 정도를 강조하는 부사 (아주, 매우, 되게)로 사용될 수 있지만 terrible은 그러한 정도를 강조하는 부사로 사용되기 위해서는 terribly라는 부사형만을 사용해야 한다. 즉 (3)에서 terrible은 terribly로 표현되어야 옳다.

❶ (Wisconsin 주 Green Bay 시에 소재한 미식축구 프로팀) the Green Bay Packers 팀의 쿼터백은 월요일 밤에 기막히게 잘 했다.
❷ 그 팬들은 그들의 경기에 정말 흐뭇했다.
❸ 그 팬들을 지독하게 비싼 경기 티켓에도 전혀 아랑곳하지 않았다.
❹ 그 팬들은 다음 번 홈 경기 전에 테일게이트 파티를 하면서 되게 좋은 시간을 가질 것이다.

정답: ❸

quarterback: football (미식축구)에서 공을 전진 패스하는 등 팀의 공격을 주도하는 선수로 football에서 가장 중요한 포지션이다.
not care a thing: 전혀 신경쓰지 (개의하지, 아랑곳하지) 않다
tailgate: 스포츠 경기 전에 경기장 주변에서 (특히 주차장에서) 차량 뒤에 간단히 먹고 마실 것들을 (햄버거, 핫도그, 피자, 스낵, 청량음료, 맥주 등을) 차려 놓고 모여서 하는 party 또는 picnic, 또는 그렇게 party 또는 picnic을 하는 것을 뜻한다. 동사, 명사, 형용사로 쓰인다.

[사진] 한 **tailgate party**의 풍경: Wisconsin-Madison 대학교 학생들이 Ohio State University football 팀과의 홈경기 바로 전에 stadium 주차장에서 차 트렁크에 가져온 접이식 (folding) 테이블과 의자들을 펴 놓고 햄버거, 샌드위치, 쿠키, 맥주 등을 나누며 즐거운 대화를 하고 있다.
사진 ⓒ: 박우상 (Dr. David)

498 의사소통의 윤활유: you know

You know, ...:

여기서의 You know는 보통의 경우에서처럼 당신이 무엇을 알고 있다는 문자 그대로의 뜻을 표현하기 위한 것이 아니라 (그런 의미가 전혀 없는 것은 아니다) 이 저자가 **communication lubricant** (의사소통의 윤활유)라고 부르는 것으로서 흔히 바로 뒤에 약간의 휴지 (pause)가 오며 (글로 표현할 때 앞뒤에 쉼표가 온다) 말하는 이에게는 하고자 하는 표현의 적합한 낱말, 어구, 구문 형태, 어법, 스타일 등을 생각할 여유를 주고 듣는 이에게는 앞에 온 진술을 소화하고 곧 듣게 될 말을 예측하거나 준비할 시간을 허용함으로써 의사소통을 원활하게 하는 기능을 한다. 이러한 communication lubricant의 역할을 자주 하는 표현들로는 **(You) see (?); you know (?); I'm telling you; I tell you; I'll tell you what/something; let me tell you; (I'll/Let me) tell you what; I mean; you know what I mean; believe me; (all) right?; like** 등이 있다. [➡ (72) (420)]

example People say first love never lasts. But **I'll tell you what**, Judy, I'm sure we are destined to stay together for ever.

사람들은 첫 사랑은 절대 계속가지 않는다고들 하는데. 근데 있잖아, Judy, 난 우리가 영원히 함께 있도록 운명지워져 있다는 걸 확신해.

last 자동 지속되다, 계속되다　**destine** 타동 운명짓다. be destined + to-부정사: …할 운명이다
for ever 부 영원히; forever

499 정도의 강조 부사: out, up, off

help each other out
서로 (노력을 들여 또는 확실히) 돕다

Help는 그 자체만으로도 타동사로 쓰여 누구를 돕는다는 뜻이 된다. 그러나 'help + 목적어 + **out**' 이라고 하면 누구를 돕는다는 기본 메시지는 같으나 큰 노력을 들여서 돕는다 던지 확실히 또는 끝까지 도와 준다는 뉘앙스를 띈다. 이렇게 독자적으로 타동사로 쓰일 수 있는 동사들에 부사인 **up, out** 또는 **off**가 붙는 경우 흔히 '철저히, 완전히, 끝까지, 제대로' (thoroughly, totally, completely, with all effort) 등의 정도를 강조하는 어감을 띈다. 자동사의 경우에도 이런 부사가 뒤에 붙어 같은 어감을 나타낸다. 이 강조의 부사들 out, up, off 중에 어느 부사가 어느 동사와 함께 쓰이는지는 경우마다 다르

므로 어떤 동사가 어느 부사와 함께 쓰이는지 주목해서 숙달해야 한다. 그리고 사용 빈도는 up이 가장 높다.

[예] clean up (완전히 청소하다); eat up (완전히/다 먹다); drink up (다 마시다); listen up (주목해서/ 귀담아 듣다); beat up (완전히/ 녹초가 되도록) 때리다/ 두드려 패다; do it up brown (빵이나 고기를 밤색이 되도록 굽다, 제대로/잘 하다, 끝내주다); speak up/out (의견을 주저없이 말하다); help out (완전히/ 크게 돕다); weed out ((잡초 따위를) 완전히 뽑아내다); hear someone out (...의 이야기를 끝까지 들어 주다); finish up/off (다 끝내다); finish/kill off (확실히/ 모조리) 끝내다/죽이다

example By the 1890s, Americans were **gobbling up** hot dogs.
1890년대가 되면 미국인들은 핫도그를 꿀꺼덕 (열심히) 먹고 있었다.

설명 gobble (something) 이라면 그 자체만으로도 음식을 (배가 고프거나 또는 성급히) 삼켜 먹는 모습을 나타내는데 뒤에 up이 붙어 꿀꺼덕 열심히/마구 먹어 삼키는 대단한 정도가 부각된다.

참고 여기서의 과거 진행 시제는 (were gobbling) 과거의 지속적인 습관을 나타낸다.

example Al Capone **beat up** his teacher in sixth grade.
Al Capone은 6학년 때에 선생님을 두드려 팼다.

설명 Beat (somebody)라면 누구를 때리다, 치다라는 뜻인데 뒤에 up이 붙으면 up이 totally, completely (완전히)라는 강조의 부사로 대단히 두드려 패다/ 묵사발을 만든다는 뜻이 된다.

[in (the) sixth grade: 6학년 때에]
주목 국내의 영어교육에서는 sixth가 서수사이며 서수사 앞에서는 기계적으로 반드시 정관사 the를 사용하도록 가르치고 시험을 출제한다. 그러나 실제 영어에서는 grade 앞에 서수사가 오더라도 앞에 the를 사용하지 않는 경우들도 대단히 자주 있다.

Al Capone 발음에 주의: 앨 커포운 (kə·´poun) (1899-1947): 미국의 금주 시대 (Prohibition: (prō`·ə·bish´·ən) (발음에 유의: 금지하다 라는 동사의 경우 (prou·´hib·it)와는 달리 h가 발음되지 않으며 주강세 (primary stress)의 위치가 달라진다) 1920-1933)에 가장 악명을 떨친 갱두목 (ganglord)

example Many economists thought that higher female earning power would **kill off** the family.
많은 경제학자들은 여자들이 돈을 버는 능력이 올라가면 가족 (전통적인 가족 구조나 관계)을 완전히 죽일 것이라고 생각했다.

설명 죽인다는 뜻의 kill 뒤에 off가 붙어 완전히, 확실히 죽이다 라는 강조의 뉘앙스를 더한다.

example The drumbeat of war traditionally **drowns out** dissent.
전쟁의 북소리는 전통적으로 반대 (의견들)를 완전히 익사시킨다 (억압한다).

The Bridges of Madison County (매디슨 카운티의 다리)

> 설명 ▶ drown (somebody) 하면 누구를 익사시킨다는 의미인데 뒤에 out이 붙어 완전히, 철저히, 확실히 익사시킨다는 강조의 어감을 띈다.

drumbeat 명 북소리, 북의 두드림   **dissent** 명 반대 (의견); opposition

> example ▶ Workplaces **empty out** on Halloween.
> Halloween (핼러윈, 10월 30일 저녁/밤)에 직장들은 완전히 텅 빈다.

> 설명 ▶ 여기서 empty는 자동사로 그 자체만으로도 '비다' 라는 뜻인데 뒤에 out이 붙어 '완전히, 텅 비다' 라는 완전함, 철저함을 강조하는 어감이 된다.

Halloween (`hal·ə·´wēn) 명 10월 31일 저녁; 핼러윈

[사진] 미국 Wisconsin 주의 주도 Madison시에 Halloween 밤에 1984년 Halloween 때에 선풍적인 인기를 누렸던 영화 Ghostbusters의 주인공들의 복장을 costume으로 입고 나타나 오늘 밤에는 기필코 귀신들을 박살내고야 말겠다는 ghostbuster 친구들. Halloween에는 낮과 이른 저녁에 동네를 왔다 갔다 돌아다니는 아이들보다 실은 어른들이 더 많은 돈과 시간을 들여 먹고 마시고 즐긴다.
사진 © 박우상 (Dr. David)

500   some: if-조건절에 쓰인 some

If someone gets sick or hurt
누군가 병이 나거나 다치면

Cross-reference
비교 (의문문에서의 some):
▶ (154) (197) (412) (484)
비교 (if-조건절에서의 some):
▶ (500)

접속사 if에 의해 이끌리는 조건절에 대명사 some이 사용된 경우이다.

> **주의** 한국의 영어 교육에서는 부정 (비특정) 대명사 또는 형용사로 쓰이는 some (something, someone, somebody; 부사 somehow와 somewhere에도 적용)과 any (anything, anyone, anybody; 부사 anyhow와 anywhere에도 적용)의 용법에 관해 some은 긍정문에 any는 부정문과 if-조건절에 쓰인다고 가르친다. 즉 some과 any의 사용은 그것이 사용된 문장이 긍정문인가 또는 부정문인가 또는 If-조건절인가에 따라 서로 배타적으로 선택되는 것으로 가르친다. 그러나 이것은 some과 any에 관한 근본적인 무지와 오해이며 한국의 영어 교육이 이해에 있어서 얼마나 피상적이고 생명력과 현실성이 없는지 그리고 설명에 있어 얼마나 도식적이고 기계적인지 극명하게 보여 주는 한 단적인 예이다.
>
> 핵심적으로 설명하자면 **some**과 **any**는 같은 동전의 양면이어서 문장의 형태에 따라 이쪽 저쪽으로 기계적으로 면이 선택되는 것이 전혀 아니라 둘 다 비록 비특정한 대상이나 수량을 가리키지만 서로 다르고 **독자적인 의미**와 **뉘앙스**를 가지며 둘 다 **긍정문, 부정문, 의문문**, 그리고 **if-조건절** 모두에서 쓰일 수 있다.
>
> If-조건절의 경우 (의문문이나 부정문에서와 마찬가지로) 대명사 **any** (또는 형용사로서의 any)는 그것이 지칭하는 사람이나 사물의 수량, 종류, 성격 등을 불문에 부치는 질문을 나타내며 언급하고 있는 내용에 대해 종종 부정적이거나 회의적인 태도를 함축한다 (종종 아마도 그렇지 않겠지만 어떤 것이든 또는 어떤 사람이든 그런 것이 만약 있다면 이라는 뉘앙스를 띈다). 이와 비교적으로 if-조건절에 **some**이 쓰이는 경우에는 그 some (또는 something, someone, somebody, somehow, somewhere)이 가리키는 대상물이나 사람에 관해 그 존재를 전제, 가정, 또는 인정하는 어감에 기초하여 질문을 던지는 표현이 되며 그것을 권유하거나 격려하거나 **긍정적**으로나 적극적으로 대하는 경우에 자주 쓰인다. Someone이 사용된 이 경우에는 '(그 사람이 누구든 간에, 또는 아마 그런 사람이 없겠지만) 혹시 누구든지 아프거나 다친 사람이 있다면' 이라는 의미가 아니라 (그런 경우라면 someone이 아니라 anyone을 써야 한다), 다친 사람이 누가 있다고 긍정적으로 가정하거나 전제로 하는 표현이다.

> **example**   **If something** happens to you, who will care for your children? Name a legal guardian for them before it's too late.
> 당신한테 무슨 일이 일어나면 누가 당신의 아이들을 돌볼까요? 너무 늦기 전에 당신 아이들을 위한 법정 보호인을 임명하세요.

> **설명**   여기서의 something은 당신에게 당신 아이들의 장래에 큰 영향을 미칠 만큼의 심각한 일이 있을 수 있어서 그것이 벌어진다면 하는 긍정적 가정이나 전제를 나타낸다. 여기에 anything이 쓰인다면 그 성격이나 중대성 등과 무관한 어떠한 일이든지 라는 뉘앙스를 띄기 때문에 이 경우에는 뒤따르는 내용인 일의 심각성과 의미적으로 조화를 이루지 못한다. (그러나 이미 앞에 어떤 심각한 일들의 예들이 들

The Bridges of Madison County (매디슨 카운티의 다리)

어져 있고 지금 이 조건절에서 그것들 중에 어떤 것이든 하나를 선택해서 가정해 본다면 그것들 중의 어떤 것이든 무관하다는 뉘앙스가 되기 때문에 anything의 사용이 의미적으로 가능해진다.)

---

care for ...: ...를 좋아하다; like. 여기서는 ...를 돌보다 (take care of ...)의 의미
name 타동 (...를 ...라고) 이름 붙이다, 지명하다; nominate **legal guardian**: 법정 보호자

> **example** ▶ If **someone**'s blowing smoke your way, just ask the server to change your table.

누가 담배 연기를 당신 쪽으로 불어 보내고 있다면 바로 써버에게 당신의 테이블을 바꿔 달라고 부탁하십시오.

> **설명** ▶ if-조건절에 someone이 사용되어 마치 그렇게 담배 연기를 당신 쪽으로 불어 보내고 있는 사람이 근처에 있는 모습을 연상시킨다. 여기에 anyone이 쓰인다면 '(그런 사람이 아마 없기를 바라지만) 담배 연기를 당신 쪽으로 불어대는 사람이 **누구든 혹시 있다면** 그가 누구든지 간에 (예를 들어 남자든 여자든 노인이든 중년이든 젊은이든 10대든 또는 백인이든 흑인이든 누구든 상관없다)' 라는 뉘앙스가 된다.

> **example** ▶ If we do **something** wrong or foolish, we see ourselves as victims of circumstance.

우리는 뭔가 잘못되거나 우둔한 일을 하면 자신을 상황의 희생자라고 본다.

---

victim 명 희생자   **circumstance** 명 상황
주목 A를 B라고 여기다, 생각하다, 간주하다, 보다: see/ view/ regard/ think of/ look at/on/upon A as B; consider A (to be) B (= 명/형용)

> **example** ▶ If I'm going to be a symbol of **something**, I'd rather have it sex than some other things we've got symbols of.

제가 뭔가의 심볼이 될 거라면 그게 우리가 (이미) 심볼을 가진 다른 어떤 것들보다 차라리 섹스였으면 해요.
[Marilyn Monroe (1926-1962): 미국 여배우, silver screen (은막)의 "섹스 심볼" ("sex symbol")]

501 the: 문맥상 또는 암묵적으로 이해되는 the

(501) (501-a) <u>the</u> corn
(501-b) <u>the</u> oats
(501-c) <u>the</u> kids

여기서 사용된 정관사 **the**는 앞에 이 낱말들이 이미 사용되어서 그것을 뒤에서 다시 가리키기 위해 사

용된 것이 아니라 (이 낱말들이 앞에 이 정관사가 수식하는 낱말들의 정체가 **문맥**상 또는 **상황**상 뚜렷이 드러나 있기 때문에 사용된 것이다. 즉 말하는 이와 듣는 이가 그 낱말 정체를 문맥상 또는 상황에 비추어 **암묵적으로 이해**하기 때문에 사용된 것이다. 여기서는 듣는 이는 (501-a)는 앞에서 언급된 아프거나 다친 이웃이 키운 corn (옥수수)을, (501-b)는 그 사람이 키운 oats (귀리)를 뜻하며, (501-c)는 (아마도 제법 모처럼 만에) 마을 내 (타운 중심가)로 간 당신의 kids (아이들)를 뜻함을 이야기의 흐름상 이해할 수 있는 것이다. [➡ (10) (118) (137) (270) (289) (308) (529)]

example

Some people live for **the** fortune
Some people live just for **the** fame
Some people live for **the** power, yeah
Some people live just to play **the** game
Some people think that **the** physical things
Define what's within.

[Alicia Keys, *If I Ain't Got You* (2009 song)]

설명 ▶ 2009년의 Alicia Keys의 이 노래의 맨 처음 시작인 이 부분에서 느닷없이 the가 사용된 것은 가사 내용의 Some people이 각자가 추구하는 fortune (재산), fame (명예), power (권력) 등이 그 각자의 입장에서는 명백한 것임을 전제로 하기 때문에 이 각각의 명사 앞에 정관사 the가 사용된 것이다.

어떤 사람들은 (자기가 추구하는 그) 재산을 위해 살고
어떤 사람들은 (자기가 추구하는 그) 명성만을 위해 살고
어떤 사람들은, 그렇죠, (자기가 추구하는 그) 권력을 위해 살고
어떤 사람들은 (자기에게 주어진 그) 게임을 치르기 위해서 살며
어떤 사람들은 (자기가 원하는 그) 물질적인 것들이
자기 내면에 있는 것을 규정한다고 생각하죠.

example

Oh, **that** boy of mine
By my side
The silver moon and **the** evening tide
Oh, some sweet day
Gonna take away
This hurtin' inside

[Linda Ronstadt, *Blue Bayou* (1977 song)]

[**설명: 문맥상/암묵적으로 이해되는 the/that**] Oh, **that** boy of mine by my side, **the** silver moon, and **the** evening tide, ... (are) gonna take away ...에서의 **that** boy of mine 역시 앞에 that이 누구인지 언급되지 않았지만 나도 고향에서 커서 누구나 처럼 애인이 하나 있었던 사람이라는 것을 여러분도 경험했거나 이해할 수 있는 이야기라는 뉘앙스를 나타낸다. That/Those 보다는 특정성을 지시하는 어감은 떨어지지만 여기서의 정관사 the 또한 앞에 어떤 silver moon인지 또 어떤 저녁의 물결인지 앞에 언급하지 않았지만 여러분도 이해할 것을 전제로 하거나 기대하는 어감을 나타낸다.

> **by my side**에서의 **by** 전치 ... 바로 곁/옆에 (있는)
> **tide** 명 조수 (밀물과 썰물)　**this hurtin' inside**: 내 마음 속의 아픔, 가슴 아픔

오, 내 곁에는
나의 사랑하는 그 사람이
그 은빛 달과 저녁 물결이
오, 어느 행복한 날엔가
내 안의 이 아픔을
씻어 줄 거예요

502　whatever + 명사절

(They pick, harvest, or do) whatever needs to be done.
(그들은 (그 아프거나 다친 사람을 위해)) 되어져야 할 것/일은 무엇이든 (따거나 거둬 들이거나 하죠)

Cross-reference
비교 (whatever/no matter what + 부사절):
➡ (16) (198)

여기서 whatever는 그 자체가 선행사를 포함하는 관계대명사로 **anything that**이라는 의미이다. 즉 (They pick, harvest, or do) **whatever** you want. = (They pick, harvest, or do) **anything that** needs to be done.이며 이것은 (They pick, harvest, or do) **anything**. + **That thing/something** (= **that**) needs to be done. 이라는 두 문장이 공통 어구인 anything을 받는 관계대명사 that을 사용하여 연결한 결과이다.
[➡ (28)]

example

Henry: There's something I need to tell you.
Sarah: What is it?
Henry: I don't like my clothes. Maybe they used to be my favorites, but I don't feel comfortable in them anymore.
Sarah: We'll get you new clothes.
Henry: I'm not done. And Sarah, I hate being a lawyer. I quit.
Sarah: **Whatever** you want is fine.
Henry: I want us to be a family for as long as we can, Sarah, for as long as we can.
Sarah: I love you.
Henry: I love you, too.

[*Regarding Henry* (1991 film)]

clothes 명 (항상 복수형) 옷　**favorite**: 여기서는 명사. 각별히 좋아하는 것
get + 사람 + 사물: **get** + 사물 + **for** + 사람: ...에게 ...를 구해/사서/가져다 주다
done 형 끝난, 다 한; finished; over　**hate** 타동 몹시 싫어하다, 혐오하다
as long as 접속 ...하는 동안 (그만큼 오랫동안)

> 장면　자기의 변호사 직업이 시간적으로나 정신적으로나 가정에 충실한 삶을 방해한다고 느끼는 Henry가 아내 Sarah에게 변호사직을 끝낸 심정을 이야기한다.

Henry: 당신에게 말할 필요가 있는 게 있어.　Sarah: 뭔데?
Henry: 내 옷이 맘에 안들어. 어쩌면 내가 아주 좋아하는 옷들이었지만 더 이상 입어서 편하게 느껴질 않아.
Sarah: 새 옷을 사자.　Henry: 얘기 안 끝났어. 그리고 Sarah, 나 변호사인 게 싫어. 나 그만뒀어.
Sarah: 자기가 원하는 건 뭐든 좋아.
Henry: 난 우리가 할 수 있는 끝까지 우리가 가족이길 바래, Sarah, 할 수 있는 끝까지.
Sarah: 자기 사랑해.　Henry: 나도 사랑해.

503　town: go to/into town

go into town
시내/읍내로 들어)가다

Town은 흔히 city (시)보다 작고 village (마을)보다 큰 행정 단위이다. 그러나 여기서의 town은 그런 의미로 쓰인 것이 아니라 앞에 관사 없이 쓰여 타운의 (city나 village의 경우에도 쓰인다) 번화가나 중심 지역을 뜻한다 (the main business or shopping area in a town (or city or village); downtown).

> example　Before the automobile, it was a hard day's work just to get to **town**.
> 자동차가 있기 이전에는 (먼 길을 가는 것은 두말할 것도 없고) 읍/타운 내에 가는 것만도 힘든 하루 일이었다.

504　leave + 목적어 + 과거분사

leave your car unlocked
차 문을 잠그지 않은 채로 (내버려) 두다

Cross-reference
비교: keep + 목적어 + 과거분사: 목적어를 ...된 상태로 두다/유지하다.
➡ (9)

'**leave** + 목적어 + 과거분사 (또는 형용사)'의 구조로 '목적어를 ... 한/인 상태로 (그냥, 내버려) 두다, 남아 있게 하다' 라는 뜻이다. 이는 '타동사 + 목

'적어 + 목적보어' 구조의 한 유형으로 여기서 과거분사 (또는 형용사)는 목적어를 설명하는 목적보어이다. 이 경우 당신의 차의 문을 unlocked (잠겨지지 않은) 상태로 (내버려) 둔다는 뜻이 된다.

example September 11 **left America** humiliat**ed**.
2001년 9월 11일은 미국을 수모를 당한 채로 내버려 두었다.

September 11: Nine-Eleven; 9/11: 2001년 9월 11일에 있었던 이슬람 테러리스트들에 의한 미국에 대한 테러 공격 사건   **humiliate** 타동 치욕스럽게 하다, 모욕하다

example Most old Americans **left the door** unlock**ed**, and people rarely stole.
대부분의 나이든 미국인들은 문을 잠그지 않고 놔두어도 사람들이 거의 도둑질 하지 않은 날들을 기억한다.

unlocked: 잠겨지지/ 자물쇠가 채워지지 않은
rarely 부 거의 ... 않다; hardly (ever); seldom   **stole**: steal (훔치다)의 과거형

example A Texas judge told a Mexican-American mother that speaking only Spanish at home constituted abuse to her 5-year-old daughter. The judge later apologized, but the incident **left many immigrants** stunn**ed** and anger**ed**.
한 Texas 주의 판사는 한 멕시컨 계의 미국인 엄마에게 집에서 아이에게 스페인만 사용하는 것은 그녀의 5살 된 딸에게 학대행위가 된다고 말했다. 그 판사는 나중에 사과했지만 그 사건은 많은 이민자들을 황당하고 분노한 상태로 있게 하였다.

judge 명 판사   **constitute** 타동 구성하다   **abuse** 명 학대, 남용   **apologize** 자동 사과하다   **incident** 명 (대개 우발적이고 좋지 않은) 사건   **immigrant** 명 이민자   **stun** 타동 크게 충격을 주다, 놀라게 하다   **anger** 타동 분노하게 하다

[사진] California 주의 Oakland에서 중남미 계 사람들이 대규모 집회에서 그들의 (특히 이민과 관련된) 권리 보호와 사회적 편견의 종식을 요구하고 있다. The Statue of Liberty (자유의 여신상)처럼 복장을 하고 있는 이 여자분이 들고 있는 sign은 "Liberty & Justice for All" (모든 이를 위한 자유와 정의)라고 외치고 있다. 사진 제공: ⓒ Amy O'Brien

505 well = 수정, 불찬성, 반박/ 새로운 이야기: 조심, 신중, 주저, 배려

Well, it's not ...:
글쎄 (근데, 허나, 실은), 그건 ...가 아녜요.

Cross-reference
비교:
➡ (216) (298) (315)

한국의 영어 교육에서는 감탄사나 군더더기 말로 well을 접하면 무조건 '글쎄' 라고 판에 박은 듯이 번역을 하도록 가르치는데 그렇게 번역된 '글쎄'의 뉘앙스는 잘 이해하지 못한다. Well은 구어체에서 대단히 자구 일종의 의사소통을 위한 윤활유 (communication lubricant)로 사용되는데 well의 중요 의미와 기능은 다음의 두 가지이다.

어법-1 앞에 온 진술에 대한 반박, 수정, 주저, 또는 불찬성을 가할 때 그 새로운 진술 앞에서 그 새로운 진술이 오는 것을 신호하고 그 진술의 갑작스런 충격을 완화하거나 자기와 다른 의견을 표현한 상대방에 대한 예의나 배려를 표현하는 기능을 한다.

어법-2 Well은 또 새로운 이야기를 도입하거나 이야기를 다시 계속하거나 또는 상대방의 이야기를 이어받을 때 이야기에 앞서 이야기를 불쑥 던지는 느낌이나 갑자기 자기 주장을 너무 강하게 내미는 느낌을 완화시키거나 말하는 이에게 할 이야기의 내용이나 적당한 어구나 구문 형태 또는 스타일 등을 찾는 시간을 주는 기능을 한다.

여기서 well은 well의 구어체에서 흔히 쓰이는 의미와 기능들 중의 하나로 앞에 온 진술에 대한 반박이나 수정 또는 불찬성을 가할 때 그 새로운 진술 앞에서 그 새로운 진술이 오는 것을 신호하고 그 진술의 갑작스런 충격을 완화하거나 자기와 다른 의견을 표현한 상대방에 대한 예의나 배려를 표현하는 기능을 한다. 여기서 well은 Francesca가 앞에서 Iowa 시골에서의 생활의 좋은 점들을 얘기했다가 이제 그 부정적인 면을 언급하면서 수정을 가할 참이라는 신호를 보내는 역할을 한다. [➡ (212) (422)]

> **example** There is tremendous fighting spirit in the City of New York. The "damn Yankees" always – **well**, almost always – manage to come back from behind.
>
> New York 시에는 엄청난 투혼이 있죠. 그 "망할 놈의 양키들 (the New York Yankees)"은 항상 – 좋습니다 (항상은 아니라는 것을 인정하지만) 거의 항상 – 뒤에서 추격해 내죠.

tremendous 형 엄청난, 대단한   **fighting spirit** 명 투지력
damn 형 (가벼운 욕설의 표현) 망할(놈의); damned; darn(ed)
"damn(ed) Yankees": 미국의 the Civil War (1861-65) 중과 이후에 Southerners (남부 사람들)이 Northerners (북부 (미합중국, the United States of America) 사람들)에 대한 반감, 분노, 조롱, 경멸 등의 감정을 나타낸 데 유래한 표현으로 여기서는 뉴욕 사람들을 (New Yorkers)를 뜻한다.
manage + to-부정사: (어려운 과정을 거쳐서 결국) ... 해내다
come back from behind: 뒤쳐져 있다가 따라잡다, 역전시키다

The Bridges of Madison County (매디슨 카운티의 다리)

Topic New York 사람들의 전통적으로 정평이 있는 강인한 정신력의 표현

506 what =관계대명사

> **what** I dreamed of
> 내가 꿈꾸었던 것

여기서 what은 그 자체가 선행사를 포함하는 관계대명사로서 다른 영어로 풀어 쓰자면 **the thing that** 또는 (보다 격식을 갖춘 문어체에서) **that which**라고 할 수 있으며 한국어로 흔히 '... (하는/인) 것'으로 번역된다. 이 경우 what은 뒤따르는 관계사절 내의 전치사 of의 목적어이다.
It's not **what** I dreamed of. = It's not **the thing that** I dreamed of. ← It's not the thing. + I dreamed of that thing (= that). [➡ (77) (280) (375) (438) (538) (558)]

example Back in the '30s and '40s and into the early '50s, live music was **what** people danced **to** and dreamed **to**.
[... **what** people danced to and dreamed to = ... **the thing that** people danced to and dreamed to]
지난 1930년대와 1940년대에, 그리고 1950년대 초에 들어서까지 생음악은 사람들이 (그에 맞추어) 춤추고 꿈꾸고 하던 것이었다.

into the early '50s: 1950년대 초에 들어서까지
dance to and dreamed to에서의 **to** [전치] ...에 맞추어 (춤을 추다, 꿈을 꾸다)

생음악/밴드 음악 (Big Band/live music)의 황금 시대: 1930년대-1950년대 초   **Topic**

[사진] 미국 Rhode Island 주 남부의 작은 타운인 Charlestown에서 주민들이 옛 정취를 느끼게 하는 한 big band의 음악을 감상하고 있다. 이 바로 주위에서는 여러 쌍의 사람들이 이 big band의 옛 음악에 맞추어 춤을 추고 있다.
사진: ⓒ 박우상 (Dr. David)

> example Charleston has achieved **what** every city in America hopes **for** – a safe and beautiful downtown.

[what = the thing that/which]

Charleston은 미국의 모든 도시가 바라는 것 – 안전하고 아름다운 다운타운 – 을 이루었다.

> Charleston: 미국 남동부의 South Carolina의 아담하고 고풍스런 도시 **Topic**

507 as = 자격, 지위, 정체 (의 시점)

as a girl
소녀였을 때

여기서의 전치사 as는 자격, 지위, 정체를 나타내는 어법의 한 현상으로 주어가 그런 **자격**, **지위**, 또는 **정체**일 때를 나타낸다. **[as + 명사 = when + 주어 + be + 명사]**

> example The few girls who learn chess **as** children tend to drop it **as** teenagers, when they discover it's more fun to date.

[as children = when they are children; as teenagers = when they are teenagers]
[when they discover (that) it's more fun to date]
[it's more fun to date: it = to date (boys)]

어린 시절에 체스를 배우는 몇 안 되는 여자애들도 데이트를 하는 것이 (체스 게임을 하는 것보다) 더 재미있음을 발견하는 틴에이저 때에 체스를 그만 두는 경향이 있다.

[사진] 미국 동북부 Massachusetts 주의 대서양 가의 작은 도시 Newburyport에서 한 일요일 오전에 아이들이 동네 공원에서 chess 게임을 즐기고 있다. 함께 게임을 하는 어른들도 있다.
사진: ⓒ 박우상 (Dr. David)

> example Harriet Tubman was born a slave in Maryland and **as** a young woman fled north to freedom in 1849.

[as a young woman = when she was a young woman]

Harriet Tubman은 Maryland 주에서 노예로 태어났으며 젊은 여자였을 때 1849년에 자유를 향해 북쪽으로 도망했다.

[= Harriet Tubman was a slave when she was born in Maryland. 여기서 a slave는 주어인 Harriet Tubman을 설명하는 유사보어 (준보어)]
fled: flee (자동. 달아나다, 도망치다)의 과거형

[사진] **Harriet Tubman** (1821경-1913): Maryland 주의 한 농장 (plantation)에서 노예로 태어나 28세 쯤에 북쪽 도시 Philadelphia로 도망쳐 자유를 찾은 Tubman은 이후로 노예제 철폐를 위한 주요 옹호자로 활동하는 한편 목숨을 걸고 19차례에 걸쳐 300명 이상의 노예들을 자유의 땅으로 구출하였다. 별명: Black Moses (흑인 모세). 사진 원작: H.B. Lindsley; 사진 제공: the Library of U.S. Congress

Scene

Francesca: ⓐ508 Would you like to stay for dinner? There's not ⓐ509 much of a choice in town. And ⓐ511 you'd ⓐ510 have to eat alone. ⓐ512 So would I.

Robert: Yeah, ⓐ513 I'd like that. ⓐ515 I don't get a ⓐ514 home-cooked meal too often. ⓐ513 I'd like that a lot.

[*The Bridges of Madison County* (1995 film)]

Words & Phrases

- **stay** 자동 머물다, 남다
- **dinner** (´din·ər) 명 주의 (발음): /디·너/가 아니라 /딘·어/의 음절 구조이다. 주의 (의미): 반드시 저녁에 먹는 식사가 아니라, 하루의 가장 중요한 식사. 흔히 저녁 식사인데 경우에 따라서는 •

(예를 들어 공식적인 정찬이라든지 축하연이라든지 대가족의 일요일 오후의 정찬이라든지) 낮에 할 수도 있다.

- **choice** 명 선택
- **alone** 부 혼자(서), 홀로
- **cook** 타동 요리하다, (음식을) 만들다
- **meal** 명 식사, 음식
- **often** 부 자주, 종종
- **a lot** 부 아주, 많이, 크게; lots, a great deal, greatly, hugely, vastly, enormously, immensely

장면

Roseman 다리로부터 돌아와 Francesca의 집에서 Francesca와 Robert가 iced tea를 마시며 잠시일 것으로 생각하고 나누기 시작한 대화가 두 사람이 서로에게 조금씩 끌리면서 계속되고 진지해 지면서 Francesca가 Robert에게 저녁 식사를 하고 가라고 권한다. (저녁 식사는 후에 브랜디와 커피로 이어진다.)

번역

Francesca 계시다가 식사를 하시죠? 타운 내에 선택의 여지가 많지 않아요 (식사하실 만한 곳이 많지 않은데요). 그리고 (그렇지 않으면) 혼자서 식사하셔야만 하시겠네요. 저 역시 혼자 식사해야 하겠죠.

Robert 예, 저도 그랬으면 좋겠네요. 저 집에서 요리한 음식 아주 자주는 먹지 못해요. 그러면 아주 좋겠어요.

508   Would you ...?; would like + to-부정사

Would you like to stay for dinner?
계시다가 식사를 하시죠?

이 표현은 Would you ...? 구문과 like + to-부정사의 구조가 결합된 것이다. Would you ...?는 형태상으로만 과거형 (would)이지 미래 지향적인 두 가지 의미를 가진다.

의미-1 상대방 (말을 듣는 이)에게 ... 하겠는가 하는 상대방의 의사를 묻는 표현이다.

의미-2 상대방의 의사를 묻는 것이기는 하지만 기본적으로는 내가 (말하는 사람이) 상대방에게 ... 를 해 달라고 주문, 부탁, 또는 제안을 하는 표현이다.

Cross-reference
비교 (would like to-부정사):
➡ (302) (418)
비교 (like + to-부정사):
➡ (481)]

The Bridges of Madison County (매디슨 카운티의 다리)

양쪽의 경우 다 will을 사용하는 경우보다 정중하고 신중한 표현이다. 이 경우의 Would you ...?는 이 두 의미가 혼합되어 있는 경우이다 (그러나 Francesca가 권하는 어감이 강하다). 그리고 like + to-부정사는 미래 지향적인 기호나 바람을 나타낸다. [➡ (146) (152) (482)]

의미-1

example **Would you** take your cat or dog with you on vacation? Then you need to get a health certificate from your veterinarian.

휴가에 당신의 개나 고양이를 데려가실 생각이세요? 그러면 수의사로부터 건강 확인서를 받으실 필요가 있습니다.

참고 ▶ 비행기 여행이나 차로 주경계나 국경을 건널 때 애완 동물 건강 확인서가 필요하다.

certificate 명 확인증, 자격증
veterinarian 명 수의사. 일상 구어체에서는 빈번히 줄여서 vet 이라고 한다.

의미-2

example My husband and I are very much interested in house swapping for a vacation. **Would you** give us some information on that?

제 남편과 저는 집을 서로 바꿔서 휴가를 보내는 것에 아주 많은 관심이 있습니다. 저희에게 그것에 관한 정보를 좀 주시겠습니까?

swap 타동 교환하다
information on that에서의 **on** 전치 (구체적인 주제/화제) ...에 관한/관해서

509 정도 (much, more, enough, a bit, less, a great deal, something, somewhat 등) + of + a + 명사

not much of a choice
별로 선택의 여지가 없다, 선택할 것이 있다고 하면 별것 아니다

 한국의 영어 교육에서 하나의 독자적인 어법으로 인식하고 가르치지 않는 어법이지만 구어체에서 대단히 자주 쓰이는 중요한 어법이므로 숙달하여야 한다. '정도 (much, more, enough, a bit, less, a great deal, something, somewhat 등) + of + a + 명사'의 구조로 그 명사의 정도 (degree, extent)를 나타낸다. 여기서의 전치사 of는 언급이나 초점의 대상으로 '... 에 관해 말하자면' (to speak of ...) 이라는 뜻을 나타낸다. 즉 이 구조는 '... 에 관해 말하자면 ... 정도, ... 정도의 ...' 라는 뜻이다.

이 경우 There's not much of a choice.는 There's not much choice. 또는 There's/There are not many choices.보다 구어체적이며 '선택의 여지가 있기는 한데, (그것에 관해 말하자면) 있어도 별 것 없다' 는, 즉 choice를 화제로 못을 박고 그 choice에 관해 논평을 하는 표현이다.

example The American boy won't be **much of a man** unless he is **a good deal of a boy**. He must not be a coward, a weakling, or a bully. He must work hard and play hard. He must be clean-minded.

미국 소년은 아주 괜찮은 소년이 되지 않고서는 쓸 만한 남자가 되지 못할 것이다. 그는 겁장이나 나약한 사람이나 약자를 괴롭히는 사람이 되어서는 안 된다. 그는 열심히 공부하고 열심히 놀아야 한다. 그는 마음이 깨끗해야 한다. – Theodore Roosevelt 대통령

coward 명 비겁쟁이   **weakling** 명 나약한 사람   **bully** 명 약자나 어린 학생을 괴롭히는 학생 또는 불한당   **be clean-minded**: have a clean mind

example
Rocky: My old man says to me, "You were**n't** born with **much of a brain**, you know. So you better start using your body." So I become a fighter. Why are you laughin'?
Adrian: My mother, she said the opposite thing. She said, "You were**n't** born with **much of a body**, so you better develop your brain."

[*Rocky* (1976 film)]

Rocky: 아버지는 내게 그러셔, "넌 별로 신통한 두뇌를 갖고 태어나지 않았어, 알지. 그러니 몸을 쓰기 시작하는 게 좋겠다"고. 그래서 내가 권투 선수가 된 거야. 왜 웃니?
Adrian: 나의 엄마는 그 반대 얘기를 하셨는데. "넌 별로 신통한 몸을 갖고 태어나지 못했으니 머리를 개발하는 게 좋겠구나."라고 하셨어.

old man 명 아버지; father
주어 + **better** + 원형동사: 주어 + had better + 원형동사: …하는 게 낫다/좋겠다의 비격식 구어체
opposite 형 정반대의

주목 여기서 Rocky가 과거에 아버지가 자기에게 했던 말을 현재형으로 표현한 것은 과거의 사건이나 이미 보거나 읽거나 들은 것을 마치 눈 앞에서 벌어지는 것처럼 생생하게 표현하는 historic present (역사적 현재) 또는 reviewer's present (검토자/비평가의 현재) 라는 현재시제의 특수 어법이다.

example Mixed-gender sleepovers are becoming increasingly common, as more and more teens are inviting friends of the opposite sex. Yet many parents worry that an all-night affair can be **too big of a temptation**.

[too big of a temptation = too big a temptation]

점점 많은 틴에이저들이 이성 친구들을 초대하면서 남녀 혼성의 sleepover (저녁/밤에 친구네 집에 가서 놀다가 같이 자는 것)가 점점 흔한 일이 되고 있습니다. 그러나 많은 부모들은 밤새 함께 보내는 일이 너무도 큰 유혹이 될 수 있다고 걱정합니다.

mixed-gender 형 혼성의   **sleepover** 명 (친구 집에 가서) 함께 놀다 자는 파티
opposite 형 반대의   **temptation** 명 유혹 < **tempt** 타동 유혹하다

주목 ▶ sex와 gender 비교: **sex**는 주로 생물학적, 의학적, 신체적, 통계학적 문맥에서 사용되고, **gender**는 주로 사회문화적 역할로서의 성별을 의미할 때 사용된다.

example Being a single parent for almost 17 years, uh, we, my daughter and myself, shopped together. We came home, we prepared the meal together, and then we ate together. This was **somewhat of a mandate**. And she's a 20-year-old college student now.

[somewhat of a mandate = a mandate to some extent: 어느 정도 반드시 해야만 하는 일 (실제로는 아이의 엄마가 없으니 반드시 해야 하는 일)]
거의 17년간 혼자 아이를 키우는 부모 (아빠)이니 어, 저희, 제 딸하고 전, 같이 장을 보았죠. 집에 와서는 같이 식사를 준비하고 그리고 나서는 같이 먹었습니다. 이건 어느 정도 절대명령 같은 것이었죠. 그리고 그 애는 이제 스무 살의 대학생이예요.

single 형 독신인   **mandate** 명 (절대 따라야 하는) 명령, (부여받은) 의무

스토리 ▶ 딸을 세 살 때부터 홀로 키운 아빠의 이야기

example Sex is **too large of an issue** for children.

[too large of an issue; 이슈라고 한다면/이슈로 치자면 너무도 큰 이슈다 = too large an issue]
섹스는 아이들에게는 너무도 큰 이슈입니다.

스토리 ▶ 성교육을 반대하는 한 엄마의 의견

510 have to; have got to; gotta = 의무, 당위, 요구, 주문, 주장

have to eat alone.
혼자서 식사해야만 하다

Cross-reference
비교 (not + have to):
➡ (45) (112) (168)
비교 (have to: 추측: 확실성, 필연성):
➡ (120)

'주어 + **have to**-부정사'는 주어가 ... 해야만 한다는 **의무**나 **마땅함**, 상황적인 **필요성**, 또는 도덕적 **당위성** 등을 나타낸다. [주목: have to는 또 다른 중요한 어법으로 단언적인 추측이나 논리적 확실성을 나타내기도 한

다.] 즉 have to는 조동사 should와 대단히 유사한 의미를 갖는다. 여기서처럼 have to 앞에 조동사가 오는 경우 조동사의 중복을 피하기 위해 should를 사용할 수 없고 have to를 사용해야 한다. 그러나 구어체에서 **should have to**의 형태가 종종 쓰이는데 should와 have to의 같은 의미가 반복되는 형태임으로 바람직한 어법이 아니다. 그리고 have to는 흔히 (´haf·tə)로 발음된다. have의 (v) 유성음이 뒤따르는 무성음 (t)에 의해 무성음화 하고 to의 발음이 약해지면서 (tə)로 발음된다. [➡ (31) (97) (553)]

주목 ▶ Have to는 여러 변형들이 있는데 그 형태들은 사용되는 상황과 스타일에 차이가 있음에 주목하고 숙달해야 한다: **have to** (기본형: 격식체 문어체) – **have got to** (비격식 구어체) – **'ve got to** (보다 구어체) – **'ve gotta** (더욱 구어체) – **gotta** (가장 비격식 구어체)

example I'm a working mother. Unfortunately, we all live in the real world. Many moms **have to** work.

저는 일하는 엄마입니다. 불행히도 우리는 모두 현실의 세계에서 삽니다. 많은 엄마들이 (살아가기 위해서) 일을 해야만 하죠.

---

a work**ing** mother = a mother who/that work**s**/ is work**ing**
unfortunately 부 불운하게도

---

example On Mother's Day, people feel they **have to** eat out.

어머니의 날 (미국: 5월 두째 일요일)에 사람들은 외식을 해야만 한다고 (외식을 하는 것이 마땅하다고) 느낀다.

example We Americans believe that everybody's equal and nobody **should have to** kowtow to anyone.

[should have to: 'have to'의 강조적인 일상 구어체 표현]

우리 미국인들은 모든 사람이 평등하며 어느 누구도 (다른) 어느 누구에게도 굽실거려서는 안 된다고 믿는다.

---

kowtow 자동 굽실거리다, (경배, 존경, 사죄 등의 의미로) 머리를 땅에 대고 절하다

---

511 would = 주어에 관한 말하는 이의 추측 (현재/미래)

You**'d** have to eat alone.
혼자서 식사하셔야만 할 텐데요.

Cross-reference
비교 (would: 의도):
➡ (53) (513) (521)
비교 (Would you ...?):
➡ (146) (482) (508)

여기서의 'd는 would의 축약형이다 ('d는 had 또는 did의 축약형일 수도 있다). 이 would는 주어의 의도나 바람을 나타내는 것이 아니라 형태는 과거 시제이지만 주어의 현재나 미래의 사건, 행위, 상황을 상당한 가능성을 가지고 추측 또는 예측하는 어법이다. 이 would가 함축하는 상당한 가능성이나 확실성은 will의 경우보다는 떨어지며, 흔히 will보다 신중하거나 정중한 어감과 종종 가정적인 어감을 띈다 (이 어법의 기원은 가정법 과거이다). 이 경우에는 표현이 되어 있지 않지만 문맥상 '당신이 타운에 나가 식사한다면' (If you were to eat (dinner) in town; If you were to go into town for dinner) 이라는 가정에 대한 추측이나 결론으로 '(그러면) 혼자 식사하셔야만 할 것이다' 라는 뜻이다.

> **example** Since a farmers' market opened close to our house in 2002, I've rarely missed a Saturday. You **would**n't, either.

농부의 마켓이 2002년에 저희 집 가까이 열린 이후로 저는 (농부의 마켓에서 장을 보는 것을) 한 토요일도 거의 거른 적이 없습니다. 당신이라도 그러시지 않을 것입니다.

farmers' market: 농사를 지은 사람들이 직접 키운 농작물류를 도시나 타운의 주거지로 가져와 파는 장으로 대부분 봄에서 늦가을까지 토요일에 선다. 주목: farmers를 복수형으로 쓰고 –s 복수형이니 소유격으로 ' (어파스트러피, apostrophe) (əˈpɒs·trə·fiː)만 덧붙인다.

[사진] Farmers' market은 인간과 자연, 그리고 인간과 인간이 만나고 서로를 배려하는 공간이다. 한 farmers' market에서 한 주인 농부와 야채를 사는 손님이 대화를 나누고 있다.
사진: ⓒ 박우상 (Dr. David)

> **example** I believe most Americans **would** support policies, uh, that **would** help people overcome the disadvantages of poverty.

나는 대부분의 미국인들이 사람들이 가난의 불이익을 극복하게 도울 정책들을 지지할 것이라고 믿는다.

---

policy 명 정책   **overcome** 타동 극복하다   **help** + 목적어 + 원형부정사 (원형동사)/to-부정사: 목적어가 ... 하도록 도와 주다   **disadvantage** 명 불리한 점, 불이익
poverty 명 가난 < **poor** 형 가난한

> **example** Mom said, "I don't want anything for Mother's Day." But maybe she

meant, "If you really love me, you **would**n't need to ask what I want."

엄마는 "난 어머니 날을 위해 아무것도 원치 않는다"라고 말하셨죠. 그러나 엄마는 어쩌면 "네가 정말로 날 사랑한다면 내가 뭘 원하는지 물어볼 필요가 없을 거야"라는 뜻이셨을 거예요.

example Mothers somehow get 99 percent of the attention but fathers are lucky to get 1 percent. Without the fathers, mothers (as well as humanity) **would** be worth nothing.

[여기서 would는 가정법과거 구문에서 현재 또는 미래의 상황을 예측하는 주절에 사용되었다.]

어머니들은 어떻게 해선지 99 퍼센트의 주목을 받는데 아버지들은 1 퍼센트라도 받으니 행운이죠. 아버지들이 없다면 어머니들은 (인류 (전체)가) 아무 쓸모가 없을 텐데요.

---

somehow 부 어떻게든   **attention** 명 주목, 관심   **be lucky + to**-부정사: … 하다니 운이 좋다, 운 좋게 … 하다   **worth** 전치 …의 가치가 있는. worth nothing: 아무 가치/쓸모가 없는

스토리 Mother's Day (5월 둘째 일요일)에 비해 Father's Day (6월 셋째 일요일)의 인기가 압도적으로 낮고 사람들이 아버지보다 어머니를 더 높이는 것이 불만인 한 남자의 표현

512 So + 조동사/do/be + 주어

So would I.
저도 그럴 거예요 (혼자서 식사하게 될 거예요).

'So + 조동사/do/be + 주어'의 구문으로 앞에 언급된 다른 주어에 관한 술부가 이 주어에도 적용됨을, 즉 이 주어가 앞에 언급된 주어와 같은 동작이나 행위를 하거나 같은 상태에 있음을 나타낸다. 앞의 표현에서 술부에 조동사가 사용되었으면 같은 조동사가, 일반동사가 사용되었으면 do동사가, be 동사가 사용되었으면 역시 be 동사가 사용된다. 그리고 여기에서의 so는 '그렇게, 그런 식으로'라는 뜻의 지시 부사로 앞에 언급된 주어에 관한 진술 내용을 가리킨다. 이따금씩 '역시, 또한'이라는 의미의 부사인 too가 첨가되어 'So + too + 조동사/do/be + 주어'의 구조를 취하기도 한다. 여기서 too 앞뒤에 쉼표(,)를 치는 경우가 자주 있다.

example
Carolina: I had a wonderful time tonight.
Heath: **So did I**.   [*Carolina* (2004 film)]

Carolina: 오늘밤 멋진 시간을 가졌어요.
Heath: 저도요.

장면 Carolina와 Heath가 오늘 저녁 첫 데이트를 한 뒤 헤어지고 있다.

> **example** This is an English-speaking country. If people in our country cannot speak English or refuse to do so, they should go back to their own countries. They will be happy, and **so will we**.

이 나라는 영어를 사용하는 나라입니다. 우리 나라에 있는 사람들이 영어를 할 줄 모르거나 영어를 하길 거부한다면 그들은 자기 나라들로 돌아가야 마땅하죠. (그들이 돌아간다면) 그들도 행복할 것이고 우리도 행복할 겁니다.

---

refuse 타동 거절/거부하다. 뒤에 동사형이 목적어로 올 때는 to-부정사 형태만 취한다.
(O) refuse + to-부정사; (X) refuse + -ing (동명사)/원형동사

> **스토리** 영어가 모국어가 아닌 이민자들에 대해 차별적인 태도를 가진 원어민 터줏대감의 편견 가득한 발언

> **example** Overcrowded schools, pollution and noise are driving many out of the cities. **So are heavy taxes and high costs of living**.

학생들이 너무 많은 학교들, 오염, 그리고 소음이 많은 사람들을 도시 밖으로 몰아내고 있다. 높은 세금들과 생활비 역시 마찬가지다 (많은 사람들을 도시 밖으로 몰아내고 있다).

---

overcrowded 형 사람들이 너무 많은, 인구가 지나치게 밀집된
pollution 명 오염   **many (people)**

> **주의** 여기서는 cities 앞에 정관사 the가 사용되어 마치 어떤 특정 도시들이 앞에 언급된 듯한 인상을 주지만 실은 앞에 아무런 특정 도시들에 관한 언급이 없는 경우이다. 즉, 여기서는 막연한 일반적인 또는 대부분의 도시들이라는 어감을 나타내기 위한 것이므로 the가 사용되지 않는 것이 바람직하다.

> **example** Chinese, Japanese, Indians, Filipinos, and many others have come to the United States and become an integral part of the nation. **So too have Mexicans, Puerto Ricans, and other Spanish-speaking peoples**.

중국인들, 일본인들, 인도인들, 필리핀인들, 그리고 많은 다른 이들이 미국에 와서 이 국가의 한 총체적인 부분이 되었다. 멕시코 사람들, 푸에르토 리코 (Puerto Rico) 사람들, 그리고 다른 스페인어를 하는 민족들 또한 그랬다 (미국에 와서 이 국가의 한 총체적인 부분이 되었다).

---

integral 형 총체를 완성하는, 필수적인   **nation** 명 국가, 민족
people: 주목: 여기서는 person의 복수형이 아니라 단수로서 특정한 사람들의 집단, 공동체, 민족을 뜻하며 복수형은 peoples이다.

> **example** Acceptance of considerable pluralism is a precondition of a free society; but **so**, too, **is a limit to pluralism**.

상당한 (정도의) 다원주의를 인정하는 것은 한 자유로운 사회의 전제 조건이지만 그 다원주의에 대한 어떤 제한 또한 그렇다 (그 자유로운 사회의 전제 조건이다).

acceptance 명 허용, 수용, 용인　**considerable** 형 (수량, 정도가) 상당한; significant; substantial　**pluralism** 명 다원주의　**precondition** 명 전제 조건　**limit** 명 한계, 제한

513　would = 주어의 의지 (현재 또는 미래 지향적)

I'd like that.
그거/그러면 좋겠네요

여기서의 'd는 would의 축약형이다. 여기서 조동사 would는 형태상으로는 과거 시제이지만 실제로는 현재나 미래의 행위에 대한 말하는 이 (주어)의 의지, 의사, 바램, 고집 등을 나타낸다. 이 어법의 would는 will을 사용하는 경우보다 신중하거나 정중하거나 상황에 따라 가정적인 어감을 함축하는 경향이 있다. 이 경우에는 Francesca 당신께서 저에게 저녁 식사를 대접해 주신다면 이라는 가정이 함축되어 있다. [➡ (53) (521)]

Cross-reference
비교 (would: 추측):
➡ (511)]
비교 (Would you ...?):
➡ (146) (482) (508)

example Parenting long-awaited children is "incredible," says the father who adopted two girls from Hunan, China. "I have learned not to be so self-centered. **I'd** put my life on the line for these girls."
오랫동안 기다려 온 아이들을 키우는 것은 "놀랍습니다" 라고 중국 후난성으로부터 두 여자 아이들을 입양한 아버지가 말합니다. "저는 많이 자기 중심적이지 않는 것을 배웠습니다. 이 아이들을 위해서라면 제 목숨도 걸겠습니다."

parenting: 여기서는 동명사. (부모로서) 아이들을 키우는 것, 양육하는 것　**long-awaited**: 오랫동안 기다린　**incredible** 형 믿을 수 없는　**adopt** 타동 입양하다　**self-centered**: 자기 중심적인　**put someone's life on the line (for ...)**: (...를 위해) 목숨을 걸다

스토리 중국 후난성으로부터 두 여자 아이들을 입양한 아버지의 아이들에 대한 지극한 사랑

514　명사1-과거분사 + 명사2: 어법 (1) (2)

a home-cooked meal
집에서 요리한/만든 식사/음식

'명사-과거분사'의 복합어가 (중간에 hyphen (-)에 의해 연결되어 있음에 유의) 명사 앞에서 그 명사를

The Bridges of Madison County (매디슨 카운티의 다리)

형용사로서 수식하는 어법이다. 이 '명사1-과거분사 + 명사2'의 형태는 대부분의 경우 기본 어법으로 (어법 1) '명사2 + 과거분사 + by + 명사1'을 의미하는데 이 경우는 예외적인 유형에 속하는 것으로 (어법 2) '명사2 + 과거분사 + (by가 아닌) 다른 전치사 + 명사1'의 유형에 속한다. 이 경우는 (어법 2)의 유형으로 a home-cooked meal = a meal cooked at home.이 된다.

어법-1

example For American youngsters, a **government**-subsidiz**ed** lunch is as much a part of their school lives as books and pencils.

[a government-subsidized lunch = a lunch (that/which is) subsidized by the government: 정부에 의해 (재정적으로) 지원받는 점심 식사]

미국의 어린이들에게는 정부에 의해 (재정적으로) 지원되는 점심 식사는 책과 연필 만큼이나 그들의 학교 생활의 한 부분이다.

youngster 명 어린이, 젊은이 (대개는 a boy, girl, 학생)　**government** 명 정부, 통치　**subsidize** 타동 (정부가 재정적으로) 지원하다 < **subsidy** 명 정부 보조(금)

example Theodore Roosevelt became the first president to ride in an automobile. But for three years, whenever he ventured out in his new vehicle, a **horse-drawn** carriage followed behind in case of a crash or breakdown.

[a horse-drawn carriage = a carriage (that/which is) drawn by a horse: 말에 의해 이끌리는 탈것/마차]

Theodore Roosevelt는 자동차에 탄 첫 대통령이 되었다. 그러나 삼 년 동안은 그가 새 차를 타고 (모험심을 발휘해서) 어디를 나갈 때면 언제나 한 말에 의해 끌리는 마차가 충돌이나 고장이 있을 경우를 대비해 뒤따랐다.

Theodore Roosevelt (TR): 1858-1919, 미국 제26대 대통령 (1901-09)　**venture out**: 모험을 걸고 밖으로 나가다; 위험을 무릅쓰고 바깥 세상을 경험하다　**vehicle** 명 (이동을 하기 위해) 탈 것; 차량　**in case of ...**: ...할/일 경우에 대비해서　**behind** 부 뒤에서　**in case of ...**: ...의 경우에 대비해서　**crash** 명 충돌　**breakdown** 명 (기계적) 고장, 정지

example Fundamentalist Christians are urging parents to abandon public education in favor of home or **church**-sponsor**ed** schools.

[church-sponsored schools = schools (that/which are) sponsored by churches: 교회들에 의해 후원되는 학교들]

근본주의자 기독교인들은 부모들에게 가정 학교 또는 교회에 의해 후원되는 학교를 위해 공교육을 포기할 것을 촉구하고 있다.

fundamentalist 형 근본주의(자)의 명 근본주의자　**urge** 타동 촉구하다 urge + 목적어 + to-부정사: 목적어에게 ...할 것을 촉구하다　**abandon** 타동 포기하다, 버리다
in favor of ...: ...을 선호/지지하여　**sponsor** 타동 후원하다

어법-2

example Overworked and **sleep-deprived** Americans are increasingly wired, as they turn to coffee, colas, energy drinks, and other stimulants.

[**sleep-deprived** Americans = Americans (who are) **deprived of sleep**: 잠을 빼앗긴 미국인들]
과중한 업무에 시달리고 잠을 빼앗긴 미국인들은 커피, 콜라, 에너지 보강 음료수들, 그리고 기타 자극제들에 의존하면서 점점 더 자극되고 있다.

overwork 타동 과로하게 하다　**wired** (waiərd) 형 (속어): 대단히 자극 또는 흥분된; 자극, 흥분, 기대 등으로 신경이 곤두선　**stimulant** 명 자극제 < **stimulate** 타동 자극하다

example Contrary to popular belief, football is not just for the boys. Plenty of women enjoy an **excitement-packed** gridiron battle, too!

[an **excitement-packed** gridiron battle = a gridiron battle (that/which is) **packed with excitement**: 흥분으로 가득한 풋볼 경기장의 싸움 (경기)]
많은 사람들이 믿는 바와 반대로 풋볼은 남자들만을 위한 것이 아니다. 많은 여자들 또한 흥분으로 가득한 풋볼 경기장의 싸움을 즐긴다.

contrary to ...: ...과 반대로　**popular belief:** 사람들이 일반적으로 믿는 것
gridiron (`grid·´aiərn) 명 American football (미식축구) 경기장

example Though our **gun-related** death rate has been falling overall, we still lose an average of 87 people a day to firearms.

[our **gun-related** death rate = our death rate (that is) **related to a gun/guns**: 총기와 관련된 우리의 사망률]
우리의 총기와 관련된 사망률이 전반적으로 떨어지고 있지만 우리 (미국)은 아직도 하루에 평균 87명의 사람들을 총기에 잃어버립니다.

death rate: 사망률　**overall** 부 전반적으로, 일반적으로　**average** 명 평균
a day: per day; each day; 매일, 하루 당　**firearm** 명 총기

515 부분 부정 = 완전/상당 부정

I do<u>n't</u> get a home-cooked meal <u>too</u> often.
저 집에서 요리한 식사 아주 자주 하지 않아요

주목 이 구문은 형태로 보아 전체어 (예: all, every, always, wholly, altogether) 또는 강조어 (예: very, too, quite, extremely, terribly, really) 앞에 부정어가 놓여 대부분 또는 상당한 부분을 인정하면서도 일부는 그렇지 않음을 (일부는 부정됨을) 강조하는 소위 부분 부정의 구문이다. 그러나 여기서의 부분 부정의 어법은 한국인의 영어교육에서 전혀 가르치지 않는 부분 부정의 한 **변종**인 어법으로 말하는 또는 글쓰는 이가 실제로 뜻하는 바는 보통의 부분 부정과 반대되게 일부는 인정하면서도 **대부분** 또는 **상당한** 부분은 **부정**하는 (그리고 때로는 **사실상** **완전 부정에 가까운**) 어법이다.

이 어법은 실은 상당한 부정을 강조하거나 거의 완전에 가까운 부정을 표현하면서도 부분 부정의 형태를 빌어 부드럽게 표현함으로써 흔히 듣는 또는 읽는 이의 또는 화제의 인물의 입장, 견해, 기대 따위를 **배려**하거나 (예를 들어 바로 비난하거나 무시하거나 언짢게 하지 않기 위해) 자신의 입장이나 견해를 **신중**하거나 **예의** 있게 표현하는 일종의 **완곡어법**으로 **구어체**에서 제법 자주 쓰인다.

그러나 직접적이고 명료한 표현을 선호하는 언어적 취향을 가진 원어민들 중에는 이러한 표현 스타일을 별로 좋아하지 않는 사람들이 있다. 그리고 듣는 이가 이 어법을 실제의 상황에서 제대로 이해하기 위해서는 이야기가 전개되는 문맥과 상황에 관한 그리고 화제에 관한 충분한 이해가 있어야 한다.

이 경우에는 '저 집에서 만든 식사를 너무도/아주 자주는 하지 못해요' 라는 뜻이 아니라 (형태상으로는 그런 부분 부정이다) 실은 "저 집에서 만든 식사를 별로/거의 하지 못해요' 라는 완전 부정에 가까운 표현을 부분 부정의 형태를 빌어 완곡하게 표현하는 기법이다. 항상 직업상 세상 여기 저기 여행을 하고 다니는 50대의 미혼 남자가 언제 어디서 얼마나 자주 집에서 요리된 식사를 할 수 있겠는가를 생각해 보면 이 의미를 이해하는 데 도움이 될 것이다. [➡ (347)]

example My parents are Asian and they do<u>n't</u> speak English <u>all that well.</u> They always misunderstand things, so I try to avoid having my boyfriends meet them, or at least having to spend long periods of time with them. I'm ready on time, then I just run out the door when boys pick me up.

제 부모님은 아시안 계이며 영어를 그다지 잘 하시진 못해요. 항상 잘못 이해하셔서 저는 제 남자 친구들이 부모님을 만나지 않도록 또는 적어도 부모님과 오랜 시간을 보내지 않도록 애를 쓰죠. 전 시간에 맞춰 준비하고 있다가 남자애들이 저를 데리러 오면 곧바로 문밖으로 달려 나가죠.

things 명 (구어체) 이런 저런 상황, 사건/사물들 **avoid** 타동 피하다. 뒤에 동사형을 취할 때는 오직 -ing (동명사)만을 사용한다. (O) avoid + -ing (동명사); (X) avoid + to-부정사/동사원형
ready on time: 시간에 맞추어 준비하고 있는
run out the door: 문 밖으로 달려 나가다. 주목: 국내의 영어교육에서 가르치지 않지만 여기서 **out**은 **전치사**이며, run out of the door라고 표현하지 않음에 주의

> **설명** 미국에 이민 온 동양계 부모의 17세 된 딸의 부모님의 영어에 관한 표현인데 여기서 They don't speak English **all that well.** 이라고 표현하여 '내 부모님은 영어를 (상당히 또는 제법 잘하셔도) 그렇게 썩 잘하시지는 못한다' 라는 **부분 부정의 형태**를 사용하고 있는데 이 경우의 부분 부정은 실은 They always misunderstand things., 즉 뭐가 뭔지 일들이 어찌 돌아가는지 "**항상**" 오해하실 정도로 영어가 형편없음을 **완곡하게** 표현하는 것이다 (부모님에 대한 예의를 갖추는 어감도 있다).

Scene

Robert: If ⑯ ⑱ it's going to be a problem ⑰ for you to see me tonight, don't ⑲ feel pressured to do ⑳ so. I ㉑ wouldn't want you ㉒ put in a ㉓ compromising situation.

Francesca: Yeah, I understand. ㉔ That's very kind of you to think of that. Robert?

Robert: Yeah?

Francesca: I want to ㉕ come. O.K.? ㉖ So, ㉗ I'll meet you at the bridge ㉘ like we planned. And don't worry about ㉙ the rest.

Robert: All right. I'll see you ㉚ then.

Francesca: O.K. Bye.

Robert: Bye.

[*The Bridges of Madison County* (1995 film)]

Words & Phrases

- **problem** 몡 문제
- **pressure** 타동 (... 에게) 압력을 가하다, 부담을 주다
- **compromise** 타동 타협하다. 여기서는 의심, 위험, 스캔들 따위에 빠지게 하다; 명예를 손상시키다. 주목: –ize/-ise /-aiz/로 끝나는 동사는 **두 음절 앞** (끝에서 세 번째 음절)에 **주강세** (main stress)가 오며 –ize/-ise에 약강세가 온다.
- **situation** 몡 상황. 주목: **-tion** /-shən/은 바로 앞의 음절에 **주강세**가 온다.
- **understand** 자동 이해하다
- **kind** 형 친절한, 자상한
- **meet** 타동 (...를) 만나다
- **want** 타동 원하다, 바라다. want + to-부정사: ... 하기를 원하다, 바라다

- **bridge** 명 다리
- **plan** 자동 계획하다
- **worry** 자동 걱정하다
- **rest** 명 나머지

번역

Robert	저를 오늘 저녁에 만나시는 게 문제가 될 거면 그렇게 해야만 한다고 부담 느끼지 마세요 (나오시지 않아도 됩니다). 당신이 곤란한 상황에 처하는 것을 원치 않아요.
Francesca	예, 알아요. 그런 생각을 해 주시니 아주 자상하시네요. Robert? Robert 예?
Francesca	(만나러) 가고 싶어요. 좋죠? 그럼 우리가 계획했던 것처럼 다리에서 만날께요. 그리고 나머지는 걱정 마세요.
Robert	좋아요. 그때 뵐께요. Francesca 좋아요. 안녕 Robert 안녕

장면

Francesca는 어제 우연한 계기로 처음 만나 Roseman 다리에 함께 다녀오고 집에 돌아와 대화를 나누며 iced tea, 저녁 식사, 그리고 브랜디를 함께 한 뒤 밤에 떠난 Robert가 오늘 하루 종일 마음에서 떠나지 않는다. 아무리 해도 Robert를 마음에서 떨치지 못하는 이 중년의 여인은 마치 사랑에 빠진 소녀처럼 Roseman 다리로 달려가 Robert가 오늘의 작업을 끝내고 저녁에 다시 만나자는 쪽지를 남기고 돌아온다. 그 쪽지를 본 Robert가 공중 전화로부터 Francesca에게 전화를 걸어 그 초대를 받아들인다. Robert는 두 사람의 만남이 좁은 세계인 시골 마을에 사는 중년의 부인이자 두 틴에이저의 엄마인 Francesca를 마을 사람들의 입방아에 오르게 하거나 명예를 실추시키거나 다른 곤란한 입장에 처하게 할까 염려하는데 Francesca는 오히려 좁은 주변 사회의 이목이나 인식에 아랑곳하지 않고 대담하게 Robert를 만나고 싶어한다.

516 It (= 가주어) ... to-부정사 (= 의미상의 주어)

It's going to be a problem **for you to see me tonight**.
당신이 나를 오늘 밤에 만나는 것이 문제가 될 것이다.

Cross-reference
비교 (it = that-절)
➡ (92)
비교 (it = what-관계 대명사절):
➡ (376)

여기서 주어인 it은 소위 **가주어** (또는 **형식 주어**)로 불리는 것으로 나중에 진짜 (의미상의) 주어가 옴을 문두에 위치해서 미리 알리는 역할을 하며, 이 경우에는 문미에 오는 to-부정사구인 to see me tonight (오늘 저녁에 나를 만나는 것)을 가리킨다. 가주어 it은 특히 주어인 to-부정사구, 동명사구, 또는 명사절의 길이가 상당히 길어질 경우 주어가 상대적으로 짧고 술부가

긴 것을 선호하는 영어 문장의 기호를 만족시키기 위해 문두에 쓰여 듣는 이나 읽는 이에게 진짜 (의미상의) 주어가 나중에 옴을 문장 앞에서 미리 신호를 보내는 역할을 한다. [➡ (185)]

example In Wisconsin, temperatures in the winter drop well below zero and **it** is important **for everyone to stay warm**!

Wisconsin 주에서는 겨울에 온도가 (화씨로) 영도보다 훨씬 아래로 떨어지니까 모든 사람이 따뜻하게 지내는 것이 중요합니다!

temperature 명 온도　　**well below zero**: 영도 훨씬 이하로. 주목: 여기서의 well은 '잘' 이라는 방법/방식의 부사가 아니라 much/way (훨씬, 더욱)으로 바꿔 쓸 수 있는 **정도 강조**의 부사

example **It** is no longer possible **for more than a very small minority to start out poor, work hard, and become well off**.

아주 소수의 사람들 이상으로 많은 사람들이 가난하게 시작해서 열심히 일해서 잘살게 되는 것은 더 이상 가능하지 않다.

a very small minority: 아주 소수의 사람들 ↔ **a vast/large majority**: 절대 다수의 사람들
start out poor: 여기서는 '인생을 가난하게 시작하다' 라는 의미　　**well-off** 형 유복한, 부유한

example Trevor: I guess **it**'s hard **for some people to change**.　　[*Pay It Forward* (2000 film)]

Trevor: 어떤 사람들에게는 변화한다는 게 어려운 것 같아요.

example **It** is now acceptable **for the whole family to come along to Las Vegas.**

이제는 온 가족이 Las Vegas로 오는 것이 용납이 된다.

acceptable 형 받아들일/용납할 수 있는 < **accept** 타동 받다, 받아들이다, 용납하다
come along은 **along**이라는 부사가 붙어 멀리로부터 온 어감을 나타낸다.

배경 성인들의 도박과 유흥을 중심으로 Nevada 사막 지역에 건설되어 20세기 중반에 일어선 Las Vegas가 1980년대 이후로 가족과 대중 관광객들과 휴가객들을 끌어들여 경제적 기반을 넓히고 확고히 다지는 데 주력해 오고 있다.

The Bridges of Madison County (매디슨 카운티의 다리)　211

517 for + 목적어 + to-부정사

It's going to be a problem for you to see me tonight.
당신이 나를 오늘 밤에 만나는 것이 문제가 될 것이다.

Cross-reference
비교 (to-부정사의 의미상의 주어 = of + 목적어):
➡ (145)

To-부정사의 동작이나 상태의 주어는 대부분의 경우 문장의 주어이거나 목적어이거나 해서 구문의 구조에 의해 명백히 드러나거나 문맥상 또는 상식상 또는 말하는 이와 듣는 이 간에 암묵적으로 이해되기 때문에 명시되지 않는 것이 보통이다. 그러나 여기서는 to-부정사인 to see me tonight (나를 보는 것)의 주어 (소위 의미상의 주어)가 주어인 it이 전혀 아니기 때문에 말하는 이가 그 to-부정사의 의미를 명시할 필요를 느껴 전치사 for를 사용하여 'for + 목적어'의 형태를 사용하여 명시한 것이다. 이렇게 to-부정사의 의미상의 주어는 의미의 혼돈을 피하기 위해 명시할 필요가 있을 경우 대부분의 경우 'for + 목적어'의 형태를 취한다.

example Crowding a room is acceptable for cocktails, but for a buffet dinner you must have places **for guests to sit comfortably.**
칵테일 파티를 위해서는 장소를 (사람들로) 비좁게 하는 것이 허용될 수 있지만 부페 저녁 식사를 위해서는 손님들이 편히 앉을 자리들을 (충분히) 가져야만 한다.

cocktails: 여기서는 cocktail 음료들이 아니라 cocktail parties   **comfortably** 부 편하게

example
I've been wai-aiting, sitting here so patiently
fo-oh-oh-or you to come over and **have** this dance with me
And my number is Beechwood 45789
You can call me up and have a date any old time
[*Beechwood 4-5789*, a rock-'n'-roll song (1962) by the Marvelettes]

[for you to come over and (to) have this dance with me]
난 여기서 너무도 인내심 있게
당신이 건너와 이 춤을 나와 함께 추길 기다려 왔는데
내 번호는 Beechwood 4-5789
전화해 주시면 언제나 데이트할 수 있어요

any old time 부 주목: 여기서의 old는 오래된, 과거의 라는 뜻이 아니라 부사 anytime에 친근하거나 (intimate) 또는 애정 어린 (affectionate), 때로는 강조하는 뉘앙스를 주기 위해 첨가된 말.

여기서 old의 'd' 발음을 극히 약하게 하거나 하지 않은 것을 나타내기 위해 ol' 또는 ole로 표기하는 경우들도 있다.

518 be going to = 추측: 가능성/순리

It**'s going to be** a problem.
그것이 문제가 될 것이다, 되는 것이 당연하다, 되게끔 되어 있다.

주목 여기서의 be going to-부정사는 한국의 영어 교육에서 가르치는 주어의 의도를 나타내는 용법으로 쓰인 것이 아니라 미래에 주어가 논리적으로나 상황적으로나 (예정이 되어 있다든지 일이 돌아가는 모양을 보건대 그렇게 될 조짐이 뚜렷하다든지) 주어가 그렇게 될 것이 마땅하거나 순리적이거나 자연스럽거나 분명하거나 가능성이 대단히 높다고 보는 말하는 이의 추측이나 판단을 나타낸다. 즉 이 문장은 그것이 (우리가 저녁에 같이 만나는 것이) 이 좁은 사회에서 문제가 될 것이다, 문제가 되게끔 일이 굴러가고 있다 라는 뉘앙스를 나타낸다. [➡ (78) (93) (306) (453) (570)]

Cross-reference
비교 (be going to = 말하는 이의 의지):
➡ (32)
비교 (be going to = 주어의 의지):
➡ (365) (494) (555)

example The entire humanity **is going to be** faced with major catastrophes unless urgent and effective actions are taken to deal with global warming and overpopulation.
지구 온난화와 인구 과잉을 해결하기 위해 절실하고 효과적인 조치들이 취해지지 않는다면 전인류는 중요한 비극적 사태들에 직면할 것입니다.

be faced with ...: ...에 직면하다　**catastrophe** 명 파국, 대재앙; calamity
unless: 접속. ...하지 않으면, 않는 한　**urgent**: 형 긴급한, 절실한　**effective** 형 효과적인
deal with ...: ...를 다루다/해결하다　**overpopulation** 명 과잉인구, 인구과잉

519 수동태: by + 행위자가 표현되지 않는 수동태

feel pressur**ed** to do so
그렇게 해야 한다고 압력을 받는다고 (부담된다고) 느끼다

'주어 + feel + 형용사 (= 주격 보어)'의 구문으로 주어가 어떻게 느끼는지를 나타내는 표현이다. 여기

서는 형용사 대신에 형용사적인 문법적 역할을 하는 과거분사인 pressured가 쓰여 있다. 그리고 feel pressured to do so의 기원은 feel (… 라고 느끼다) + (You are) pressured to do so. (당신은 그렇게 하도록 압력 받고 있다)이다. 즉 to do so (그렇게 하다 = to see me, 오늘 저녁에 나를 만나다) 하도록 pressured (압력 받은) 것으로 feel (느낀다)는 뜻이다. 즉 이 pressured to do so는 수동태의 구문인데 누가 pressure를 하는지 그 동작의 주체 (행위자)가 나타나 있지 않다.

주목 ▶ 이 경우처럼 실제의 **수동태** 구문에서는 **과반수**의 경우에 동작을 **행하는 주체인 'by + 행위자'가 표현되지 않는다.** 그 이유는 (1) 그 행위자가 누구인지 **문맥상** 드러나 있거나 말하는 이와 듣는 이 간에 **암묵적**인 이해가 있거나 또는 (2) 화제의 초점이 그 행위자가 아니라 동작을 받는 수동태 구문의 주어이기 때문에 'by + 주어 (행위자)'가 **관심 밖**의 것이기 때문이다. 이 경우에는 문맥상 pressure를 주는 주체는 나 (Robert)이거나 Francesca 당신이 나한테 먼저 만나자는 쪽지를 보낸 상황으로, by me 또는 by the situation이 문맥상 뚜렷하기 때문에 표현되지 않은 것이다. [➡ (58) (417)]

example Education may not only improve finances. It **is** also link**ed** to better health habits and a longer life.
[It (Education) is also linked to better health habits and a longer life (**by people**).]
교육은 재정 (경제력)만을 향상시킬 수 있는 것이 아닙니다. 교육은 더 나은 건강 습관과 장수에도 관련이 지어 집니다.

---

improve 타동 향상시키다   **link** 타동 관련짓다; relate; associate
health habit: 건강을 위한 습관

---

520 so = 지시 대명사: do so; say so; think so 등

do so
그렇게/그것을 하다

여기서의 so는 앞에 언급된 내용 (such as has been stated)을 가리키는 지시 대명사로 가장 흔히는 **do so, say so, think so, guess so, hope so, suppose so** 등의 표현에 쓰인다. [➡ (532)]

example Mary Pickford, "America's Sweetheart," signed the first million-dollar movie contract in 1916 – months before Charlie Chaplin, the first male star to **do so**.
[do so = sign a million-dollar movie contract]
"미국의 애인" Mary Pickford는 1916년에 최초의 백만 불 대의 영화 계약에 서명을 했는데 이는 그렇게 한 (백만 불 대의 영화 계약을 체결한) 최초의 남성 스타인 찰리 채플린보다 여러 달 앞선 것이다.

[사진] **Mary Pickford** (1893-1979): 미국의 silent motion picture (무성 영화) 시대의 중요한 영화 배우로 "**America's Sweetheart**" (미국의 애인)으로 불리며 대단한 대중적 인기를 누렸으며 Hollywood의 영화 산업의 형성에도 큰 영향을 미쳤다.

주목 ▶ **발음**에 유의: Pickford의 –ford는 (fərd) (퍼-드)로 Ford의 (fɔrd) (포-드)와 모음의 발음이 다르다. /ə/는 /ɔ/보다 구강 안에서 발음이 만들어지는 지점 (조음점)이 낮고 보다 뒤쪽이며 약하다. Oxford, Stanford, Clifford 등의 –ford도 (fərd)로 발음된다. 사진 제공: the U.S. Library of Congress

example If slavery is not wrong, nothing is wrong. I cannot remember when I did not **think** and **feel so**.

[so = that slavery is wrong]

노예제가 잘못된 것이 아니라면 아무것도 잘못된 것이 없다. 나는 그렇게 생각하고 느끼지 않은 적들 기억할 수가 없다. (Abraham Lincoln)

521 would = 주어의 의지 (현재 또는 미래 지향적)

I **would**n't want you put in a compromising situation.

당신이 곤란한 상황에 처하는 것을 원치 않아요/ 바랄 리가 없죠.

여기서 조동사 would는 형태상으로는 과거 시제이지만 실제로는 현재나 미래의 행위에 대한 **말하는 이** (주어)의 **의지**, 의사, **바램**, **고집** 등을 나타낸다. 이 어법의 would는 will을 사용하는 경우보다 **신중**하거나 정중하거나 상황에 따라 **가정적**인 어감을 함축하는 경향이 있다. [➡ (53) (513)]

Cross-reference
비교 (would: 추측):
➡ (511)
비교 (Would you ...?):
➡ (146) (482) (508)

example **Would you** ever get involved with a younger guy? Most women said they'd have no problem with that.

연하의 남자와 (데이트를 하거나) 관계를 맺으실 의사가 혹시 있으십니까? 대부분의 여성들이 그것에 아무 문제가 없다고 말했군요.

ever 부 by any chance, 혹시나   **be/get involved with** ...: ...와 관련을 맺다, ...의 일에 동참하다/연루되다, ...와 이성으로서 사귀다/관계를 맺다

The Bridges of Madison County (매디슨 카운티의 다리)

522 want + 목적어 + (to be) + 과거분사/ -ing (현재분사)

want you (to be) put in a compromising situation
당신이 곤란한/ 명예를 손상시키는 상황에 처하기를 바라다

주목 '목적어가 ... 하/이기를 바라다, 원하다' 라는 뜻을 나타내는 'want + 목적어 + to-부정사'의 구조에서 to-부정사가 수동형 (to be + 과거분사)인 경우 **to be가 생략될 수** 있는 어법으로 그 생략의 결과 '**want + 목적어 + 과거분사**'의 형태가 된 경우이다. 국내의 영어교육에서는 이 어법을 가르치지 않지만 want, like, order (주문, 명령하다)의 경우에 특히 현저하며 구어체와 문어체 양쪽에 자주 쓰인다. [참고] 이 동사들은 목적 보어로 현재 분사를 취할 경우에도 현재 분사 앞의 to be가 생략될 수 있다. [**want** + 목적어 + (**to be**) + **-ing**]

example Andrew Jackson **wanted eastern Indians (to be)** remov**ed** to lands west of the Mississippi River.

Andrew Jackson (대통령)은 동부의 인디언들 (원주민들)이 Mississippi 강의 서쪽의 땅으로 (강제로) 이주되기를 바랬다.

Topic Andrew Jackson (1767-1845; 제7대 미국 대통령 (1829-1837))의 1830년대 전반의 미국 원주민 강제 이주 정책 (removal policy) (특히 미국 동부로부터 서남부로)

remove 타동 여기서는 '제거하다'의 의미가 아니라 (강제로) 이주시키다
west of ...: ...의 서쪽에 (있는)
to lands (that/which were) west of the Mississippi River

example Truman **ordered the atomic bombs (to be)** dropp**ed** on Hiroshima and Nagasaki to end World War II.

Truman (대통령)은 제2차 세계대전을 끝내기 위해서 히로시마와 나가사키에 핵폭탄이 투하되도록 명령했다.

[**President Harry S. Truman:** 미국 제33대 대통령 (1945-53)]

example A federal court **ordered white schools (to be)** open**ed** to black students in 1957.

(미국의) 한 연방 법원은 1957년에 백인 학교들이 흑인 학생들에게 열리도록 (문을 열도록) 명령했다.

example

Ronny: I **like my steak (to be)** well **done**.   [*Moonstruck* (1987 film)]

제 스테이크는 바짝 구워지는 게 좋아요.

example We don't **want anybody** (**to be**) tell**ing** us what to wear, who to be, or what to do.

우리는 어느 누구도 우리에게 무엇을 입어라, 누가 되어라, 또는 무엇을 하라고 말하고 있기를 바라지 않죠.

Exercise

다음의 문장들을 주어진 낱말들을 사용하여 영작해 보세요.

❶ 1957년에 미연방 대법원은 한 판결에서 모든 공립학교들이 인종적으로 통합될 것을 명령했다. [the U.S. Supreme Court; a decision; racially; integrate; order]

❷ 그러나 많은 백인 부모들은 흑인 학생들이 자기 아이들과 함께 같은 학교에 입학되는 것을 원하지 않았다. [want; admit; along with ...: ...와 함께]

❸ 나는 모든 종류의 인종차별 주의가 온 세상에서 뿌리 뽑히면 좋겠다. [like; racism; eradicate]

[모범 영작]

'주어 + order/want/like + 목적어 + (to be) + 과거분사'의 구조를 활용하는 영작문이다.

❶ In 1957, the U.S. Supreme Court ordered all public schools (to be) racially integrated.
❷ However, lots of white parents did not want black students (to be) admitted to the same school along with their children.
❸ I'd like racism of all kinds (to be) eradicated throughout the world.

order 타동 명령/주문하다   **racially** 부 인종적으로   **integrate** 타동 (인종을) 통합하다
admit 타동 입학시키다, 인정하다   **eradicate** 타동 근절하다, 뿌리뽑다

523 -ing (현재분사) + 명사 = 명사 + that + 동사

a compromising situation
곤란에 처하게 하는 상황

compromise 한다는 것은 흔히 타협하다 라는 타동사로 (또는 타협이라는 명사로) 쓰인다. 그러나 여기서는 위험, 불명예, 입방아, 스캔들 따위에 노출시킨다든지 무엇을 욕되게 타협한다든지 또는 명예를 손상시킨다는 뜻이다. 이 표현은 문맥상 a situation that compromises your integrity or reputation (당신의 (지금까지 성실하게 살아 온 중년의 부인이자 아이들의 엄마로서의) 순수함이나 명예를 욕되게 하거나 사람들의 입방아에 오르게 하거나 곤경에 처하게 하는 상황) 이라는 뜻이다.

example

Question: We've been together for six months (we're 25), and after about five months, I realized he's a racist. In many ways, our relationship is perfect, but every so often his racist comments make me want to pummel him. Is maintaining a promising relationship worth **compromising** my moral standard?
Answer: Never.

질문: 우린 여섯 달 동안 사귀고 있는데요 (우린 스물 다섯입니다). 약 5개월 지나서 저는 그가 인종차별주의자임을 알았습니다. 여러 면에서 우리의 관계는 완벽하지만 너무도 자주 그의 인종차별적 언급은 그를 패고 싶게 만듭니다. 유망한 관계를 계속하는 것이 저의 도덕적 기준을 손상시킬 가치가 있을까요?
대답: 절대 아닙니다.

---

realize 타동 깨닫다, 알아차리다; 실현하다   **every so often:** 이따금씩; (every) once in a while; (every) now and then; from time to time; periodically
racist 명 인종차별주의자. 여기서는 인종차별(주의자)적인 이라는 의미의 형용사
pummel 타동 (주먹으로) 때리다, 후려치다   **promising** 형 유망한, 가능성이 높은
worth 전치 ...의/할 가치가 있는   **compromise** 타동 (명예 등을) 손상시키다

524 It is + 성질 형용사 + of + 목적어 (+ to-부정사)

That's very kind of you to think of that.
그런 걸 다 생각하시다니 아주 자상하시네요.

Cross-reference
비교 (to-부정사의 주어 = for + 목적어):
➡ (517)

주목 '주어 (It/that/this) + be 동사 + 성질 형용사 **+ of + 목적어** (흔히 사람).'의 구조로 여기서 of

는 '...에 관해 말하자면, ...는' (as for ...; to speak of ...)이라는 의미의 전치사이다. 그리고 여기서의 주어 that은 흔히 쓰이는 가주어 it과 같은 것으로 뒤따르는 to think of that (그것을 생각하는 것)을 문장의 맨 앞에서 받아 뒤에 진짜 주어가 온다는 것을 신호하는 역할을 한다. 즉 이 구문은 '주어는 (그것은) 그 사람 목적어로/에 관해 말하자면 그 성질 형용사이다/하다'라는 뜻을 나타낸다. 그리고 이 구문에서는 이 경우에서처럼 'of + 목적어' (흔히 사람) 뒤에 그 사람 목적어가 행하는 동작이 to-부정사로 표현되어 뒤따르는 경향이 높으며, 그런 경우에 to-부정사는 그 사람 목적어가 그 성질 형용사이다/하다 라고 판단하는 근거를 나타낸다. 그리고 그 to-부정사구는 그 의미가 문맥상 뚜렷하게 드러나면 생략될 수도 있다. [➡ (145) (187)]

example It was very **brave of the young Kennedy brothers to push** for the civil rights of African-Americans and other minorities in the early 1960s.

1960년대 초에 흑인들과 다른 소수인종들의 민권을 추진하다니 젊은 Kennedy 형제들은 아주 용감했어요.

brave 형 용감한   **push for ...**: ...를 추진하다, ...에 박차를 가하다
minorities: 소수인종들

525 come = go (가다)를 뜻하는 경우

come
가다

A가 B에게 갈 경우 A goes to B.라고 동사 go를 써서 표현함은 누구나 아는 사실이다. 그러나 A가 말하는 나 (I)이고 B가 말을 듣는 상대방 (you)인 경우에는, 즉 **I가 you에게 갈 때**에는, 영어에서는 시각의 중심이 you에 놓여 go를 사용하지 않고 come을 사용하여 **I come to you.** 라고 표현함에 유의해야 한다. (341) (556)]

example
Guest: What time should I **come** to your Thanksgiving party today?
Host: Some time around 1:30 should be perfect.
손님: 오늘 선생님네 추수감사절 파티에 몇 시에 가야 할까요?
주인: 1:30 쯤이면 완벽합니다.

526 so = 논리적 연결 부사: 결론, 결과, 영향

So
그러니, 그래서, 따라서

여기서의 so는 논리적 연결어로서 앞에 오는 진술을 이유, 근거, 전제, 가정 등으로 한 **결론**, **결과**, **영향** 등을 나타내는 진술을 이끈다. '… 하/이니, 그래서, 그러니(까), 결론적으로, 결과적으로' ((and) therefore; (and) thus; with the result that-절; as a/the result or conclusion) 등으로 번역될 수 있다. 일상 **구어체**에서는 so가 결론/결과의 부사로 **가장 빈번히** 사용된다. [➡ (328) (343)]

example We Americans cherish wealth, security, and supremacy. **So** we'll never go totally broke or hungry.

우리 미국인들은 부와 안전과 우월을 소중히 여기죠. 그러니 우린 절대로 완전히 파산하거나 배가 고플 일은 없을 겁니다.

cherish 타동 소중히 여기다   **wealth** 명 부
security 명 보안, 안전   **supremacy** 명 (최상의) 우수성, 탁월함, 최상의 지위
broke: (비격식체) 형 돈이 없는, 파산한; penniless, bankrupt

527 will = 주어의 의지

I'll meet you at the bridge.
그 다리에서 당신을 만날께요

여기서의 조동사 will ('ll: will의 축약형)은 will의 기본적인 어법의 하나로 (다른 기본적인 어법인 말하는 또는 글쓰는 이가 주어의 미래의 사건, 행위, 또는 상태에 관해 추측이나 예견을 하는 것이 아니라) 현재나 미래의 사건이나 행위에 관한 "**주어의**" (주어가 I 또는 We인 경우에는 동시에 말하는 또는 글쓰는 이의) **의지**, **소망**, **계획**, **고집** 등을, 그리고 부정문 (**will not**; **won't**)의 경우에는 **거부**나 **거절**을 나타낸다.
[➡ (117) (121) (142) (174) (234) (580)]

Cross-reference
비교 (Will you?):
➡ (320) (406)
비교 (will = 추측):
➡ (104) (128) (316) (323) (372) (472)
비교 (will = 말하는 이의 의지):
➡ (138)

example Jack (to Rose) We'll drink cheap beer, we'll ride on the roller coaster till we throw up. Then we'll ride horses on the beach right in the surf.

[*Titanic* (1997 film)]

Jack (Rose에게) 우리 싸구려 맥주를 마실 거예요. 토할 때까지 롤러코스터를 탈 거예요. 그리고는 바닷물이 들어와 해변에 부서지는 바로 그 안쪽에서 말을 탈거구요.

throw up: (비격식체) 토하다; vomit; (비격식체) toss up; (비격식체) heave up; (속어) barf; (속어) throw/toss/spill one's cookies/tacos
surf 명 바닷물이 해변에 밀려들어 오는 것, 또는 바닷물이 해변에 밀려와 거품을 일으키며 만드는 줄/선
right in the surf에서의 **right**: 옳다든지 오른쪽이라는 뜻이 아니라 '바로, 곧, 즉, 딱 ...' (precisely, exactly, directly, immediately) 라는 강조의 부사

장면 Jack과 Rose는 Titanic 호의 갑판 위에서 대서양의 수평선을 바라보며, 배가 New York에 도착하면 옛날에 Jack이 초상화를 그리던 California 주의 태평양 연안의 작은 도시 Santa Monica의 부둣가와 해변에 함께 가서, 사회경제적 차이와 제약을 초월해서 자유로운 사랑을 만끽할 꿈을 펼친다.

528 like = 접속사

like we planned
저희가 계획했던 것처럼/듯이

흔히 비유나 예를 나타내는 전치사로 쓰이는 like가 여기서는 뒤에 주어 (normal people)와 술부 (talk), 즉 절을 이끌고 있으니 접속사이다. 이렇게 접속사로 쓰이는 경우에 like는 다음 세 가지의 의미로 사용될 수 있다.

like: 의미-1 주절의 내용을 like에 의해 이끌리는 절의 내용을 유사성을 가진 예로 사용하여 보다 뚜렷이 전달하고 효과적으로 이해시키는 어법으로, 방식이나 방법 (way, manner, fashion)을 예로 드는 기능을 하며 like-절이 흔히 '...하는 (방)식으로, ...하듯이, ...인 것처럼' (in the same way as/that + 절; as + 절; the way (that) + 절)으로 번역된다.

like: 의미-2 주절의 내용을 like에 의해 이끌리는 절의 내용을 비유적으로 사용하여 보다 뚜렷이 전달하고 효과적으로 이해시키고자 하는 점에서는 [의미-1]과 비슷하나, 주절과 like-절 간의 유사성이나 긴밀한 관계가 [의미-1]과 비교해 많이 떨어진다. 때로는 like에 의해 이끌리는 절의 내용이 종종 사실 무근이거나, 현실성이 없거나, 잘못 오도한다고 하는 점에서 주절과 like-절의 의미 관계가 [의미-1]의 경우와 다른 것으로, 기본적으로 비유적인 상황을 묘사하며 흔히 '마치 ...하/이듯이, 마치 ...하는/인 것처럼' (as if)으로 번역된다. 또한 like는 [의미-1]과 [의미-2]에서 It is, feels, looks, seems, sounds, tastes + like-절의 표현으로 자주 쓰인다.

like: 의미-3 like가 접속사 that과 같은 기능을 하는 경우로 가장 흔히 **It seems + like-**절의 구조로 쓰이는데, It seems + that-절 (...인 것 같다/...인 듯하다)과 같은 의미이나, 종종 that을 사용하는 경우보다 더 완곡하거나 또는 덜 강하게 주장을 내세우는 어감을 나타낸다.

[의미-1, 2, 3]의 어느 경우이든, 이렇게 접속사로 쓰이는 like는 **비격식체, 일상체, 구어체**에서 대단히 자주 사용된다. [▶ (163) (209) (395) (438) (460)]

example You cannot protest and challenge the government freely **like** you used to be able to.
우리는 (이제는) 전에 할 수 있었던 식으로 정부에 대해 자유롭게 항의하고 반대할 수가 없습니다.

protest 타동 ...에게 항의하다   **challenge** 타동 ...에게 도전/항의하다, 반론/이의를 제기하다

스토리 2001년 9월 11일 (9/11)에 있었던 미국에 대한 테러 공격 이후의 미국 정치와 사회의 극보수화를 보여 주는 관점이다.

[사진] 그러나 2003년 2월 1일 오전에 살을 에는 추위를 무릅쓰고 Wisconsin 주의 State Capitol (주의사당) 앞 계단에 모인 이 주민들처럼 테러와의 전쟁에 용기 있게 항의하는 목소리들도 있었다. 한 소년이 "War Is NOT the Answer!" ("전쟁은 대답이 아니다!") 라는 1967년의 Dr. Martin Luther King, Jr.의 반전 구호 사인을 들고 있다.
사진: ⓒ 박우상 (Dr. David)

529 the: 문맥상 또는 암묵적으로 이해되는 the

the rest
나머지 (사정/상황들)

여기서의 rest는 휴식/쉼이라는 뜻이 아니라 나머지 (우리가 오늘 저녁에 만나는 것과 관련한 주변 상

황)라는 뜻인데 그 앞에 정관사 the가 오고 있어 그 나머지의 정체가 뚜렷함을 나타낸다. 여기서 rest의 정체가 뚜렷한 것은 앞에 그 rest관한 언급이 앞에서 이미 있어서가 아니라 듣는 이가 문맥상 뚜렷이 이해할 것을 전제로 하는 것이며, 이 문맥에서 좁은 사회의 이목, 누가 보거나 입방아를 찧을 경우, 남편과 아이들이 알게 될 경우 등을 함축한다 (앞에서 Robert가 함축적으로 표현한 a compromising situation에 처할 경우나 그 가능한 영향들로 보면 된다).

example In April 1968, Robert Kennedy spoke to a group of medical students and proposed national health care to provide for the poor. "Where will **the money** come from to pay for this program?" a student demanded. "From you," answered Kennedy.

설명 일반적으로 money라고 하면 어떤 특정한 돈이 아니라 양으로 (있다, 없다, 많다, 적다 등) 파악되는 물질명사로 사용되므로 앞에 the가 사용되지 않는다. 그러나 여기서는 문맥상 의료보험을 살 여력이 없는 가난한 사람들에게 의료를 제공하는 ("to pay for this program"에 의해 수식되는) **특정**한 경비인 money이므로 앞에 the가 사용되었다.

1968년 4월에 Robert Kennedy는 의대 학생들 그룹과 대화를 하면서 가난한 사람들을 부양하기 위한 국가의료를 제안했다. 한 학생이 대답을 요구했다. "이 프로그램 경비를 충당할 돈은 어디서 올 건가요?" 케네디가 대답했습니다. "당신으로부터."

provide for ...: ...를 부양하다   **demand** 자동 (대답을) 요구하다, 묻다

여기서의 **Kennedy**: Robert Francis Kennedy (RFK): 미국 정치인 (1925-68); 미국 연방 Attorney General (검찰총장/ 법무부 장관); U.S. Senator (미국 연방 상원의원, New York 주), 1965-68, 암살 (1968)

[사진] Robert F. "Bobby" Kennedy (RFK, 1925-1968): 대통령이자 형이었던 John F. Kennedy (JFK, 1917-1963)와 함께 1960년대 미국 정치를 자유와 민주의 이상으로 이끌었던 RFK. 국내와 국제적 정치 환경과 가치관의 격변 속에서 불운하게도 두 젊은 형제 정치 리더들은 40대의 나이에 (JFK, 46세; RFK 42세) 생을 마감해야 했다.
사진: ⓒ Warren Leffler
사진제공: Courtesy of the U.S. Library of Congress

The Bridges of Madison County (매디슨 카운티의 다리)

530 then = 시간 (과거/미래)

then
그때

Cross-reference
비교 (then = 순서)
➡ (1) (366) (466)
비교 (then = 결론/결과):
➡ (116) (368) (416) (432)

여기서 then은 과거 또는 미래의 바로 어떤 특정한 시간을 가리키는 부사로 '그때(에/는)' (at that time) 이라고 번역된다.

example Some people called the 1950s The Silent Generation. It was seen **then** as a time of mass conformity and conservatism. But it wasn't a very good label, because the civil rights struggle started **then**.

어떤 사람들은 1950년대를 '조용한 세대' 라고 불렀죠. 그 때는 대중 순응과 보수의 시대로 보였습니다. 그러나 아주 좋은 이름은 아니었습니다. 민권 투쟁이 그때 시작되었으니까요.

generation 명 세대   **mass** 명/형 대중(의)   **conformity** 명 (시류, 대세, 대중의 흐름에 따르는) 순응   **conservatism** 명 보수주의   **conservative** 형 보수적인; 명. 보수주의자   **label** 명 이름(표), 상표   **civil rights** 명 민권   **struggle** 명 분투, 노력

Scene

Francesca: What's wrong?
Robert: You look stunning, if you don't ⑤³¹ mind me saying ⑤³² so, ⑤³³ make-'em-run-around-the-block-howling-in-agony stunning. If you ⑤³⁴ want me to stop, tell me now.
Francesca: No one's ⑤³⁴ asking you ⑤³⁵ to.

[*The Bridges of Madison County* (1995 film)]

Words & Phrases

- **rong** 형 잘못된, 틀린
- **stun** 타동 크게 놀라게 하다, 어리둥절 하게 만들다, 압도하다. stunning: 형용. 놀라운 (여기서는 보는 사람을 아찔하게 할 정도로 아름다운/잘생긴
- **mind** 타동 개의하다, 상관하다, 싫어하다, 반대하다
- **block** 명 한 길 모퉁이에서 시작해서 다른 길 모퉁이에 의해 끝나는 지점까지의 집이나 건물들이 나란히 이어진 동네나 구역의 단위
- **howl** 자동 (개나 늑대처럼) (고통스럽거나 힘들거나 좌절스러워서) 길고 높은 소리를 지르다
- **agony** 명 (심하고 오랜 정신적 또는 육체적) 고통, 고뇌

장면

어제 우연한 인연으로 처음 Robert를 만나 Roseman 다리를 함께 다녀오고 iced tea와 저녁 식사와 브랜디를 함께 한 Francesca는 오늘은 미리 계획을 하고 Robert를 집에서의 저녁 식사에 초대한

다. 저녁 식사를 준비하는 동안 목욕을 하고 단장을 하고 새로 산 가슴과 등이 깊이 파인 드레스를 입고 거실로 내려오는 Francesca를 바라보면서 Robert는 사랑의 응답인 찬사를 보낸다. 이제 포옹을 하고 입맞춤을 하면서 라디오에서 들려 오는 블루스 음악에 맞춰 춤을 추기 시작하는 두 사람은 오늘 밤 Francesca의 표현에 따르면 "강렬하게 에로틱한" ("intensely erotic") 사랑에 빠진다.

번역

Francesca 뭐가 잘못되었나요?
Robert (목욕을 하고 새 드레스를 입은 Francesca의 모습에 놀라서): 제가 그렇게 말해도 괜찮으시다면 당신 놀랍게도 아름다워, 그자들을 (당신의 사랑을 원하는 남자들을) 고뇌에 차서 울부짖으며 동네 블락을 달려서 돌게 만들 정도로 놀랍게 아름다워 보여요. (두 사람은 서로 포옹하고 키스를 하면서 라디오에서 흘러 나오는 블루스 음악에 맞춰 춤을 추기 시작한다.) 제가 중지하길 원하면 지금 얘기해요.
Francesca 아무도 그렇게 해달라고 안 해요.

531 -ing (동명사)의 의미상의 주어 = 목적격

mind me saying so
내가 그렇게 말하는 것을 개의하다, 좋아하지 않다

'... 를 개의하다, 좋아하지 않다, 반대하다' 라는 뜻인 **mind**는 동사형을 목적어로 취할 경우 **-ing (동명사)** 형을 취한다. 즉 '그렇게 말하다' (say so) 라는 동사적 표현을 목적어로 할 경우 say so나 to say so가 아니라 saying so가 되는 것이다.

주목 동명사의 의미상의 주어는 문장의 주어와 같거나 일반인이거나 문맥상 또는 상식적으로 이해되는 경우 대부분의 경우 표현되지 않는데 이 경우에는 saying so를 하는 주어 (동명사의 의미상의 주어)는 나 (I)인데 이 문장의 주어가 you로 다르기 때문에 saying so을 하는 주어를 명시해야만 듣는 이에게 혼돈을 주지 않는다. 이렇게 **동명사의 의미상의 주어**를 밝힐 필요가 있을 경우 그 주어는 **소유격**으로 표현되거나 (명사가 주어일 경우) **주격** 또는 (타동사 또는 전치사의 목적어일 경우) **목적격**이 될 수 있는데 흔히는 소유격이 사용되는 경우가 주격이나 목적격이 사용되는 경우보다 비교적 **문어체**이고 공식체적인 경향이 있다. 이 경우에도 소유격인my를 사용할 수 있으나 일상적 **구어체**이며 앞에 오는 타동사인 mind의 목적어의 역할을 하고 있기 때문에 me가 더욱 적합하다. [➡ (470)]

example I hear men say women don't belong in the cockpit – when we are already there. I hear men say, "Americans won't tolerate **women** com**ing** home in body bags" – when women already have.

설명 여기서 **women**은 동명사 coming home in body bags의 의미상의 주어이며 앞에 온 타동사 tolerate의 목적어로서 **목적격** 명사이다.

저는 남자들이 여자들은 조종석에 있어서는 안된다고 말하는 것을 듣습니다. 우리가 (여성 전투기 조종사들이) 이미 거기 (조종석 안에) 있는데 말이죠. 전 남자들이 "미국민들은 여자들이 시신 가방 안에 들어서 집으로 돌아오는 것을 용납하지 않을 겁니다" 라고 말하는 것을 듣습니다. 여자들은 이미 (전투에서) 죽어서 돌아왔는데 말이죠.

cockpit 명 (비행기, 전투기 등의) 조종석 **tolerate** 타동 용납/용인하다 **body bag** 명 시신을 덮어 가리거나 운반하는 가방 **Women already have** (come home in body bags). 여성들이 이미 (전투에서 사망해서) 시신 가방 안에 들려서 고향으로 (돌아)오다

주목 ▶ 여기서의 **when**은 국내의 영어교육이 가르치지 않는 의미로 ...할 때가 아니라 ...하는/인데도 라는 **양보**의 의미로 **(even) though/although**와 유사하다.

스토리 ▶ 미국에서 여군들이 (female soldiers) 1980년대-90년대에 이미 Army, Navy, Air Force, National Guard 등에서 복무하고 있고 심지어 전투기/전폭기까지 조종하고 있는 변화가 있었음에도 불구하고 아직도 이런 명백한 변화를 모르는 많은 남자들의 구태의연한 남성 중심의 인식을 지적하는 한 여성 전투기 조종사의 표현

[사진] Female pilots on an F/A-18 Hornet all-weather strike fighter of the U.S. Navy. 미국 해군의 FA-18 hornet 전천후 타격 전투기를 조종하는 여자 파일럿들.
사진 제공: © Louis Longmont

[사진] three female soldiers on patrol in the Iraq War. 장갑차 (armored vehicle)을 몰고 이라크전에서 순찰 중인 세 명의 여군들. 사진 제공: © D. Fortis

532 so = 지시 대명사: say so

saying so
그렇게 말하는 것, 그 말을 하는 것

여기서의 so는 앞에 언급된 내용 (such as has been stated)을 가리키는 지시 대명사로 가장 흔히는 do so, say so, think so 등의 표현에 쓰인다. [➡ (520)]

example When Europeans explored the American wilderness, they **did so** in canoes.

[did so = explored the American wilderness]
유럽인들은 미국의 (개발되지 않은) 자연을 탐험할 때 커누를 타고 그렇게 했다.

explore 타동 탐험/탐구하다 **wilderness** 명 (인간이 살지 않고 개발되지 않은) 야생자연

example Rock was an invitation to dance and make love. The lyrics **said so** subliminally, the beat **said so** directly.
Rock 음악은 춤을 추고 사랑을 하도록 초대하는 것이었다. 가사들이 은연중에 그렇게 말했으며 박자는 직접적으로 그렇게 말했다.

rock 명 rock-'n'-roll **make love**: 정신적 또는 감성적으로 사랑한다는 love와 달리 육체적인 의미로 성행위를 하다; have sex **lyrics** 명 (노래의) 가사
subliminal 형 무의식적으로 (판단이나 행동에) 영향을 미치는 **beat** 명 박자

533 복합 부사/복합 형용사: hyphen (-)의 사용

make-'em-run-around-the-block-howling-in-agony
그자들을 (당신의 사랑을 원하는 남자들을) 고뇌에 차서 울부짖으며 동네 블락을 달려서 돌게 만들 정도로

이 표현은 'You make 'em run around the block howling in agony.' (당신은 그자들을 고뇌에 차서 울부짖으며 동네 블락을 달려서 돌게 만든다' 라는 표현을 복합어로 만들어 뒤따르는 형용사인 stunning (아찔할 정도로 아름다운)의 정도나 성격을 부가적으로 설명하는 부사로 사용한 것이다. 이렇게 여러 개의 낱말들이 모여 하나의 총체적인 **복합 부사** 또는 **복합 형용사**를 구성할 때 그 모든 낱말

들을 hyphen (-)으로 연결한다 (때로는 인용 부호를 사용하는 경우도 있다). 그리고 여기서 'em (발음: əm)은 them을 비격식체적 구어체에서 빨리 발음한 것을 표기한 것으로 자음인 (th)의 발음이 생략된 경우이니 앞에 오는 소리가 자음이어서 (이 경우 make의 (k)) 자음 충돌을 피하는 효과를 가진다. 그리고 여기서의 them은 문맥상 당신의 이 아름다운 모습을 보는 사람들, 특히 당신의 사랑을 구하고자 하는 남자들을 뜻한다.

example Drag racing is soaring in popularity. But, at the same time, a chorus of **not-in-my-back-yard** complaints is swelling.
(정지한 상태로부터 누가 빨리 가속을 하는지를 겨루는) 드랙 레이스 (drag race/racing)는 인기가 오르고 있다. 그러나 동시에 우리 집 뒷마당에서는 (우리 집 가까이에서는) 안 된다는 불평의 합창소리도 커지고 있다.

drag race 명/자동 정지 상태로부터 출발해서 최고로 가속하여 승자를 가리는 단거리 자동차 경주
soar 자동 날아 오르다, 치솟다   **chorus** 명 합창
not in my backyard (NIMBY): 우리집 뒷마당에서는 안된다는 반대, 저항, 항의
complaint 명 불평, 항의 < **complain** 자동   **swell** 자동 부어 오르다, 증가하다

example
Phil: **Small-town** people are more **down-to-earth**.   [*Groundhog Day* (1993 film)]
Phil: 작은 타운에 사는 사람들은 더욱 실제적이다.

down-to-earth 형 실제적인, 현실적인; practical; realistic

534 타동사 + 목적어 + to-부정사 (= 목적 보어)

want me to stop
내가 멈추기를 원하다
ask you to (stop)
당신에게 멈추도록 부탁하다

'타동사 + 목적어 + to-부정사 (= 목적격 보어)'의 구조로 주어가 목적어에게 (목적어로 하여금) ... 하도록 (... 하기를 또는 ... 상태에 있도록) 타동사의 동작/행위를 하는 것을 뜻한다. [➡ (436)]

example In the movie *Ghost* (1990), Molly **wants her boyfriend Sam to say** to her "I love you" more often, but he asks her to know he doesn't like the expression very much because he considers it too often used by people and so too cheap.

영화 Ghost (1990)에서 Molly는 보이프렌드인 Sam이 "I love you"라고 더 자주 말해 주길 원하지만 Sam은 그 표현이 사람들한테 너무나 자주 사용되고 그래서 너무 싸구려라서 별로 좋아하지 않는다는 것을 알아 달라고 청한다.

535 짤린 (clipped) to-부정사

No one's asking you to (stop).
아무도 당신에게 중지하라고 하지 않아요.

여기서 to는 앞에서 표현된 stop을 표현의 경제를 위해 (반복을 피함으로써) 생략한 경우로 to-부정사의 부정사 (동사 원형) 부분이 생략되고 to만 남은 소위 '짤린 (clipped) to-부정사'라고 불리는 어법이다.
[➡ (124) (237)]

example

Sam (to Louisa): Will you stay?
Louisa: For as long as you want me to.   [*Me before You* (2016 film)]
[For as long as you want me to (stay)]
Sam (to Louisa): 머물러 줄래요?
Louisa: 당신이 원하는 동안.

장면 사지 불구로서 삶의 마지막 순간을 기다리고 있는 부자 Sam이 자기를 지난 6개월간 돌봐 준 26세의 카페 waitress인 Louisa에게 자기의 마지막 순간까지 함께 있어 달라고 부탁한다.

Scene

Robert: ⑤③⑥ If I've done anything ⑤③⑦ to make you think that ⑤③⑧ what we have ⑤③⑨ between us is ⑤④⓪ nothing new for me, is ⑤④① just ⑤④② some routine, then I ⑤④③ do apologize. ⑤④④ When I think of ⑤④⑤ why I make pictures, the only reason ⑤④⑥ I can come up with, ⑤④⑦ it just seems that ⑤④⑧ I've been making my way here. ⑤④⑦ It seems right now that all ⑤④⑨ ⑤⑤⓪ I've ⑤⑤① ever done in my life ⑤⑤② has been making my way here to you. And if I ⑤⑤③ have to think about leaving here tomorrow, without you, … (Robert fails to complete his sentence with a lump in his throat.) (Francesca hugs Robert and starts to kiss him, sobbing.)

Francesca: Don't let go. ⑤⑤④ Oh, my God, what ⑤⑤⑤ are we going to do?

Robert: ⑤⑤⑥ Come with me. ⑤⑤⑥ Come away with me.

[*The Bridges of Madison County* (1995 film)]

Words & Phrases

- **routine** 명 상습적, 습관적, 또는 상례적인 일/과정/절차
- **apologize** 자동 사과하다
- **picture** 명 그림, 사진
- **reason** 명 이유
- **come up with ...**: ... 를 생산 또는 공급하다/내놓다, ... 를 생각해 내다; ... 를 (생각, 제안, 해답, 이유 등으로) 제시하다
- **make one's way to ...**: ...에 (노력해서) 도달하다
- **leave** 자동 떠나다
- **tomorrow** 명 내일
- **fail** 타동 실패하다. fail + to-부정사: ... 하는데 실패하다, ... 하지 못하다
- **complete** 타동 완성하다, 끝내다
- **sentence** 명 문장
- **lump** 명 덩어리.
- **throat** 명 목. a lump in one's throat: (감정이 북받쳐서) 목이 메이는 것, 그런 심정
- **sob** 자동 흐느껴 울다
- **let go**: 붙들고 있는 것을 놓다, 가게 하다, 포기하다; 제약으로부터 풀다; 해고하다. 목적어를 취할 경우에는 let go of + 목적어의 형태로 표현한다. 여기서의 let go는 문맥상 let go of me (나를 (떠나가게, 더 이상 붙잡지 않고) 놓다)라는 뜻.

The Bridges of Madison County (매디슨 카운티의 다리) 231

장 면

Francesca와 Robert의 마지막날 (나흘째)의 밤에 Francesca는 Robert가 자기에 대해 가진 사랑의 본질을 묻는다. 그녀는 Robert의 자기에 대한 사랑이 예사로운 (usual, ordinary) 것이 아님을 느끼면서도 그가 세계의 이곳 저곳을 사진 작가로 여행하면서 많은 현지의 여자들을 만나 즐긴 어떤 상례적인 것 ("some routine") 이었는지 아니면 참다운 사랑이었는지를 확인하고 싶어한다. 그것을 확신하지 못하고는 자기가 미칠 것만 같다고 말하는 Francesca에게 Robert는 자기의 그녀에 대한 사랑이 자기의 인생에 단 한번 찾아온 숙명이었다고 대답하면서 그녀에게 두 사람의 새로운 삶을 찾아 자기와 함께 떠나자고 한다. (그러면서 Francesca의 급박하고 절박한 선택의 고뇌가 따른다.)

번 역

Robert 제가 우리 사이에 벌어지고 있는 일이 저한테는 아무런 새로운 것도 아니고 단지 어떤 상습적인 것일 뿐이라고 당신으로 하여금 생각하게 한 어떤 것 이라도 했다면, 그럼 저 정말 사과드려요. 제가 나는 왜 사진을 찍는가를 생각하면 제가 생각할 수 있는 유일한 이유는 제가 (숙명적으로) 여기에 오고 있었던 것인 듯 싶어요. 제가 저의 인생에 언제든 한 모든 것이라고는 바로 지금 여기에 당신한테 오고 있었던 것인 듯 싶어요. 그리고 내일이면 이곳을 떠난다는 생각을 하기만 하면, 당신 없이 ... (Robert는 목이 메어 이 문장을 마치지 못한다.)
Francesca (저를) 가게 두지 (떨어지게 하지) 마세요. 오, 이런, 우린 어떻게 해야 할까요?
Robert 저랑 같이 가요. 저랑 같이 떠나세요.

536 then = 결론/결과: If + A-절, then + B-절

If ..., then ...
... 라면 (그러면) ...

여기서의 **then**은 바로 어떤 특정한 시간을 가리키거나 일련의 사건들의 연속선상에서 시간적으로나 순서상으로 뒤따르는 사건에 관한 진술을 이끄는 것이 아니라 앞에서 언급된 조건, 가정, 또는 진술에 따르는 **결론**, **영향**, 또는 **결과**를 이끄는 **부사**이다. 흔히 '그러(다)면, 따라서, 결론 또는 결과적으로(는)' (if so, as a consequence, therefore, as a conclusion or result) 등으로 번역될 수 있다. 이 어법의 부사 then은 'if + A절, then + B절.'의 구문에서 자주 쓰인다. [➡ (116) (368) (416) (432)]

Cross-reference
비교 (then = 순서):
➡ (1) (366) (466)
비교 (then = 시간 (과거/미래)):
➡ (530)

example President Shepherd: You want to claim this land as the land of the free? **Then** the symbol of your country cannot just be a flag. The symbol also has to be the right to burn that flag in protest. Now, show me that, defend that, celebrate that in your classrooms. **Then** you can stand up and sing about the land of the free.

[*The American President* (1995 film)]

Shepherd 대통령: 이 땅/나라를 자유로운 자들의 땅/나라라고 주장하고 싶으십니까? 그러면 여러분의 나라의 상징이 국기만이 될 수는 없습니다. 그 상징은 또한 그 국기를 (정부에 대한) 항의로 불태울 권리이기도 해야 합니다. 자, 제게 그 상징/권리를 보여 주시고, 그 상징/권리를 (공격으로부터) 지키시고, 여러분의 교실에서 축하하십시오. 그러면 여러분은 일어나서 자유로운 자들의 땅/나라를 노래할 수 있습니다.

---

claim 타동 요구/주장하다   **protest** 명 항의, 반대; objection; disapproval; dissent   "**the land of the free**": 미국 국가 (national anthem)인 The Star-Spangled Banner의 한 구절. 미국의 상징적 표현   **defend** 타동 지키다, 옹호하다

[사진] 사랑의 드라마이면서도 진정한 애국심과 리더쉽, 진보와 보수, 개인의 행복과 열린 마음에 관해 많은 점들을 시사하는 영화 *The American President* (1995 film)의 포스터. 주연: Michael Douglas (President Andrew Shepherd), Annette Bening (Sydney Wade)
사진 ⓒ: Columbia Pictures, Castle Rock Entertainment, et al.

537 명사/대명사 + (관계대명사 (주격) + be) + to-부정사; be + to-부정사

anything (that is) to make you think ... routine
당신으로 하여금 ... 라고 생각하게 할 어떤 것이라도

여기서 to make you think that ... (당신으로 하여금 ... 라고 생각하게 하는)로부터 some routine (어떤 습관적인 것)에 이르는 표현은 앞에 오는 대명사 anything이 어떤 것인가를 제한적으로 설명하는 형용사구이며, 이 경우는 주격 관계대명사와 be 동사 **(that + is)**가 to-부정사 앞에서 생략될 수 있는 어법에 따라 생략된 경우이다. 그리고 여기서의 be + to-부정사는 '... 할/될, 하/되게끔 (예정)되어 있는' 이라는 의미를 나타낸다.

example It was a land of opportunity. There was life **to be** made out West for any man with drive and ambition. [*Seabiscuit* (2003 film)]

[There was life **(that was) to be** made out West ...]

그것은 (이 나라는) 기회의 땅이었다. 추진력과 야심이 있는 남자라면 그 누구에게든 서부에서 만들어질 (성공적인) 삶이 있었다. - 20세기 초의 미국을 설명한 표현

---

opportunity 명 기회　　**life**: 여기서는 성공적인/ 많은 것을 성취하는 삶
drive 명 추진력　**ambition** 명 야심, 야망

---

example I'm mixed, half-Caucasian, half-Asian. People always ask, "What's your background?" Then there's "Where are you from?" It is really a two-part question **to be** followed by "Where are you really from?"

[... a two-part question **(that is) to be** followed by ...]

저는 반 백인 반 아시아인으로 섞인 사람인데요. 사람들은 항상 묻죠. "(인종적) 배경이 어떻게 되세요?" 라고. 그리고 나서는 "어디서 왔어요 (어디 출신인가요)?" 라고 묻죠. 그건 실은 "'진짜로' 어디서 왔어요?" 라는 질문이 뒤따르는 두 개로 구성된 질문이에요.

스토리 ▶ 미국에서 태어난 백인들과 흑인들이 타인종 사람들과 이민자들과 그 자식들에게 흔히 묻는 인종차별적이거나 적어도 무례하거나 배려심 없는 질문이다.

배경: 문화설명
영어권 사회에서 소수 인종의 사람들이 자주 겪는 경험담이다. 소수인종의 사람이 여러 세대에 걸쳐 현지에 살아온 경우에도 많은 백인들은 그 소수인종의 사람에게 "Where are you from?" 이라고 묻고는 나는 이 나라 출신이다, 여기서 태어나고 자랐다고 하면 의심스럽거나 의아한 반응을 보이거나 "Where are you really from?" 이라고 정말 (원래) 어디 출신이냐고 덧붙여 묻는 경우가 제법 있다. 그리고는 오, 영어를 (제법) 잘하네요 하고 멋적어 하거나 나름 인정해 준다는 듯한 말 또한 종종 추가한다. 그러나 그 사회에서 오래 살아 온 old timer인 소수인종의 사람에게는 이러한 표현들이 자신을 이 사회의 정당한 시민으로 인정하지 않고 이방인이나 (alien, foreigner, stranger) 낯선 사람으로 취급하는 것으로 받아들이고 기분 상하거나 분노나 때로는 좌절감을 느끼기도 한다.

주목 ▶ 백인의 이러한 질문이나 응답은 무지함, 편견, 인종차별 등에 기반한 경우가 대부분이지만, 때로는 나름대로는 그 소수인종의 사람에게 관심과 친근감을 보이고자 하는 호의나 순수함에 기반한 경우도 있음에 유의해야 한다. 소수인종의 사람으로서는 전자의 경우에는 자신의 의견을 분명히 나타내서 상대방의 시각을 올바로 잡거나 거부할 필요가 있지만, 후자인 경우에는 상대방이 아직 소수인종에 대한 경험과 이해가 부족하거나 이런 질문을 세련되게 하지 못하는 경우로 보고 큰 마음으로 너그럽게 받아들이는 것이 좋다.

538   what = 관계대명사

what we have between us
우리가 우리 사이에 가지고 있는 것; 지금 우리가 나누고 있는 사랑

여기서 what은 그 자체가 선행사를 포함하는 관계대명사로서 다른 영어로 풀어 쓰자면 the thing that 또는 that which라고 할 수 있으며 한국어로 흔히 '... (하는/인) 것'으로 번역된다. 여기서의 **what we have between us** ← **the thing that** we have between us
[➡ (54) (77) (280) (375) (438) (506) (558)]

example Americans are eating much hotter now. With fresh chilis and chili powders, **what** you can get is incredibly hot.

[..., **what** you can get ... = ..., **the thing**/**taste** (**that**/**which**) you can get ...]

미국인들은 이제 훨씬 맵게 먹습니다. 신선한 칠리 고추와 칠리고추 가루가 있으니 (이제) (미국인들이) 먹을 수 있는 것/음식/맛은 믿을 수 없을 정도로 맵습니다.

incredibly 부 믿을 수 없을/놀라울 정도로, 엄청; unthinkably

539   between = 공유, 공동 행위, 상호 작용

what we have between us
우리가 우리 사이에 가지고 있는 것; 지금 우리가 나누고 있는 사랑

여기서의 between은 두 사람 또는 양자 간의 서로 나눔, 공유, 공동 행위, 상호 작용 등을 나타내는 전치사이다.

example Sudden and unexpected contacts **between** humans **and** wild mountain lions are on a steep upswing all over the West.

사람들과 야생 표범들의 갑작스럽고 예상치 못한 접촉이 서부 전역에 걸쳐 급증하고 있다.

sudden 형. 갑작스러운   **unexpected** 형 예상하지 못한   **contact** 명 접촉
(wild) mountain lion 명 표범   **steep** 형 가파른, 경사가 급한
on an upswing: 오름세에 있는, 증가하고 있는; on the rise

example The relationship **between** a teenage stepdaughter **and** stepmother can sometimes be truly horrific.

틴에이저인 의붓딸과 새엄마 간의 관계는 이따금씩 정말 끔찍할 수가 있다.

horrific 형 공포스러운, 무시무시한, 끔찍한

example More than 50 percent of the Jewish marriages take place **between** a Jewish **and** non-Jewish partner.

유대인들의 결혼의 50 퍼센트 이상이 유대인과 비유대인 파트너 간에 이루어진다.

marriage 명 결혼
take place: 일어나다, 발생하다; occur; happen; come about; come to pass

540 대명사 + 형용사

nothing new
새로운 어떤 것도 아니다

'대명사 + 형용사'의 형태로 형용사가 대명사 (something, anything, nothing, -one, -body, no one, none)를 수식할 때 **대명사의 뒤에** 위치한다. 그러나 예외적으로 시적, 문예적, 또는 특별히 주목을 끌기 위한 표현에서 형용사가 대명사 앞에 위치하는 경우가 간혹 있다. [➡ (18)]

example If we do **something wrong or foolish**, we see ourselves as victims of circumstance.

우리는 뭔가 잘못되거나 우둔한 일을 하면 자신을 상황의 희생자라고 본다.

victim 명 희생자   **circumstance** 명 상황

 Shelby: I would rather have 30 minutes of wonderful than a lifetime of **nothing special**.　　　　　　　　　　　　　　　　　　　[*Steel Magnolias* (1989 film)]

Shelby: 저는 특별한 것이라곤 아무 것도 없는 평생보다 차라리 멋들어진 30분을 원해요.

여기서의 **wonderful** 명 wonderful (time/experience); something wonderful

541 just = 강조의 부사

just some routine
어떤 습관/일상적인 일에 불과한 것

여기서의 는 부사로서 just가 수식하는 (just에 뒤따르는) 말이나 표현의 의미의 정도를 최소화 하거나 감소시키는 기능을 하여 '**단지/불과/그냥 ...일/할 뿐** (그 이상은 전혀 아니다)' (only; merely; simply; nothing more than)이라는 뜻을 나타낸다. 즉 이 경우에는 어떤 상습적인 일일 뿐이다, 그 이상은 전혀 아니다 라는 뜻이다. [➡ (55) (70) (229) (324) (330) (584)]

example

No you don't know the one
Who dreams of you each night
And longs to kiss your lips
And longs to hold you tight.
To you I'm **just** a friend.
That's all I've ever been.
No, you don't know me.

[*You Don't Know Me*, a country/pop song (sung by Eddy Arnold, Cindy Walker, Elvis Presley, Diana Krall, Willie Nelson, Anne Murray, Norah Jones, Michael Buble, Michael Bolton, B.B. King, et al.)]

아니예요, 당신은 몰라요   매일 밤 당신 꿈을 꾸는   그리고 당신의 입술에 키스할 열망하는
그리고 당신을 꼭 껴안기를 열망하는 사람의.
당신에겐 저는 그냥 친구일 뿐이죠.   저는 언제나 친구인 것이 다였지요.
아니예요, 당신은 몰라요.

long 자동 (long + for + 목적어, 또는 long + to-부정사의 형태로) (...를/하기를) 간절히 바라다, 열망하다; yearn   That's all (that/who) I've ever been

542 some + 단/복수 명사 (사람/사물) = 비특정한 사람/사물

just **some** routine
어떤 습관/일상적인 일에 불과한 것

주목 Some은 많은 경우에 약간의 비특정한 수나 양을 가리키면서 복수의 가산 명사 또는 물질 명사를 가리킨다. 그러나 여기서의 some은 그렇게 약간의 비특정한 어느 정도의 수량을 나타내는 것이 아

니라 **특정화되거나 정체가 밝혀지지 않은** (indefinite; unspecified; unidentified) 어떤 (certain) 사람이나 사물을 (여기서는 사물/일을) 나타낸다. 즉 이 표현은 '어떤 상습적인, 판에 박은, 또는 기계적으로 하는 일' (세계 각지를 돌아다니면서 습관적으로 현지에서 만난 여자와 일시적으로 바람을 피우는 행위)을 뜻한다. [➡ (242) (336)]

example New York is the most nerve-racking city. You take the 7 train to the ballpark, looking like you're [riding through] Beirut next to **some** kid with purple hair next to **some** queer with AIDS right next to **some** dude who just got out of jail for the fourth time right next to **some** 20-year-old mom with four kids.

New York은 가장 짜증나게 하는 도시다. 7호선 기차를 타고 야구장으로 가는데 애 넷을 데리고 있는 어떤 스무 살배기 엄마 바로 옆에 네 번째로 감방에 들어갔다 방금 나온 어떤 친구 바로 곁에 AIDS에 걸린 어떤 동성애 녀석 곁에 있는 어떤 보라색 머리를 한 꼬마 곁에서 마치 (레바논의) 베이루트 시내를 타고 가는 것처럼 보인다.

nerve-racking 형 극히 짜증나게 하거나 신경이 지치게 만드는
queer 명 (slang, 속어; 모욕적) 동성애자   **dude** 명 (비격식체) 남자, 친구; fellow; guy

스토리 Georgia 주의 Atlanta 시의 야구팀 the Braves의 투수였던 John Rocker의 New York 시에 관한 극도로 인종차별적이고 무지한 표현

543   do = 강조의 조동사

I **do** apologize.
저 (정말, 분명히) 사과드려요.

여기서의 **do**는 조동사로서 동사 앞에 놓여서 그 동사 (또는 그 동사에 의해 이끌리는 술부)를 **강조**하는 어법으로 쓰인 것이다. 이 do는 그 강조의 뉘앙스가 문맥상 이해되는 경우 번역하지 않아도 좋은 경우들이 많으며 굳이 번역을 하자면 흔히 '**정말로**, **진짜로**, 분명히 (말하는데)' 등으로 표현할 수 있다. [➡ (108)]

example I take you to be my wedded wife/husband from this day forward to love and cherish till deaths **do** us part.   [conjugal vow (혼인의 맹세)]
나는 당신을 오늘부터 계속해서 죽음이 우리를 갈라놓을 때까지 사랑하고 소중히 할 나의 아내/남편으로 받아들입니다.

cherish 타동 소중히 여기다   **part** 타동 갈라놓다, 분리하다   **forward** 부 앞으로, 앞으로도 계속해서; onward   **till deaths do us part**: 정상어순 = till deaths do part us. 여기서 part는 타동사로 갈라놓다, 분리시키다   **conjugal** 형 혼인의   **vow** 명 맹세

> example   In more than half the cases in which an extramarital affair is discovered, the bonds of wedlock **do** break.

혼외 관계가 발견되는 경우들의 절반 이상의 경우에 결혼의 결속의 유대가 깨진다. (혹시 이 통계나 주장을 의심하는 사람이 있을지 몰라도, 또는 아무리 노력하더라도 반 이상의 그러한 경우에 결혼이 진짜로/분명히 깨진다고 강조하는 어감)

extramarital 형 결혼 (생활/관계) 밖의, 혼외의   **affair** 명 일, 사건, 상황. 여기서는 사적/불륜 관계. extramarital affair: 혼외 관계   **bond** 명 유대(감)   **wedlock** 명 결혼; marriage

544 when = 조건, 가정, 전제 = if

When I think of …
제가 …를 생각하면

여기서의 접속사 **when**은 시간의 (… 할/일 때에(는)) 의미를 전혀 갖지 않는 것은 아니지만 기본적으로는 접속사 **if**와 같이 '… 하다/이라면' 이라는 조건, 가정, 전제를 나타낸다. 이렇게 흔히 시간을 나타내는 when이 조건을 나타내는 if와 같은 역할을 하는 경우들이 자주 있다. When의 이 어법은 조건/가정과 결론/추론을 나타내는 'If + A-절, then + B-절.' (A 하/이면 B.)의 구조와 같이 'When + A-절, then + B-절.'의 구조로 쓰이기도 한다.

> example   What's the difference between baseball and politics? In baseball, **when** you're caught stealing – you're out!

야구와 정치의 차이가 무엇인가요? 야구에서는 도루를 하다가 잡히면 아웃입니다. (그러나 정치인들은 도둑질을 하고 들켜도 아웃 되지 않습니다.)

steal (a base): (야구에서) 도루를 하다, 베이스를 훔치다
catch + 목적어 + -ing (현재분사): 목적어가 … 하고 있는 것을 발견/목격하다, 붙잡다. 주어 + be + caught + -ing: …하다가 걸리다/잡히다

> example   Saying "I'll call you" is just a pleasant way of ending the evening. Also, you don't have to see the person get hurt, because that happens over the next

week, **when** you don't call.

(데이트를 끝낼 때) "(나중에) 전화할게요" 라고 말하는 것은 그 저녁을 정말 기분 좋게 끝내는 방법이다. 게다가 상대방이 마음에 상처를 받는 것을 보지 않아도 된다. 왜냐하면 그런 일은 (상대방이 상처받는 일은) 당신이 전화하지 않으면 다음 주에나 일어나기 때문이다.

> **참고** 여기서 the evening, the person, the next week의 the는 앞에 언급된 특정한 evening, person, next week을 뜻하는 것이 아니라 첫 데이트를 했던 그 evening, 그 데이트 상대인 person, 그리고 그 데이트를 했던 날/주를 기준으로 그 다음 주인 next week을 뜻하는, 문맥상 이해되는 정체를 가리키는 the이다.

example

Allison: If you say you haven't had it, you're a prude. If you say you have, you're a slut. It's a trap. You want to, but you can't. And **when** you do, you wish you didn't. [*The Breakfast Club* (1985 film)]

Allison: 섹스를 해본 적이 없다고 그러면 깨끗한 척 하는 사람이 돼 (사람들이 prude라고 그래). 해본 적이 있다고 말하면 헤픈 년이야 (slut이라고 그래). 이건 (어느 쪽에 걸려서도 안 되는) 덫이야. 섹스를 하고 싶어도 할 수가 없어. 그리고 하면 하지 않았더라면 하고 바라지.

---

have it: 여기서는 have sex   **prude** 명 복장, 언행, 특히 성적인 면에서 깨끗하고 올바른 척하는 사람   **slut** 명 (slang; 모욕적) 성적으로 헤픈 여자   **trap** 명 올가미, 함정

> **스토리** 여고생인 Allison이 성에 관해 또래들과 사회로부터 오는 압박 (pressure)에 관해 고민을 나눈다.

example **When** we say people with different views shouldn't be allowed to say this or believe that, **then** we may lose our freedom.

다른 견해들을 가진 사람들은 이 말을 하거나 저걸 믿도록 허용되어서는 안 된다고 하면 우리는 우리의 자유를 잃어 버릴 수가 있다.

---

view 명 관점, 견해   **allow** 타동 허용하다
this or that: 이런 것 (또는) 저런 것, 비특정한 이런 저런 것

---

545 전치사 + 의문사절

> **I think of why I make pictures**
> 내가 왜 사진을 찍는지에 관해 생각한다.

이 문장은 I think of ... (나는 ... 에 관해 생각한다)와 Why do I make pictures? (나는 사진을 찍는가?) 라는 두 문장이 결합된 결과인데 이 의문문이 의문사절이 되어 더 큰 문장 (서술문) (I think of ...)의 일

부분으로 들어가면서 의문문에서의 '조동사 + 주어' (do I)의 도치어순이 조동사가 탈락되고 주어 + 동사 (I make)의 정상어순으로 바뀐 것이다. 여기서의 의문사절인 why I make pictures는 앞에 오는 전치사 of의 목적어이다. [➡ (14) (47) (360) (380) (458)]

> **example** In New York, parking your car so dominates your life, from **what time you get up in the morning** to **how far from home you can stray before you park your car**.

뉴욕 시에서는 차를 주차하는 것은 아침에 몇 시에 일어나는가 하는 것으로부터 주차를 하기 전에 집으로부터 얼마나 멀리 떨어질 수 있는지 하는 것까지 당신의 생활을 너무도 지배한다.

park 동 주차하다. parking 명 주차　　**dominate** 타동 …를 지배/압도하다
stray 자동 (길이나 정도로부터) 벗어나다, 길을 잃다

> **example** Hispanics have developed political preferences based on **where they came from** and **where they have settled**.

중남미계 사람들은 어디 출신이고 어디 정착했는지에 근거해서 정치적 취향을 발전시켜 왔다.

Hispanic 명 중남미계 사람; Chicano; Latino　　**preference** 명 선호(하는 것들)
based on …: …에 입각/기반하여　　**settle** 자동 정착하다

배경: 정치문화　미국의 중남미 계 사람들은 대다수가 the Democratic Party (민주당)을 지지한다. 그러나 Miami를 중심으로 한 Florida 주 일대의 Cuba 출신의 사람들은 중남미 계 사람들 중에 가장 부유하고 보수적이며 압도적으로 the Republican Party (공화당)을 지지한다.

546 관계대명사의 생략: 관계대명사 = 전치사의 목적어: 선행사 + (관계대명사) + … + 전치사

the only reason (**that**) I can come up **with**
제가 생각할 수 있는 유일한 이유

Cross-reference
비교 (타동사의 목적어인 관계대명사의 생략):
➡ (151) (231) (253) (283)

여기서 I can come up with는 앞에 오는 명사구인 the only reason을 수식하는 관계사절로 관계대명사 (여기서는 that)가 관계사절 안의 전치사 (여기서는 with)의 목적어일 경우 (특히 구어체에서) 생략될 수 있는 경우이다. the only reason (that) I can come up with ⬅ the only reason (유일한 이유) + [I can come up with that reason (= that)] (나는 그 이유를 생각할 (제시할) 수 있다.)

> **example** The Thanksgiving feast is pure home cooking. This is the stuff **traditions**

are based on and memories are made of.
[This is the stuff (that/which) traditions are based on and memories are made of.
← This is the stuff. + [Traditions are based on and memories are made of the/this/that stuff (= that/which).]
= This is the stuff on which traditions are based and of which memories are made.;
(X) This is the stuff on that traditions are based and of that memories are made.]
추수감사절의 음식 (잔치)는 순수한 가정 요리이다. 이것은 전통이 기반하고 추억들을 만드는 (추석들이 구성되는) 그런 것이다.

feast 명 (풍성한 음식을 놓고 하는) 잔치, 연회   **tradition** 명 전통   **be based on/upon** …: …에 근거하다   **Memories are made of …**: 추억이 …으로 만들어지다, …가 추억이 되다

example   I believe sex is special and should only be shared with the person **you're going to spend the rest of your life with,** but many don't have the same belief.
[Sex should only be shared with the person (that/who/whom) you're going to spend the rest of your life with.
= Sex should only be shared with the person (O) with whom you're going to spend the rest of your life.;
Sex should only be shared with the person (X) with that/who you're going to spend the rest of your life.
전치사가 앞에 오는 경우에는 that 또는 주격인 who는 사용될 수 없다.]
저는 섹스는 특별한 것이어서 남은 인생을 함께 보낼 사람하고만 나누어져야 한다고 믿는데요 많은 사람들은 (저와) 같은 믿음을 갖고 있지 않아요. - 한 18세 여성의 표현

the rest of your life: 당신의 남은 인생, 여생   **belief** 명 믿음

547 It seems + that-절

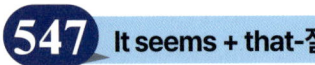

It just **seems** **that** I've been making my way here.
제가 여기에 오고 있었던 것만 같아요, 것인 듯만 해요.

'**It seems** + (**that**)-절 (주어 + 술부)'의 구문으로 '주어가 술부 하는/인 것 같다, … 듯 싶다,' 그렇게 느끼거나 짐작이 간다는 표현이다. 이 구문에서 주어인 It은 일종의 가주어 (형식 주어)이며 의미상으로는 that-절이 주어이다. 이 구문은 '**It appears** + (**that**)-절 (주어 + 술부)'의 구문과 형태상이나 의미상으로 대단히 유사한데 어감상의 섬세한 차이로 '**It seems** + (that-절'이 that-절의 사실성이나 가능성

에 대한 **심리적** 또는 **주관적** 느낌이나 판단을 나타내는 경향에 비해 'It **appears** + that-절'은 보다 **피상적**이거나 **시각적**인 느낌이나 인상을 (시각이나 감각에 ... 한 감이 온다/있다는 뜻) 진술하는 경향이 있다. 비격식체와 구어체에서 that이 종종 생략된다. 이 구문은 '주어 + seem(s)/appear(s) + to-부정사'의 구문으로 표현할 수도 있다. 이 경우에는 '제가 지금까지 직업으로 사진을 찍으면서 살아 온 이유를 찾는다면 아마도 세계의 여기 저기를 다니다가 마침내 여기서 당신을 만나려고 이리로 오고 있었던 느낌이다' 라는 뜻이 된다.

example **It seems that** not many Americans fully figure out the influence of big money interests in our electoral processes.

[= Not many Americans **seem to** fully **figure** out ... processes.]

(이익을 위해) 큰 돈을 뿌리는 조직들 (또는 사람들이나 기업들)의 우리의 선거 과정에의 영향력을 충분히 알아보는 미국인들은 그리 많지 않은 듯하다.

figure out ...: ...를 알아내다, 알게 되다   **influence** 명 영향(력)
big money interests: 대자본 이익(집단)들   **electoral process**: 선거 과정

example

Leslie: **It seems** (**that**) down here everybody drinks gallons of coffee.

[*Giant* (1956 film)]

[= Down here everybody **seems to drink** gallons of coffee.]

Leslie: 이 아래쪽 (미국 Texas 주)에서는 모든 사람이 엄청난 양의 (수 갤런의) 커피를 마시는 듯하네요.

스토리 미국 동부 출신으로 동부의 세련되고 교육 수준이 높은 문화와 생활 양식에 대한 자부심을 잃지 않는 Leslie가 육체 근로자 층이 중심인 남부 Texas 주의 사람들이 차 (tea)보다 커피를 엄청나게 마신다는 견해를 표현한다.

example A great many people express negative views about my tattoos. **It seems to me** (**that**) this is none of their business.

[= This **seems to be** none of their business.]

아주 많은 사람들이 나의 문신에 관해 부정적인 견해를 표현한다. 내게는 이것은 그들의 일이 (관여할 바가) 전혀 아닌 듯 싶다.

a great/good many + 복수명사 (+ 복수 동사): 많은 수의 ...
express 타동 표현하다   **negative** 형 부정적인   **view** 명 관점, 견해   **tattoo** 명 문신
none of their business: 그들이 관여/참견할/신경 쓸 일이 아니다

The Bridges of Madison County (매디슨 카운티의 다리)

548 현재 완료 진행 = have + been + -ing (현재분사)

I've been making my way here.
전 여기로 오고 있었어요.

'have been + -ing (현재분사)'의 형태로 현재 완료 (have + 과거분사)와 진행 (be + -ing) 시제가 결합되어 **현재 완료 진행**이라고 불리는 시제형이다. 이 시제는 (이야기 중에 명백히 언급되거나 언급되지 않지만 문맥상 이해되는) **과거의 한 시점으로부터 현재에 이르기까지** 주어가 현재분사가 나타내는 동작이나 행위를 **지속**적으로 해 왔거나 그 상태에 지속적으로 있어 왔음을 나타낸다. 이 특정한 경우에 있어서는 문맥상 내가 직업으로 사진 기자가 되어 세계를 돌아다니기 시작한 후 지금 여기서 당신을 만나 사랑에 빠지게 된 현재에 이르기까지 이곳으로, 당신을 향해 오고 있었음을 뜻한다. [➡ (382)]

example Mt. Kilimanjaro has lost more than 80 percent of its ice cap over the last century because the Earth **has been** gett**ing** warmer.
Kilimanjaro 산은 지구가 더워져 왔기 때문에 지난 한 세기에 걸쳐 그 산의 만년설 80% 이상을 잃어버렸다.

[사진] Mt. Kilimanjaro를 배경으로 한 아프리카 Northern Tanzania의 코끼리들이 평화롭게 노니는 sunrise 시간. 그러나 지난 한 세기 동안 Mt. Kilimanjaro 위의 만년설 (ice cap)은 80% 이상이 녹아 없어졌다.
사진제공: © Sarah Brooks

549 관계 대명사의 생략: 관계 대명사 = 타동사의 목적어

all (that) I've ever done in my life
제 인생에 제가 한 (적이 있는) 모든 것이라고는

Cross-reference
비교 (전치사의 목적어인 관계대명사의 생략):
➡ (546)

이 표현은 all (that) I've ever done in my life에서 **관계대명사** that이 관계사절 안에서의 타동사 (여

기서는 done)의 **목적어일 때 생략될 수** 있는 경우에 생략된 것이다 (여기서 all을 선행사로 받는 관계대명사 that은 done의 목적어이다). [➡ (151) (231) (253) (285) (577)]
All (that) I've ever done in my life has been making my way here to you. ← All + [I've ever done it (= that)] + has been making my way here to you.

> example

John: The only things in this life (**that/which**) you really regret are the risks (**that/which**) you didn't take. If you see a chance to be happy, you grab it with both hands.
[*Grumpy Old Men* (1993 film)]

John (딸에게): 이 인생에서 네가 정말 후회할 유일한 것들은 네가 택하지 (도전하지) 않은 위험들 (위험을 동반하는 일들)이다. 행복할 기회가 보이면 양손으로 붙잡거라.

regret 타동 후회하다   **risk** 명 위험, 위험 부담이 되는 것/일   **grab** 타동 붙잡다

550   현재 완료 = 경험

I'**ve** ever **done** in my life
제가 살아 오면서 언제고/혹시 한 (적이 있는)

여기서 현재완료 시제 (have + 과거분사)는 현재완료의 여러 용법들 중에 지금까지 '... 한/인/해본 적이 있다'는 뜻의 경험을 나타낸다.
[➡ (85) (190) (206) (262) (334) (369) (582)]

Cross-reference
비교 (현재 완료 = 계속):
➡ (19) (88) (266) (400) (469)
비교 (현재 완료 = 완료 (= 결과):
➡ (240) (445)

> example

Mary: Wanna dance?
Steve: I haven't, I **haven't** danc**ed** in quite some time.
[*The Wedding Planner* (2001 film)]

Mary: 춤출래요?   Steve: 저, 저 꽤 오랜 동안 춤을 춰 본 적이 없어요.

551   ever = 강조: 시점, 경우, 경험

I've **ever** done in my life
제가 살아 오면서 언제고/혹시 한 (적이 있는)

Cross-reference
비교 (ever: 언제나 강조):
➡ (5)
비교 (ever: 비교급 강조):
➡ (21)

여기서 ever는 '(시간적으로 그것이) 어느 때이든, 어떤 식으로든, 어떤 경우에서든, 혹시라도' (at any time, in any possible case, by any chance) 라는 의미의 경우, 시점, 또는 경험을 강조하는 부사이다. 이 문장 전체로는 내가 지금까지 살아 오면서 어떻게든, 혹시라도 뭔가 하나 한 (적이 있는) 것이 있다면 그것은 바로 당신을 만나서 사랑할 수 있도록 여기에 다다른 것 뿐 이라는 뜻이 된다. [➡ (282)]

비교 (ever: 최상급 강조):
➡ (189)
비교 (ever: 조건절 강조):
➡ (195)
비교 (ever: 서수사 강조):
➡ (254)
비교 (ever: 부정 강조):
➡ (388)

example

Myra: Basketball. Every game my brother **ever** played was the most important thing that **ever** happened to this family. Mother wouldn't be able to sleep the night before. And if they lost, Daddy'd walk the floor until morning. I just could never figure out why it meant so much. [*Hoosiers* (1986 film)]

Myra: 농구. 내 오빠가 출전한 모든 경기는 우리 가족에게 있었던 가장 중요한 일이었죠. 어머니는 그 전날 밤에 잠을 잘 수가 없었구요. 그리고 오빠네 팀이 지면 아빠는 아침까지 마루를 왔다갔다 하곤 했죠. 전 (그 때는) 농구가 왜 그렇게 소중했는지 절대 이해할 수 없었어요.

장면 ▶ 미국 Indiana 주의 한 시골 고등학교의 교감 선생님인 Myra가 Indiana 주 사람들 (Hoosiers)의 농구에 대한 각별한 열정을 자기의 어릴 적 경험을 통해 설명하고 있다.

the night before: the previous night: 그 전날 밤
walk the floor: 마루 (집 또는 어떤 공간의)를 왔다 갔다 하다   **figure out**: 깨닫다, 알아내다

552 현재 완료 = 계속

has been making my way here to you.
여기 당신에게 도달하기 위해 이 길을 온 것이었어요.

Cross-reference
비교: only + 본동사
➡ (335) (581)

여기서 쓰인 현재완료 시제 (have + 과거분사)는 현재완료 시제의 여러 용법들 중에도 (앞에서 이미 명백히 언급이 되었거나 문맥상 뚜렷이 드러나 있거나 말하는 이와 듣는 이 간에 서로 암묵적으로 이해하고 있는) 과거의 한 시점으로부터 현재에 이르기까지 지속되어 온 사건, 행위, 또는 상태를 나타낸다. 이 경우 나는 내 인생 내내 현재에 이르기까지 'making my way here to you' (여기 당신에게 이르는 여정을 한 것)이 계속되어 왔음을 나타낸다. [➡ (19) (88) (266) (400) (469)]

주의 여기서의 making은 앞에 오는 making (현재분사)과 달리 현재분사가 아니라 동명사이다. 즉 여기서의 'has been making'은 현재 완료 진행형이 아니다. 이 표현은 **현재 완료 (has been) + 동명**

사구 (making my way here to you)의 구조이며 이 표현의 주어는 all I've ever done in my life이다.

example Women **long have said** they can do anything men can do. The question today is: Do they really want to?

[Do they really want to (do anything (that) men can do)?]

여자들은 오랫동안 남자들이 할 수 있는 어떤 것도 할 수 있다고 말해 왔다. (그런데) 오늘날 문제는 여자들이 정말로 그러기를 원하는가 하는 것이다.

553 have to; have got to; gotta = 의무, 당위, 요구, 주문, 주장

And if I **have to** think about leaving here tomorrow, without you ...

제가 내일 여기를 당신 없이 떠나는 걸 생각해야만 한다면

Cross-reference
비교 (have to: 부정):
➡ (45) (112) (168)
비교 (have to: 추측: 확실성, 필연성): ➡ (120)

'주어 + have to-부정사'는 주어가 ... 해야만 한다는 의무나 마땅함, 상황적인 필요성, 또는 도덕적 당위성 등을 나타낸다 (주목: have to는 또 다른 중요한 어법으로 단언적인 추측이나 논리적 확실성을 나타내기도 한다). 그리고 have to는 흔히 (ˈhaf tə)로 발음된다. have의 (v) 유성음이 뒤따르는 무성음 (t)에 의해 무성음화 하고 to의 발음이 약해지면서 (tə)로 발음된다. [➡ (31) (97) (510)]
그리고 이 표현은 If-조건절만 표현되어 있는데 이미 너무도 슬프다든지 (I'm already so sad.) 가슴이 찢어진다 (It rips/rends/tears my heart apart/to pieces.) 등의 감정을 나타내는 주절이 목이 메어 표현되지 않고 있다.

example In order to survive we gay people **had to** try to look and act as, as rugged and, and manly as possible.

생존하기 위해서 우리 동성애자들은 최대한 강인하고 남자답게 보이고 행동하도록 애써야만 했다.

survive 자동 생존하다, 살아 남다   **act** 자동 행(동)하다   **rugged** 형 (표면이) 돌투성이인, 주름이 많은, 거친, (성격이나 정신력이) 강인한   **manly** 형 남자다운   **look and act as rugged and manly as possible**: 최대한 강인하고 남자답게 보이고 행동하다

스토리 80세의 한 동성애 남자가 동성애자들을 학대하고 차별하는 사회에서 살아온 자기의 인생을 회고하면서 한 표현

[사진] 동성애자들의 완전한 법적인 평등은, 그리고 사회 문화적 편견의 종식은 더구나 아직 이루어지지 않았지만 그들의 법적 그리고 사회 문화적 입장은 1960년 후반 이후로 꾸준히 향상되어 왔다. 이 사진에서는 Chicago 에서의 동성애자들의 퍼레이드에서 동성애자 아들을 가진 한 어머니가 "God blessed me with a gay son. Amen!" (하느님께서 동성애 아들을 주시어 저를 축복하셨습니다. 아멘!") 이라고 쓴 sign 을 들고 동성애 아들과 당당하고 기쁜 모습으로 행진에 참여하고 있다. 사진: ⓒ 박우상 (Dr. David)

example We **have to** prove democracy still works. [President Joe Biden, 4-28-2021]
우리는 민주주의가 아직도 작동한다는 것을 증명해야 합니다.

---

prove (that) democracy ...   **prove** 타동 입증/증명하다
democracy 명 민주주의 **still** 부 여전히, 아직도

---

554 Oh (my) God와 유사한 감탄사들

Oh, my God:

Cross-reference
비교 (Holy shit.과 유사한 표현들): ➡ (101)

여기서의 God은 비록 Francesca가 가톨릭 신자이긴 하지만 신을 부르는 것이 아니라 상당한 정도의 놀람, 실망, 좌절감, 믿기 어려움 등의 감정을 표현하는 감탄사이다. 강한 감정을 표현하는 영어의 감탄사들로 가장 흔히 쓰이는 것들은 신과 성에 관련된 말들이 주종이다. 신을 포함하거나 신과 관련된 이러한 감정을 표현하는 감탄사들의 예로는 (Oh/My) God; by God; dear God; great God; Jesus; Christ; Jesus Christ; Lord; for God's/Christ's sake; thank God; for the love of God 등이 있는데 '하느님이신 주님의 이름을 헛되이 하지 마라. (You shall not take the name of the Lord your God in vain.)'는 계명 (commandment) 때문에 기독교인들 중에는 이러한 감탄사들을 사용하거나 듣는 것을 불경스러운 것으로 혐오하거나 꺼리는 사람들이 있다. 그래서 God 또는 Jesus 의 발음을 변조하거나 미화법적으로 처리한 감탄사들이 만들어져 역시 널리 쓰이는데 그 예로는 (good) heavens; good grief; for heaven's/Pete's/Mike's sake; (by/my) gosh; gee; gee whiz; (good/

by) golly; jeez; jeepers/jeepers creepers; thank goodness/heaven; egad(s); ((oh) my) goodness; doggone it; for the love of Pete 등이 있다.

example

Stella: You know what they say about lady bartenders?
Stephen: Umm ...
Stella: They're dirty, they're stupid, their ankles are thick, so shut off your minds, boys. **God**, people are so mean sometimes.   [*Stella* (1990 film)]

Stella: 사람들이 여자 바텐더에 관해서 뭐라고 이야기 하는 지 아세요?
Stephen: 음 ...
Stella: 그 여자들 더럽고 멍청한데다 발목도 두껍지 그러니까 얘들아 마음을 닫거라. 야아 ~, 사람들은 때로는 너무도 못됐어요.

lady bartender: woman/female bartender의 정중한 표현   **ankle** 명 발목
shut off: 닫다, 정지시키다   **mean** 형 못된, 비열한

장면 ▶ 한 bar에서 bartender로 일하는 Stella가 데이트 나가자고 조르던 손님 Stephen과 마침내 데이트를 나가 영화를 한 편 보고 집에 함께 돌아와 여러 가지 속 마음의 이야기들을 털어 놓는다. 가슴 아픈 이야기이다. 사람들은 많은 이런 이야기들을 하고 산다. 한 개인이든 한 사회이든 타인에 대한 배려와 공감은 그 개인의 인격과 사회의 성숙도와 시민성 (maturity & civility)의 척도이다.

555 be going to = 주어의 의지

What <u>are</u> we <u>going</u> <u>to do</u>?
저희 뭘 (어떻게) 해야 할까요?

여기서의 'be going + to-부정사' 형태는 (주어가 ... 할/하는 것이 당연하다든지 순리 또는 논리적으로 생각된다든지 가능성이 높다든지를 표현하는 어법과 함께) 이 형태의 대표적인 어법의 하나로 말하는 또는 글쓰는 이가 (자신이 아니라: 물론 주어가 I일 경우에는 동일인이다) 주어가 앞으로 ... 할 의사, 계획, 작정, 고집, 결심이라고 단언적으로 또는 상당한 가능성이나 근거를 함축하면서 진술한다. 이 경우에는 함께 떠나기도 힘들고 헤어지기도 힘든 이 상황에서 우리들은 무엇을 어떻게 해야 할 지 묻는, 우리들의 <u>의향</u>, <u>계획</u>, <u>대책</u> 등을 나타낸다. [➡ (365) (494)]

Cross-reference
비교 (be going to = 추측: 가능성/순리):
➡ (40) (78) (93) (306) (453) (518) (570)
비교 (be going to = 말하는 이의 의지):
➡ (32)

example

Viola: (to her secretary) My son, the brilliant surgeon, **is gonna marry** a temp! She**'s going to** destroy him. It is so clear. She's got no money, no career goals. She was just waiting for a rich innocent to step right in her path.

[*Monster-in-Law* (2005 film)]

Viola (비서에게): 내 아들, 그 명석한 외과 의사가 임시직 일을 하는 애랑 결혼하겠대! 그년은 그 앨 망칠 작정이야. 그게 너무도 분명해. 고것 돈도 하나 없지 목표로 하는 커리어도 없지. 돈 많고 순진한 애 하나 지 발길에 딱 걸어 들어오길 딱 기다리고 있었던 거야.

> **장면** ▶ 유명 언론인으로 활동하다가 막 은퇴한 Viola가 젊고 잘생기고 유능한 외과 의사인 아들 Kevin이 의사 사무실들에서 임시직으로 일하는 여자인 Charlie와 기어코 결혼하겠다고 하자 비서에게 대고 미친 듯이 Charlie를 욕한다.

brilliant 형 대단히 총명한, 두뇌가 비상한, 엄청난, 대단한   **surgeon** 명 외과 의사
temp 명 임시직 일을 하는 사람. temporary worker를 줄인 비격식체 낱말. '임시직으로 일을 하다' 라는 동사로도 쓰인다.   **destroy** 타동 파괴하다
career goal: 직업을 통해 추구하는 목표   **innocent**: 여기서는 명사. 순진한 사람
step right in her path: her life, 그녀의 삶 안으로 바로 발을 들여 놓다

556　come = 가다 (go)를 뜻하는 경우

> **Come (away) with me.**
> 저랑 같이 (멀리, 떠나) 가요.

A가 B에게 갈 경우 A goes to B.라고 동사 go를 써서 표현함은 누구나 아는 사실이다. 그러나 A가 말하는 나 (I)이고 B가 말을 듣는 상대방 (you)인 경우에는, 즉 **I가 you에게 갈 때**에는, 영어에서는 시각의 중심이 you에 놓여 go를 사용하지 않고 **come**을 사용하여 **I come to you.**라고 표현한다. 이 경우에도 그와 유사하게 개별적으로 보면 나도 go 하고 당신도 go 하지만 떠나는 내 쪽으로 당신이 오는 것에 초점이 있는 경우이기 때문에 come이 사용된 것이다. 만일 이 장면에서 Francesca가 Robert에게 내가 당신과 함께 여기를 떠나서 새로운 곳에서 함께 할 새로운 삶을 향해 가겠다고 한다면 (떨어진 제 3의 지점을 향해 가는 것이기 때문에) I'll go with you.라고 한다. [➡ (341) (525)]

Scene

Robert: Francesca, do you ⑤⑤⑦ think that ⑤⑤⑧ what happened ⑤⑤⑨ with us ⑤⑥⓪ just happens to anyone? ⑤⑤⑧ What we feel ⑤⑥② for ⑤⑥① each other? We're ⑤⑥③ hardly, hardly two separate people now. ⑤⑥④ Some people search ⑤⑥⑤ all their life for ⑤⑥⑥ this ⑤⑥⑦ and never find it. ⑤⑥④ Others don't even ⑤⑤⑦ think it exists.

[The Bridges of Madison County (1995 film)]

Words & Phrases

- **separate** (ˈsep·ər·i/ət) 형 떨어진, 분리된, 따로따로인. 동사 (분리시키다, 떨어지다)로 쓰일 경우의 발음은 (ˈsep·ə·ˌreit)
- **search** 자동 찾다 (찾으려고 노력하다)
- **find** 타동 찾다 (찾아내다, 발견하다)
- **exist** 자동 존재하다

장면

Robert의 자기에 대한 사랑이 참사랑임을 확신하고 싶은 Francesca에게 Robert는 언제나 누구에게나 찾아오는 것이 전혀 아닌 두 사람의 이 소중한 사랑을 위해서 함께 떠나자고 한다.

번역

Robert Francesca, 우리에게 일어난 것 (사랑)이 누구에게나 일어나는 것이라고 생각해요? 우리가 서로에게 느끼는 것 (이 사랑)이? 우리는 이제 두 떨어진 남녀가 전혀 아니예요. 어떤 사람들은 평생 동안 이걸 (이런 사랑을) 찾지만 절대 찾지 못해요. 다른 사람들은 그게 (이런 사랑이) 존재한다는 것을 생각조차 않아요.

557 타동사 + (that)-절 (= 목적어)

Do you think that ...?
... 라고 생각하세요?
Others don't even think (that) it exists.
다른 사람들은 그게 존재한다는 걸 생각조차 안 해요 (못해요).

'타동사 + (that)-절 (= 목적어)'의 구조로 that-절은 앞에 오는 타동사인 think (... 를/라고 생각하다)의 목적어로 무엇을 think하는 가를 설명해 주는 명사절이다. 한국의 영어교육에서는 이 목적어절을 이끄는 that을 충분히 자주 생략하지 않지만, 뒤따르는 문장인 Others ... exists.에서는 이 명사절 목적어를 이끄는 접속사 that이 일상적인 구어체에서 아주 빈번히, 그리고 일상적인 그리고 비격식체적인 문예체에서도 자주 생략되는 경우로 여기서 생략되어 있다. [➡ (199) (265) (310) (346) (568)]

example You know, ketchup makers used to make ketchup, but then in the 1990s they **found out** salsa was the number one condiment in America, and now they make salsa.

[... they found out (**that**) salsa was ...]
있잖아요, 케첩 제조사들은 (당연히) 케첩을 만들었는데 그리고 나서 1990년대에는 미국에서 (ketchup을 물리치고) 샐사가 가장 인기 있는 양념이라는 걸 알고는 이제 샐사를 만드네요.

condiment 명 양념, 소스 등; seasoning, sauce, spices, etc. (ketchup, mustard, salt, pepper, salsa, relish 등)

example Since the 1960s most American women have **realized that** they should not depend entirely on men no matter what.
1960년대 이후로 대부분의 미국 여성들은 무슨 일이 있어도 남자에게 완전히 의존해서는 안 되다는 것을 깨달아 왔다.

realize 타동 깨닫다, 인식하다   **depend** 자동 의존/의지하다; rely; count   **no matter what**: (1) definitely; certainly; absolutely; 분명히, 확실히, (2) under any circumstances; regardless of the conditions or outcomes; 어떤/무슨 상황에서라도; 조건/결과에 무관하게

558 what =관계대명사

what happened with us
저희에게 일어난 것/일 = 우리의 이 사랑

여기서 what은 그 자체가 선행사를 포함하는 관계대명사로서 다른 영어로 풀어 쓰자면 **the thing that/which** 또는 **that which** 라고 할 수 있으며 한국어로 흔히 '... (하는/인) 것'으로 번역된다. [주의] 국내의 영어교육에서는 무분별하게 구분하지 않고 가르치거나 언급이 전혀 없지만 이 경우에는 that의 사용빈도가 which보다 압도적으로 높으며, that which는 오래된 문어체여서 현대영어의 구어체에서는 물론 문어체에서도 사용빈도는 극히 낮다.

What happened with us just happens to anyone. = [The thing that (= what) happened with us] + just happens to anyone. 뒤따르는 What we feel for each other? ((Francesca, do you think that) what we feel for each other (just happens to anyone)?) (Francesca, 우리가 서로에게 느끼는 것 (이 사랑)이 누구에게나 일어난다고 생각해요?)에서의 what 또한 같은 어법으로 쓰인 것이다. [(54) (77) (280) (375) (438) (506) (538)]

example

Keep smiling, keep shining,

Knowing you can always count on me, for sure.

That's **what** friends are for.

For good times and bad times

I'll be on your side for ever more.

That's **what** friends are for.

[Stevie Wonder, Elton John, Dionne Warwick, and Gladys Knight, *That's What Friends are For* (1985 song)]

[That's **what** friends are for. = **That's the thing** that friends are for.] [the thing that friends are for = friendship/trust]
계속 미소 짓고 계속 빛을 발해요.
언제나 나에게 기댈/믿을 수 있다는 것 아시고, 확실하죠.
그런 게 우정이죠.
좋을 때도 힘들 때도
나는 영원히 당신 곁에 있을 거예요.
그런 게 우정이죠.
[keep + (on) + -ing (현재분사) 계속해서 ...하다]

559 with = 관련, 경우, 입장

with us
우리에게 (있어서), 우리의 경우에, 우리 편에, 우리와 관련하여

여기서의 전치사 **with**는 흔히 뜻하는 '... 과 함께/같이' 라는 뜻이 아니라 '... 의 경우에, ... 와 관련하여, ... 의 편에서(는), ... 로서는, ... 에게(는)' (in the case of; on the part of; in relation to; with reference to) 등의 **경우**, **관련**, **입장** 등을 나타낸다.

example Abstinence is popular **with** a lot of parents.
금욕 (금욕의 성교육)은 많은 부모들에게 인기가 있다.

abstinence 명 금욕, 자제 ← abstain 자동 (from ...) 자제하다, 삼가다

example In the 1950s the biggest problems teachers had **with** students were talking in class, tardiness, and gum-chewing. Today, teachers consider the worst problems to be drugs, weapons possession, pregnancy, and assault.
1950 년대에는 교사들이 학생들에게 (학생들과 관련하여) 가진 가장 큰 문제들은 수업에서 떠드는 것, 지각, 그리고 검을 씹는 것이었다. 오늘날에는 교사들은 가장 심각한 문제들은 마약, 무기 소지, 임신, 그리고 공격 (폭력)이라고 생각한다.

tardiness 명 지각 ← **tardy** 형 지각한   **consider** + 목적어 + (to be) + 목적보어 (= 명/형)   **drug** 명 마약   **weapon** 명 무기   **possession** 명 소유, 소지   **pregnancy** 명 임신   **assault** 명 (갑작스럽고 폭력적인) 공격; onslaught; attack

example
George: You know, this used to be a hell of a good country. I can't understand what's gone wrong **with** it.　　　　　　　　　　　　　　[*Easy Rider* (1969 film)]
George: 이 나라는 끝내 주게 좋은 나라였는데. 이 나라가 뭐가 잘못 되었는지 알 수가 없네.

used to be ...: (과거에는) ... 이었는데 (지금은 아니다 라는 의미 함축)
a hell of a good country: a good country의 강조적 표현. 'a hell of ...': 비격식 구어체, 저속어 (vulgar)

Exercise

다음 각 문장에서 사용된 with의 의미를 영어로 설명해 보세요.

❶ Many parents are not happy **with** the teacher's union.
❷ They want the teachers to break **with** their longstanding union tradition.
❸ But **with** the rise in general living expenses and their professional duties, the teachers say, their salaries and working conditions have grown relatively worse than before.
❹ The teachers claim that their welfare goes very well **with** the quality of the children's education.

[정답과 해설]

❶에서의 with는 with reference/regard to (…과 관련하여) 또는 about (…에 관하여) 라는 관련 또는 주제를 나타낸다.

❷에서의 with는 '…와 함께' (accompanying or accompanied by; together with) 라는 with의 대표적인 어울림의 의미가 아니라 from (… 로부터) 라는 의미로 분리 (separation)를 나타내며 흔히 break/split (up) with … 또는 part with …로 쓰여 '…와/로부터 헤어지다, 결별하다' 라는 뜻을 나타낸다.

❸에서의 with는 owing to, because of, on account of로 대신 사용할 수 있는 이유를 나타낸다.

❹에서는 in correspondence/proportion to 라는 의미로 상응, 일치, 조화를 나타낸다.

union: 노동조합, 연합, 단결   **break (up) with …**: …와 결별하다, 헤어지다
longstanding 형 오래된   **tradition** 명 전통   **general** 형 일반적인
living expenses: 생활비   **professional duties**: 직업상 요구되는 의무들
working conditions: 근무 조건들   **relatively** 부 상대적으로   **claim** 타동 주장하다
welfare 명 복지   **quality** 명 질

번역 >>>
❶ 많은 부모들이 교사 노조에 관해 달가워하지 않는다.
❷ 그 부모들은 교사들이 오랜 노조 전통과 결별하기를 바란다.
❸ 그러나 교사들은 일반 물가와 자기들의 직업상 의무들의 증가로 인해 자기들의 월급과 근무 조건이 전보다 상대적으로 악화되었다고 말한다.
❹ 교사들은 자기들의 복지가 아이들의 교육의 질과 아주 잘 부합한다고 주장한다.

560 just = 강조의 부사; just의 위치 = just + 본동사

just happens to anyone
누구에게나 그냥 일어난다

Cross-reference
비교 (only + 본동사):
➡ (335) (581)

여기서의 just는 부사로서 just가 수식하는 (just에 뒤따르는) 말이나 표현의 의미의 정도를 최소화 하거나 감소시키는 기능을 하여 '단지/불과/그냥 ...일/할 뿐 (그 이상은 전혀 아니다)' (only; merely; simply; nothing more than) 이라는 뜻을 나타낸다. 이러한 강조의 어법의 just는 수식하고자 하는 말의 바로 앞에 위치시키는 것이 논리적이지만 현대 영어에서는 수식하고자 하는 말의 위치에 상관 없이 본동사의 바로 앞에 (또는 조동사나 be 동사 뒤에) 위치하는 현저한 경향이 있다. 공식체적이거나 상당히 문어체적인 표현에서 그리고 특별히 강조하고자 하는 말이 바로 이것이다라고 뚜렷한 의식을 가지고 just를 수식하고자 하는 말 바로 앞에 놓는 경우들이 있지만 구어체의 표현에서는 본동사 바로 앞에 위치시키는 경향이 현저하며 일상적인 글에서도 그러한 경향이 상당하다. 우리의 이런 사랑이 그냥 누구에게나 (특별한 사람이 아니더라도) 일어난다고 생각하느냐는 이 문장에서 just는 anyone (아무나, 누구나, 모든 사람)을 수식하지만 본동사인 happens 앞에 위치하고 있다 (just happens to anyone = happens to just anyone). [➡ (130) (159) (204) (398)]

example When asked, if they didn't find Mr. Perfect, whether they would marry someone else, only 34% of women said yes. "Let's face it. You don't **just** want a man in your life," says a 39-year-old woman. "You **only** want a great man in your life."

[You don't just want a man in your life. = You don't want just a/any man in your life.]
[You only want a great man in your life. = You want only a great man in your life.]

완벽한 남자를 발견하지 못하면 다른 사람과 결혼하겠냐고 질문을 받았을 때 34 퍼센트의 여성들만이 그렇게 하겠다고 대답했다. "현실을 바로 봐야죠." 39세의 한 여성이 말합니다. "당신의 (여자의) 인생에 아무 남자나 원할 수는 없죠. 당신의 인생에는 훌륭한 남자만을 원하는 거죠."

When (they were) asked, …: 주절의 주어와 (문맥과 일치되는) be-동사가 종속절에서 함께 생략될 수 있는 어법이 적용된 표현이다.
Let's face it.: it = the truth; 진실/상황/현실을 받아들이다/ 인정하다 여기서의 'you': 오늘날의 일반적인 미국 여성

561 each other: 상호 대명사

What we feel for each other
우리가 서로를 찾아 (서로를 원하면서) 느끼는 것, 우리의 사랑

Each other는 동작이 서로에게 미침을 나타내는 구대명사이며 (그런 의미에서 **상호대명사**라고 부른다), 거의 대부분의 경우 타동사나 전치사의 목적어로 쓰인다.
[주의] 한국의 영어 교육에서 설명하는 바인 each other는 **두 사람** (또는 **두 개**) 간에만 쓰이고 **그 이상**의 다수일 경우에는 one another를 사용한다는 설명은 전혀 **옳지 않다**.

어법-1 Each other가 두 사람/개에 관해 사용되는 것은 확률적으로는 더욱 높으나 **[어법-2]** 동작의 영향이 둘 이상의 다수에 대해 상호적으로 작용할 경우에도 사용될 수 있다. 여기서 each other는 첫 번째의 어법으로 쓰였다. [➡ 317]

어법-1

Bill (to Jojo): I think when people love **each other**, they should make a commitment.
Bill (JoJo에게): 사람들이 서로 사랑할 때는 (상대방 한 사람에게만) 헌신/전념해야 된다고 생각해.

commitment: 어떤 대의, 사람, 일 따위에 확신을 가지고 충실하게 생각, 노력, 자원 등을 전념하거나 바치는 것 < **commit** 동

어법-2

example Each year the Vietnam War lasted, Americans grew more resentful of **each other** and the nation kept pulling apart.
[Each year (when/that) the Vietnam War lasted, ...]
베트남 전쟁이 지속되던 해마다 미국인들은 더욱 더 서로에 대해 반감을 갖게 되고 국가는 계속해서 분열되어 가고 있었다.

last 자동 계속/지속되다   **resentful** 형 반감을 가진
kept pulling apart: keep + -ing: 계속해서 분열되다

The Bridges of Madison County (매디슨 카운티의 다리)

562 for = 추구/소망의 대상

for each other
서로를 찾아서, 서로를 원하면서

여기서의 **for**는 '...를 찾는 (찾아), ...를 추구하여 (하는), ...를 원하여 (원하는)' (in pursuit of; in search of; wanting) 등으로 번역될 수 있는 **추구, 추적, 소망, 옹호** 등의 대상을 나타내는 전치사이다.

Cross-reference
비교 (for = 가격/댓가):
➡ (2)
비교 (for = 목적지):
➡ (3) (269)
비교 (for = 경우/입장):
➡ (23) (183)
비교 (for = 이익/혜택):
➡ (44)
비교 (for = 정체/동일):
➡ (162)
비교 (for = 기간/지속):
➡ (196) (573)
비교 (for = 의미/상징):
➡ (385)]

---

example Mr. Keating (to his students): Poetry, beauty, romance, love – these are what we stay alive **for**. [*Dead Poets Society* (1989 film)]

[**what** we stay alive for = the **things that**/**which** we stay alive for]

Keating 선생님 (자기 학생들에게): 시, 아름다움, 로맨스, 사랑 – 이것들이야 말로 우리가 추구하며 살아있게 하는 것들이야.

stay alive for ...: ...를 위해 살아 있다, 삶의 목표가 ...이다

---

example The world's insatiable appetite **for** Hollywood and rock & roll is propping up the U.S. trade balance.

세계가 할리우드 (미국 영화들)와 로큰롤 (미국 노래들)을 원하는 끝없는 (아무리 해도 만족될 수 없는) 욕구는 미국의 무역 수지를 떠받치고 있다.

insatiable 형 (갈증, 욕구 등) 만족시킬 수 없는, 끝없는   **appetite** 명 (appetite for ...) 식욕, 욕구   **prop up** 타동 지탱하다, 지지하다   **trade balance**: 무역수지

---

example Helen Keller was a tireless activist **for** racial and sexual equality. She wrote, "My sympathies are with all who struggle **for** justice."

Helen Keller는 인종간의 그리고 남녀의 평등을 추구한 지칠 줄 모르는 행동가였다. 그녀는 "나는 정의를 찾아 분투하는 모든 이들과 마음을 같이 한다"고 썼다.

tireless 형 지칠 줄 모르는; indefatigable; untiring; unyielding
sympathy 명 한마음, 동정, 연민   **struggle** 자동 분투하다, 애쓰다

[사진] **Helen Adams Keller** (1880-1968): 절망 속에서 희망을 갈구하는 사람, 삶에서 의미를 찾고자 하는 사람, 세상에서 불가능에 도전하고자 하는 사람은 Helen Keller를 알고 그녀로부터 배워야 한다. 생후 19개월 만에 두뇌의 열병으로 시각과 청각을 모두 잃었으나 불굴의 의지와 노력과 선생님 **Anne Sullivan**의 헌신적 노력으로 점자 (Braille)와 점자타자기 그리고 수화 (sign language)를 통해 지체부자유자들, 근로자들, 여성들, 소수인종들, 그리고 세계평화를 위한 저자, 강연사, 사회운동가로서 열정적인 삶을 살았다.   사진 제공: the Library of U.S. Congress

563　hardly = 부정의 정도 부사

We're **hardly, hardly** two separate people now.
저희는 이제 떨어져 있는 두 사람 (남남)이 전혀 아니예요.

Hardly는 앞에 부정어를 취하지 않고 그 자체가 부정의 의미를 갖는 정도의 부사이다. 이와 유사한 부정적 정도 부사로 scarcely, seldom, rarely, barely가 있는데 이들 중에도 부정의 정도가 가장 강하고 (**hardly, scarcely, seldom, rarely, barely** 순서라고 보면 무난하다) 가장 높은 빈도로 사용되는 것이 hardly이다. Hardly는 문맥에 따라 '거의 ... 아니다' (almost not; scarcely) 또는 그보다 더욱 강한 강조적인 부정인 '전혀 ... 아니다' (not at all; never) 라는 부정의 의미를 가진다 (그 부정의 정확한 정도가 불분명한 경우들이 많다). [➡ (86)]

example In the late 19th and early 20th century, American women demanded equality, including the right to vote. But most American men **hardly** believed that women did not have equal rights to men's.
19세기 말과 20세기 초에 미국 여성들은 투표권을 포함하여 평등을 요구했다. 그러나 대부분의 남자들은 여성들이 남자들의 권리와 동등한 권리를 갖고 있지 않다는 것을 거의 믿지 않았다.

demand 타동 요구하다   **the right to vote**: 투표권; suffrage; franchise   men's (rights)

564 some ... others: 비교/대조

Some people search all their life for this and never find it.
Others don't even think it exists.
어떤 이들은 평생 동안 이것 (우리의 이런 사랑을) 찾지만 결코 찾지 못해요.
다른 이들은 그게 (우리의 이런 사랑이) 존재한다는 것을 생각조차 못해요.

대명사 (여기서 some people의 some의 경우처럼 바로 뒤에 오는 명사를 수식하는 형용사로도 자주 쓰인다) some과 others가 짝을 이루어서 막연한 수 또는 정체의 '일부의 또는 어떤 사람들은 ...하/이고 또 어떤/다른 사람들은 ...하/이다' 라는 두 그룹의 사람들의 관련, 비교, 대조, 또는 상반되는 모습을 표현하는 어법이다.

주목 여기서 주목할 점은 이 어법에서의 others는 정체가 뚜렷이 밝혀지거나 언급되지 않은 막연한 다른 사람들을 뜻하기 때문에 앞에 정관사 the를 사용하지 않는다는 것이다.

example **Some** African-Americans want to turn the few standing slave houses into monuments to the people who lived in bondage; **others** just want to raze them and forget the past.
어떤 미국 흑인들은 몇 채 남아 있지 않은 노예들이 살던 집들을 노예 상태에서 살았던 사람들을 위한 기념비로 만들기를 원하는데 반해 다른 흑인들은 그냥 그 노예집들을 밀어버리고 과거를 잊어버리기를 원한다.

monument 명 기념비, 기념탑, 기념 건축물/자연 구조물, 등   **bondage** 명 구속, 속박, 예속
raze 타동 (땅으로) 완전히 허물다, 갈다

example Many Hopi make their livings selling artwork and crafts to tourists. **Some** Hopi weave baskets, **others** make traditional pottery, and **still others** carve and sell kachina dolls – representations of the Hopi's guardian spirits.
많은 Hopi (호피족) 사람들이 예술품과 수공예품들을 여행객들에게 팔아서 생활한다. 어떤 호피 사람들은 바구니를 짜고, 다른 사람들은 전통 도자기를 만들고, 그리고 또 다른 이들은 호피족의 수호 귀신들을 표현하는 kachina (커치너) 인형들을 판다.

Hopi: 여기서는 복수형으로 (단수 Hopi = 복수 Hopi) 쓰여 있다. 이렇게 원주민 (native/indigenous) 사람들은 흔히 단수=복수 동형이다. 예: Navajo (ˊnav·ə·ˋhō); Cherokee (ˊcher·ə·ˋkē); Ute (yoot)   **make a/one's living**: 생활을 하다, 생계를 벌다
craft 명 (여기서의 의미는 handicraft) 수공예, 수공예품들   **weave** 타동 (직물을) 짜다, 엮다
pottery 명 단지/항아리들 (물질 집합명사)   **carve**. 깎아 내다, 새기다
representation 명 형상화한 것, 나타낸 것   **guardian spirit** 명 수호 영령/귀신

▎문화배경　**Hopi** (´hou·pi:):

Arizona주 동북부에 있는 3개의 mesa의 [mesa (´mei·sə) (메이써): 깎아지른 옆면과 비교적 평평한 꼭대기를 가지고 평탄한 바닥으로부터 우뚝 솟은 특수 지형으로 미국 서남부와 멕시코의 특수한 지형] 위와 주변에 있는 푸에블로 (**pueblo**)에 주거하는 원주민 (Native American; American Indian) 부족으로 지형적으로 미국 최대의 원주민 (Native American) 부족인 **Navajo** 족에게 완전히 둘러싸여 있다. 인구가 12,000여명에 불과한 작은 부족이지만 대단히 진보된 건식 농법 (dry farming)과 뛰어난 도자기와 바구니 만드는 기술, 직조술, 은세공술, 그리고 세련된 전통 의식 (예: 특히 가뭄에 비를 기원하면서 춘 뱀춤 (the Snake Dance)), 종교의식, 그리고 영적인 전설 문화로 잘 알려져 있다.

[사진] Arizona 주에 있는 the **Hopi Indian Reservation**의 주거 지대의 하나. 백인 개척자들과 미합중국의 무력에 의해 비옥한 땅과 귀금속을 포함한 산악에서 쫓겨나 극히 열악한 자연환경 속으로 밀려간 미국 원주민들의 슬픈 역사를 이들의 주거 환경이 생생하게 보여 준다.
사진 제공: © Scott Inaba

[사진] Hopi인들이 숭배하는 조상신들의 형상을 cottonwood (미주산 포플러 나무)의 뿌리를 깎아 새긴 전통 인형인 **kachina doll** (katsina, katcina, katchina로 표기하기도 한다). 주로 아이들에게 선물로 주거나 집안을 장식한다. Kachina는 Hopi 사람들이 숭배하며 종교적 의식에서 가면을 쓰고 춤을 추어 표현하는 여러 조상신들의 하나, 또는 그러한 종교의식, 또는 가면을 쓰고 그러한 춤을 추는 사람을 일컫는 말이다.
사진 제공: © Peter Guteirrez

565 전치사의 생략: 기간의 for의 생략

(for) all their life
그들의 평생 동안

여기서 어떤 기간/시간 **동안** (period, duration)을 나타내는 전치사 **for**가 일상체적 구어체에서 빈번히 **생략**되는 경우이다. [➡ (171) (196) (573)]

Cross-reference
비교 (for = 가격/댓가):
➡ (2)
비교 (for = 목적지):
➡ (3) (269)
비교 (for = 경우/입장):
➡ (23) (183)
비교 (for = 이익/혜택):
➡ (44)
비교 (for = 정체/동일):
➡ (162)
비교 (for = 의미/상징):
➡ (385)
비교 (for = 추구):
➡ (562)
비교 (부사적 목적어):
➡ (94)

example

Claudia's mother: Boys don't like you if you get too smart.
Claudia: Mom, I'm doing this so I don't have to depend on some dumb guy **the rest of my life**.　　　　　　　　[*Stand and Deliver* (1988 film)]

[... some dumb guy (**for**) **the rest of my life**.]

Claudia 엄마: 네가 너무 똑똑해지면 남자애들이 싫어해.
Claudia: 엄마, 난 내 남은 평생 동안 어떤 띨띨한 남자애한테 의존하지 않아도 되기 위해서 이걸 하는 거야.

I'm doing this so (that) I don't have to …: 난 … 하지 않아도 되도록 이걸 하고 있는 거야.
depend on …: …에게 의존하다, 달려 있다
dumb 형 멍청한; stupid I'm doing this so (that) I don't …

장면 ▶ 가난한 중남미계 출신의 고등학생 Claudia가 여름 방학 중에 학교에서 고급 수학을 배워 보겠다고 엄마에게 승낙서에 서명을 해 달라고 부탁하자, 엄마가 여자가 너무 똑똑하면 남자가 싫어한다고 하는 것에 대한 Claudia의 멋진 대답이다.

566 this ... it

Some people search all their life for this and never find it.
어떤 이들은 평생 동안 이것 (우리의 이런 사랑)을 찾지만 결코 찾지 못해요

여기서의 it은 앞에 오는 대명사 this (this kind of love: 이런 사랑)를 받는 것으로 영어에서는 이렇게 현재 진행 중이거나 가까이에 있는 사건이나 사물을 처음에는 일단 this로 받은 뒤에 그 이후부터는 it으로 받는 경향이 현저하다. [➡ (13) (48) (348)] 언급의 대상물/사건이 그렇게 직접적이거나 가깝지 않은 경우에는 대명사 that을 먼저 사용한 뒤에 그 다음부터 it으로 받는 경향도 있다. 복수형인 경우 일단 these 또는 those로 받은 뒤에 그 이후부터는 they로 받는 경향이 있다.

Cross-reference
비교 (that + it):
➡ (119)
비교 (these + they):
➡ (451)

example "I pledge you, I pledge myself, to a new deal for the American people. **This** is more than a political campaign; **it** is a call to arms."

[Franklin D. Roosevelt]

저는 여러분에게, 저 자신에게, 모든 미국인들을 위한 새로운 거래를 약속합니다. 이것은 정치 유세 이상의 것입니다. 이것은 무기를 들라는 명령입니다.

call to arms: a command to report for active military duty; 무기를 들라는/ 전투나 비상사태에 대비하라는 명령. **arms** (복수형 arms로 사용): 무기; weapons; weaponry

스토리 Franklin D. Roosevelt가 (1932년 당신 New York 주 주지사 (Governor)) 미국의 the Great Depression (대공황) 중인 1932년에 민주당 (the Democratic Party)의 대통령 후보 지명을 수락하면서 한 연설로 1933년에 대통령에 취임하면서 바로 추진하는 the New Deal (뉴딜) 정책을 선언한 표현

567 and = but

Some people search all their life for this and never find it.
어떤 이들은 평생 동안 이것 (우리의 이런 사랑)을 찾지만 결코 찾지 못해요

주목 국내의 영어교육에서 가르치지 않는 and의 어법으로, 여기서의 접속사 and는 흔히 뜻하는 사

The Bridges of Madison County (매디슨 카운티의 다리)

건, 행위, 또는 논리 등의 자연스러운 흐름이나 결과를 (그리고, 그래서, 따라서) 나타내는 것이 아니라 그 흐름이나 논리를 부정하거나 반전시키는, 즉 흔히는 정반대의 뜻을 (그러나, 그래도, 그럼에도 불구하고; but, nevertheless, on the contrary) 갖는 접속사 but과 같은 기능을 한다. 이 경우에는 '어떤 사람들은 평생을 이런 사랑을 찾는데 그러나, 그럼에도 불구하고 이런 사랑을 결코 찾지 못한다' 라는 뜻이다. [➡ (390)]

example Who doesn't love Halloween? You can dress up in outrageous outfits, eat as much candy as you want, cover your house with cobwebs **and** no one cares.

누가 Halloween (hal`·ə·wēn´) (10월 31일 저녁/밤)을 좋아하지 않는가? 황당무계한 복장을 차려 입고 원하는 만큼 캔디를 먹고 집을 거미줄로 둘러싸도 (그러나) 아무도 상관하지 않는다.

[사진] 대학생들이라고 공부만 하나? Halloween이 가장 신나고 왁자지껄 한 곳은 단연 대학가이다. 이 사진에서는 the University of Wisconsin-Madison 캠퍼스에서 저녁이 으슥해지기 무섭게 거의 50여명의 친구들과 roommate들이 비좁게 모여서 한잔하면서 (실은 아주 아주 여러 잔을 하는 것이 대부분이다) 열심히 **costume party**를 하고 있다. 사진: ⓒ 박우상 (Dr. David)

---

dress up: 정장이나 경우에 맞게 차려 입다   **outrageous** 형 황당무계한, 말도 안되는
outfit 명 옷   **cobweb** 명 거미줄, 거미집   **care** 자동 신경쓰다, 관심을 보이다

Exercise

다음의 표현들 중에 사용된 and의 의미가 다른 하나는 어느 것입니까?

❶ At long last, I visited Boston for the first time **and** fell in love with the city right away.
❷ I loved most of the historic places in Boston, **and** driving in the city was a real torture because of so many bridges, tunnels, and uneven terrains.
❸ I checked out several universities around Boston with my parents, **and** they were both very impressed with the fine schools.
❹ Boston was one of the two major birthplaces of the American Revolution along with Philadelphia, **and** today it is a leader in the commercial and intellectual areas.

[정답과 해설]

해설 >>>

❶ ❸ ❹에서의 and는 and의 대표적인 어법으로 A and B에서 A와 B가 원인-결과, 조건-결론, 또는 시간적, 순서적, 또는 논리적으로 순조로운 연결, 진행, 또는 추가를 나타내는 데 반해서 (2)에서의 and는 but, on the contrary, in contrast, yet, nevertheless (…하/이지만, 그러나, 그럼에도 불구하고) 등의 부정, 반전, 번복의 의미로 사용되었다.

번역 >>>

❶ 마침내 나는 Boston을 처음으로 방문했는데 그 도시와 곧 바로 사랑에 빠졌다.
❷ 나는 Boston에 있는 역사 유적지들의 대부분이 정말 좋았지만 그 도시에서의 운전은 아주 많은 다리, 터널, 그리고 고르지 못한 지형 때문에 진짜 고문이었다.
❸ 나는 Boston 주변의 여러 대학들을 부모님과 가보았는데 부모님은 두분 다 그 훌륭한 학교들에 깊은 감명을 받으셨다.
❹ Boston은 Philadelphia와 함께 the American Revolution (미국 독립혁명, 1775-1783)의 두 주요 출생지였으며 오늘날에는 상업과 지적인 분야에서 한 리더이다.

정답: ❷

at (long) last: 마침내, 드디어, (오랜) 우여곡절 끝에   **right away: immediately**; at once; 곧 바로, 즉시   **torture** 명 고문   **uneven** 형 고르지 못한   **terrain** 명 지대, 지형   **impress** 타동 …에게 감명을 주다   **birthplace** 명 출생지   **revolution** 명 혁명   **commercial** 형 상업의   **intellectual** 형 지(성)적인

언어와 사회/문화   Boston

식민지시대의 개발, 미합중국의 건국, 미국의 산업화, 현대 미국의 발전 등에 있어서 대단히 중요한 역할을 해 온 Massachusetts 주의 주도로 도시 안의 인구는 약 60만명이지만 570만명의 인구를 가진 the

Greater Boston metropolitan area (광역권)을 리드하고 교육, 의료, 첨단 과학기술, 은행업 등을 중심 기반으로 한 활력있는 경제를 주고하고 있는 New England 지역의 중심이다. 인종적으로는 다인종적이며 (백인, 약 54.5%; 흑인, 25%; 아시안계, 7.5%; 복합인종 4.5%; 인종무관한 Hispanic계 14.5%), 문화적으로는 다문화적 (multicultural)이며 세계주의적 (cosmopolitan)이며, 정치적으로는 진보주의적 (liberal)이다. 원래 1630년에 세워진 대서양가의 항구도시로 오랜 지적, 문화적, 그리고 정치적 전통과 역사를 자랑한다.

* **Boston의 별명들 (nicknames):**
Boston은 많은 별명들을 자랑한다. 미국인들에게 가장 잘 알려진 두개의 별명으로 하나는 **the Hub** (바퀴나 축의 중심을 일컷는 hub을 고유명사처럼 취급하여 H를 대문자로 쓰고 그 앞에 유일하고 독보적임을 나타내는 정관사 the를 쓴다. 원래 19세기 말에 야심만만하게 "the Hub of the Solar System" (태양계의 중심)을 의미하도록 시작된 표현인데 오늘날의 미국인들은 the hub of New England (New England 지역의 중심)으로 이해하고 있다)이고 다른 하나는 Boston 일대의 지역에 유명한 소위 baked beans를 따라 붙여진 **Bean Town**이다 (Boston 일대의 baked beans는 실제로는 구운 (baked) 것이 아니라 대부분 소스 (sauce)와 함께 지글지글 익힌 stewed beans이며 종종 토스트나 납작하게 썬 (sliced) 빵에 얹어 먹는다.). 그리고 Boston 시의 세개의 언덕을 따라 이 지역 식민 초기에 붙여진 **The City on a Hill** (언덕/동산 위에 세워진 도시)이 있으며, Boston의 문화적 지성적 중요성을 나타내는 **The Athens of America** (미국의 아테네)도 있으며, 미국 독립혁명 (the American Revolution, 1775-1783)에 있어서의 Boston의 중요한 역할을 나타내는 **the Cradle of Liberty** (자유의 요람)이라는 별명도 있다.

[사진] 1775년 4월 18일 밤에 말을 달려 영국군의 진입을 시민들에게 알려 영국과의 전투에 대비하게 한 Boston의 은장인 (silversmith)이자 미 독립혁명의 애국자 (patriot)로서 커다란 상징적 의미를 차지하는 **Paul Revere** (1735-1818)의 동상을 Pennsylvania 주에서 교육적 휴가 여행을 온 한 가족이 올려 보며 Revere에 관한 대화을 나누고 있다. Boston은 현대의 건축물들과 주거 환경 사이에 미국의 식민지 시대로부터 독립혁명기를 거쳐 건국 초기의 많은 역사적 유물들과 유적지들로 고풍스럽기도 하다.
사진: ⓒ 박우상 (Dr. David)

[사진] Boston 다운타운에 있는 역사적인 **Quincy Market** 광장에서 점심식사나 샤핑을 하는 도중에 한 juggler의 juggling show를 즐기고 있는 Boston 시민들 (관광객들도 제법 있다). Boston의 많은 장소들은 현대풍과 역사적인 유적들의 고풍이 어울려 있다.
사진: ⓒ 박우상 (Dr. David)

Scene

Francesca (to Robert) 569 You never think 568 love like this 570 is going to happen to you. Now I want to keep it forever. I want to love you 571 the way I 572 do 573 for the rest of my life. But if we leave, we lose it. I can't 574 make an entire life disappear 575 to start a new 576 one. 577 All I can do is 578 try to hold on to both of us somewhere 579 inside of me.

[*The Bridges of Madison County* (1995 film)]

Words & Phrases

- **happen** 자동 일어나다, 발생하다
- **keep** 타동 간직하다, 유지하다
- **leave** 자동 떠나다
- **lose** 타동 잃다
- **entire** 형 완전한, 모든, 전체의
- **disappear** 자동 사라지다
- **hold on to …**: …를 (놓치지 않고) 꼭 붙들다

장면

지난 나흘 동안의 Robert와의 열애가 서로에게 일시적인 바람이 아니라 현실적으로 거의 불가능한 참사랑임을 확신하게 된 Francesca는 자기와 함께 떠나자고 하는 Robert와 함께 떠나기 위해 여행 가방을 싸고 떠날 채비를 마친다. 그러다가 뜨거운 사랑도 참사랑도 아니었지만 지금까지 함께 성실하게 살아 온 남편과 사랑하는 아이들과 함께 이루어 온 삶과 극적으로 발견한 참사랑과의 꿈만 같은 미래 사이의 선택을 놓고 흐느끼면서 고뇌한다. 그리고는 마침내 Robert와의 참사랑을 영원히 간직하기 위해서는 떠날 수 없다는 결론을 내린다.

번역

Francesca (Robert에게) 이런 사랑이 벌어지리라고는 결코 생각(조차) 할 수 없어요. 이제 전 이 사랑을 영원히 간직하고 싶어요. 전 저의 남은 평생 동안 (지금) 제가 당신을 사랑하듯이 당신을 사랑하고 싶어요. 그러나 우리가 떠나면 그 사랑을 잃어버려요. 새로운 삶을 시작하기 위해 (지금까지의) 온 삶을 사라지게 할 수는 없어요. 제가 할 수 있는 모든 것은 우리 사람을 제 가슴 속 어딘가에 (놓치지 않고) 꼭 붙들고 있도록 하는 (애쓰는) 것 뿐이예요.

568 타동사 + (that)-절 (= 목적어)

You never think (that) love like this is going to happen to you.
이런 사랑이 벌어질 거라고는 결코 생각할 수 없죠

여기서 Love like this is going to happen to you. (이런 사랑이 당신에게 벌어질, 찾아올 것이다)는 앞에 오는 타동사인 think (... 를/라고 생각하다)의 목적어로 무엇을 think하는 가를 설명해 주는 명사절인데 이 명사절을 이끄는 접속사인 that이 일상적인 구어체에서 아주 빈번히, 그리고 일상적인 그리고 비격식체적인 문어체에서도 자주 생략되는 경우이다. [➡ (199) (265) (310) (346) (557)]

example When adults say my ideals of equality are not realistic, I say that their so-called realism is really pessimism. When people demand proof, I know a lot of truth comes from the heart and is beyond explaining.
[a 17-year-old high school student]

[When adults say (that) my ...] [I say (that) their... pessimism.] [..., I know (that) a lot of ...]

어른들이 평등에 관한 저의 이상이 현실적이지 않다고 말할 때 저는 그분들의 소위 현실주의라는 것이 실은 회의주의라고 말합니다. 사람들이 증거를 요구할 때면 저는 진실은 많은 부분이 가슴으로부터 우러나는 것이고 설명을 초월한 것이라는 것을 알아요. [17세 고교생의 말]

ideal 명 이상   **realistic** 형 현실주의적인. **realism** 명 현실주의   **pessimism** 명 비관주의, 회의주의, 염세주의   **demand** 타동 요구하다   **proof** 명 증거; evidence   **beyond explaining**: 설명을 초월한, 설명할 수 없는; beyond explanation; beyond description

569 you = 일반인 = 문맥, 상황, 화제, 암묵적 이해, 사회 통념 등에 의해 제한; you = 나 (I)

You never think (that) love like this is going to happen to you.
이런 사랑이 벌어질 거라고는 결코 생각할 수 없어요; 이런 사랑이 자기에게 찾아 오리라고는 아무도 생각 못해요

여기서의 대명사 you는 흔히 뜻하는 말을 듣거나 글을 읽는 상대방을 가리키는 것이 아니라 비특정한 일반인들이나 보통의 경우의 전형적인 사람(들) 또는 누구나 (people in general, anyone)를 뜻한다. 이 경우에는 보통 사람은 또는 누구든 (이 말을 듣고 있는 상대방인 Robert와 이 말을 하고 있는 나를 포함해서) 이런 사랑이 자기에게 찾아 오리라고는 결코 생각할 수가 없다는 뜻이다. [➡ (391) (404)]

example My husband and I were together for three years before marrying, and I also had cohabbed with the ex-boyfriend for several years. I'm glad to live in a time when this is not only possible but socially acceptable, because I can't imagine going into marriage without really knowing the habits and quirks of someone **you** plan to spend **your** life with.

[an e-mail from a listener to a radio talk show]

[... someone **you (= I)** plan to spend **your (= my)** life with.]

제 남편과 저는 결혼 전에 3년간 같이 있었구요, 저는 (그 전에) 여러 해 동안 그 전의 보이프렌드와 동거도 했습니다. 저는 이런 일이 가능할 뿐만 아니라 사회적으로 용납이 되는 시대에 살아서 기쁩니다. 인생을 함께 보낼 계획을 하는 사람의 습관과 괴벽들을 정말로 알지 못하고 결혼에 들어가는 것을 저로서는 상상도 할 수 없으니까요.

---

cohab 자동 동거하다   **ex-**: 접두사 (prefix). 예전/이전의; former   **socially acceptable**: 사회적으로 용인될 수 있는; socially tolerated/tolerable   **imagine + -ing** (동명사): ...하는 것을 상상하다   **quirk** 명 (개인의) 특이한 성질/기질, (언행의) 괴벽

---

570 be going to = 추측: 가능성/순리

Love like this is going to happen to you.
이런 사랑이 당신 (자기)에게 벌어질 (찾아올) 것이다, 벌어지게 되어 있다

여기서의 '**be going to-부정사**'는 한국의 영어 교육에서 가르치는 주어의 의도를 나타내는 용법으로 쓰인 것이 아니라 미래에 주어가 논리적으로나 상황적으로나 (예정이 되어 있다든지 일이 돌아가는 모양을 보건대 그렇게 될 조짐이 뚜렷하다든지) 주어가 그렇게 될 것이 **마땅**하거나 **순리**적이거나 **자연**스럽거나 분명하거나 가능성이 대단히 높다고 보는 말하는 이의 추측이나 판단을 나타낸다. 즉 이 문장은 this (이런 사랑)가 당신 (즉 나)에게 찾아올 것이다, 찾아올 가능성이 높다, 찾아오게끔 되어 있다는 뜻이다.

[➡ (40) (78) (93) (306) (453) (518)]

Cross-reference
비교 (be going to = 말하는 이의 의지):
➡ (32)

비교 (be going to = 주어의 의지):
➡ (365) (494) (555)

example

Aunt June: The morals of the young people today **is gonna** get them in big trouble, because they act like they don't know the difference between right and wrong. Their parents are not telling them the difference between right and wrong.

[*Poetic Justice* (1993 film)]

June 숙모: 오늘날 젊은이들의 도덕은 그들을 큰 곤경에 빠뜨리게 될 거야 (오늘날 젊은이들의 사고방식이나 노는 모습을 보면 곧 큰 곤경에 빠지게끔 되어 있다, 그렇게 될 것이 뻔하다는 어감). 왜냐하면 오늘날의 젊은이들은 옳고 그름의 차이를 모르는 듯이 행동하기 때문이야. 부모들이 젊은이들한테 옳고 그름의 차이를 말해 주질 않아.

> **morals** 명 도덕, 윤리; ethic(s). **moral** 명 (도덕적 또는 실용적) 교훈; maxim; a concise or practical lesson or truth
>
> **The morals ... is gonna ...** 에서의 단수 동사 is: 문장의 주어가 복수형인 The morals에 단수형 동사인 is가 일치하고 있다. 원어민들이 도덕/윤리의 의미의 morals를 단수로 취급하는 경우가 있는데 이것은 극히 일부의 예외적인 경우이며, 여기서는 Aunt June의 Uneducated English (저교육층의 영어) 표현이다
>
> **the difference between right and wrong**: 옳고 그름 간의 차이

571 the way = 유사접속사/준접속사; the way + 부사절

the way I do (= love you)
제가 당신을 (지금) 사랑하듯이

Cross-reference
비교 (the way + 절 = 명사절):
➡ (286)

여기서 **the way**는 일견 명사구처럼 보이지만 '... 인/하는 대로, ... 이/하듯이'라고 번역될 수 있는 방법, 방식, 또는 모양새를 나타내며 뒤에 절 (주어 + 술부)의 구조를 취하니 실질적으로는 접속사의 기능을 하는 셈이다. 이 저자가 의사접속사/준접속사 (quasi-conjunction)의 하나로 부르는 the way의 구조적 기원은 (in) the way (that 또는 in which) (... 하는/인 방식으로)인데 현대영어의 구어체와 비격식체에서는 대단히 빈번하게 쓰이며 오늘날에는 상당히 공식체적인 글에서도 자주 보임으로 the way를 하나의 접속사로 이해하고 그 사용을 숙달할 필요가 있다. [➡ (38)]

example

I said I love you, that's forever.
And this I promise from the heart, mmm
I couldn't love you any better,
I love you just **the way** you are.   [Billy Joel, *Just the Way You Are* (1977 song)]

당신을 사랑한다고 했잖아요, 그 말은 영원한 거예요.   그리고 이 것은 내 가슴으로부터 약속해요
당신을 더 할 수 없도록 사랑합니다   당신을 지금의 당신 그대로 사랑합니다

And when you smile
The whole world stops and stares for a while,
'Cause, girl, you're amazing
Just **the way** you are. [*Bruno Mars, Just the Way You Are* (2018 song)]

[... just the way (**that/in which**) you are.]

그리고 당신이 미소 지을 때는 온 세상이 정지하고 한동안 (당신을) 바라보죠,
당신은 (지금) 당신 그대로의 모습으로 놀라우니까요.

stare 자동 바라보다, 응시하다   **'cause:** 접속. because의 줄인 말로 비격식 구어체

572 조동사 do = 대체어

I **do** (= love you)
저는 당신을 사랑해요

여기서의 조동사 **do**는 의문문이나 부정문에 쓰이는 용법에 버금가는 용법으로서 앞에 오는 동사나 술부의 일부 또는 전체를 반복하지 않고 대신하는 **대체어**이다. 말이나 글, 문장의 종류, 표현의 격식성과 무관하게 표현의 경제나 신속한 의사 전달을 위해 빈번히 사용된다. 이 경우의 do는 바로 앞에 온 표현인 love you를 대신한다. [➡ (311)]

 Jazz brought blacks and whites together at a time when nothing else **did**, when all the schools and churches and restaurants were still segregated.

[did = brought blacks and whites together]

재즈는 모든 학교와 교회와 식당들이 아직 인종적으로 격리되어 있을 때 다른 어떤 것도 그러지 않았던 시절에 흑인들과 백인들을 한데로 뭉쳤다.

bring together: 뭉치다, 연합시키다; unite   **segregate** 타동 (인종들을) 격리/분리하다

 Divorce doesn't carry quite the stigma (that) it **did** in previous generations.

[did = carried]

이혼은 (이제는) 지난 세대들에 갖던 꼭 그러한 (사회적) 낙인이 따라다니지는 않는다.

| **stigma** 명 (사회적) 낙인 | **previous** 형 앞선, 예전의 | **generation** 명 세대 |

573 for = 기간/지속

for the rest of my life
제 남은 인생 동안

여기서 **for**는 어떤 **기간**/시간 동안 (period, duration)을 나타내는 전치사. 일상체적 구어체에서는 이 전치사 for가 빈번히 생략된다.
 (196) (565)]

Cross-reference
비교 (for = 가격/댓가):
 (2)
비교 (for = 목적지):
➡ (3) (269)
비교 (for = 경우/입장):
➡ (23) (183)
비교 (for = 이익/혜택):
➡ (44)
비교 (for = 정체/동일):
➡ (162)
비교 (for = 의미/상징):
➡ (385)
비교 (for = 추구):
➡ (562)
비교 (부사적 목적어):
➡ (94) (171)

example
I've done everything I know
To try and make you mine
And I think I'm gonna love you
For a long, long time   [Linda Ronstadt, *Long, Long Time* (1970 pop/country song)]
당신을 내 사람으로 만들기 위해   내가 아는 모든 것을 했어요
그리고 오랜, 오랜 동안   당신을 사랑할 것 같아요

try and make: 주목: try to make의 비격식 구어체 표현. 국내의 영어교육에서는 아직 가르치지 않지만 실제의 구어체 영어에서는 자주 사용되므로 반드시 이해하고 숙달할 필요가 있다.

example In the 1995 movie *The Bridges of Madison County*, Francesca, a farmer's wife, falls in love with Robert, a globe-trotting photographer, **for** four days and stays in love with him in her heart **for** the rest of her life.
1995년 영화 The Bridges of Madison County (매디슨 카운티의 다리)에서 한 농부의 아내인 Francesca는 세계를 누비고 다니는 사진사 Robert와 나흘 간 사랑에 빠지고 남은 여생 동안 그를 가슴 속으로 계속 사랑한다.

| **globe-trotting** 형 세계를 돌아다니는/누비는 | **photographer** 명 사진사, 사진작가 |

574 make + 목적어 + 원형 부정사

I can't make an entire life disappear.
저는 (지금까지 살아 온 저의) 한 인생 전체를 사라지게 할 수가 없어요

이 문장은 '주어 + make + 목적어 + 목적 보어 (= 동사 원형)'의 구조로 주어가 목적어로 하여금 ... 하게 만들다 (하다) 라는 뜻을 나타낸다. 이렇게 타동사 make은 목적어가 ... 한다고 목적어를 설명하는 부분인 목적 보어를 취할 때 동사 원형 (일명 원형 부정사)의 형태를 취한다. 이 구조는 목적어로 하여금 ... 하게 make 할 (만들) 수 있는 주어의 강제력, 압력, 영향력, 권위 등의 뉘앙스를 함축한다.
[(456)]

example Love **makes** the world **go** 'round. (Proverb)
사랑이 세상을 돌아가게/굴러가게 만든다. (속담)

'round: around (부 돌아서)의 비격식 구어체

example My wife didn't marry a great man, but she **makes** me **feel** like one. Selflessness, not selfishness, is the key to happiness.
나의 아내는 위대한 남자와 결혼하지 않았지만 나로 하여금 한 위대한 남자처럼 느끼게 한다. 이기적인 것이 아니라 자기를 비우는 것이 행복에 이르는 열쇠다.

selflessness: 자기를 비움; 남을 배려하고 위하는 마음
selfishness: 이기심   ...의/...에 이르는 열쇠/핵심: the key to ...

575 to-부정사 = 목적, 의도

to start a new one
새로운 인생을 시작하기 위해서

여기서의 **to-부정사** (to + 동사 원형: 여기서는 to tell)는 '... 하려고, ... 하기 위해(서)'라는 의미의 **목적**이나 **의도**를 나타낸다 (문법적으로 목적이나 의도를 나타내는 부사의 기능을 하는 부사구이다).
[➡ (275) (461) (480)]

example **To control** the moose population, Maine has a one-week hunting season in October.

무스 (북미 큰사슴) 개체수를 통제하기 위해서 Maine 주는 10월에 1주간의 사냥 시즌을 갖는다.

example People around the world should work together as global citizens **to remedy** major problems of global warming.

전 세계의 사람들은 지구 온난화의 주요 문제들을 시정하기 위해서 세계 시민들로서 함께 노력해야 합니다.

---

remedy 타동 (병을) 치유하다, 낫게 하다; (잘못을) 고치다, 바로잡다; heal; cure; correct
global warming 명 지구 온난화

---

576 one(s) = 대체어 (대명사)

a new one (= life)
새로운 인생

여기서의 one은 하나라는 수사로 쓰인 것이 아니라 흔히 앞에서 **언급되거나 함축된 사람이나 사물** 따위의 명사어구 (a thing or person of the kind indicated or mentioned previously)를 받는 대체어 (substitute)의 구실을 하는 대명사이다. one이 단수이고 그 앞에 형용사에 의해 수식될 때 그 맨 앞에 부정관사 a가 놓인다 (a 대신에 하나인 수사 one이 올 수도 있다). 대부분의 경우에 이 one은 앞에서 특정하게 지적된 명사어구를 가리키지만 이따금씩 그 가리키는 명사어구의 정체가 표면에 나타나지 않고 문맥상 이해되는 (또는 말하는 이와 듣는 이 간에 암묵적으로 이해되는) 경우도 있다. 여기서의 one은 앞에 온 an entire life의 life를 대신하여 사용된 것이다. [➡ (177) (252)]

example We're more likely to live with **a partner of another race** than we are to marry **one**.

[... than we are (likely) to marry one (= a partner of another race).]
[(O) marry **one**; (X) marry **it**]
우리는 다른 인종의 파트너와 결혼할 가능성보다 동거할 가능성이 높다.

example In the movie Message in a Bottle (1999 film), Garret initially hesitates to let go of his first **love** and explore the possibilities of a second **one**.

[... a second one (= love).]
1999년 영화 Message in a Bottle에서 Garret은 처음에는 첫 사랑을 보내고 다음 사랑의 가능성들을 모색해 보기를 주저한다.

initially 부 처음에(는), 시작은　　**hesitate + to-부정사**: ...하기를 주저하다
let go of ...: ...를 보내다, 가게 하다　　**explore** 타동 탐험하다, 탐색/모색하다

577 관계 대명사의 생략: 관계대명사 = 타동사의 목적어

All (that) I can do is try to hold on to both of us.
제가 할 수 있는 모든 거라곤 우리 두 사람을 꼭 붙들려고 애쓰는 것(뿐)이예요

Cross-reference
비교 (전치사의 목적어인 관계대명사의 생략):
➡ (546)

이 문장은All (that) I can do ... (내가 할 수 있는 모든 것은 ...)에서 관계대명사 that이 관계사절 안에서의 타동사 (여기서는 do)의 목적어일 때 생략될 수 있는 경우에 생략된 것이다 (여기서 all을 선행사로 받는 관계대명사 that은 do의 목적어이다).

All (that) I can do is try to hold on to both of us. ← All + [I can do it (= all) (= that)] + is try to old on to both of us.　[➡ (151) (231) (253) (285) (549)]

> example　The one thing **every farmers' market has in common** is the old-fashioned social element. Customers meet their neighbors, mill about, and rediscover a world from another time.

[The one thing (**that**/**which**) every farmers' market has in common ...]
모든 농부의 마켓이 가진 공통적인 것은 오래된 사회적 요소이다. 손님들이 이웃들을 만나고 주변을 어슬렁거리고 다른 시대로부터 온 세계를 재발견한다.

have ... in common: ...를 공통적으로 갖고 있다, ...를 공유하다　　**old-fashioned** 형 오래된, 구식의　　**social element**: 사회적 요소　　**mill** 자동 (... around/about) (주위를 목적 없이 서서히) 어슬렁 거리다, 왔다 갔다 하다　　**rediscover** 타동 ...를 재발견하다

578 주어 + be 동사 + 원형 부정사 (= 주격 보어): 유형 (1) (2) (3) (4) (5)

All I can do is try to hold on to both of us.
제가 할 수 있는 모든 거라곤 우리 두 사람을 꼭 붙들려고 애쓰는 것(뿐)이예요

To-부정사는 be 동사 뒤에서 주어를 설명하는 소위 주격 보어로 쓰일 수 있으며 그런 경우 그 형태는 기본적으로는 to + 동사 원형이 된다.

The Bridges of Madison County (매디슨 카운티의 다리)

[예문] The spirit of Thanksgiving Day is to give thanks to God and your parents and family for your blessed and bountiful life. (추수감사절의 정신은 당신의 축복받고 풍성한 삶에 대해 신과 부모님과 가족에게 감사하는 것이다.)

주목 그러나 한국의 영어 교육에서 제대로 가르치지 않고 있는 현상으로 여기서처럼 이따금씩 to 없이 **동사 원형** (소위 **원형 부정사**)만이 쓰이는 경우들이 있다. 이렇게 원형 부정사가 **주격 보어**로 쓰이는 경향은 일상 **구어체**와 **비격식체의 글**에서 현저하며 그러한 경향이 현저한 구체적인 언어 환경들은 다음과 같다. 이 어법은 국내의 영어교육에서는 거의 가르치지 않지만 영어 원어민 사회에서는 대단히 – 특히 일상 구어체와 비격식체에서 – 자주 사용되므로 숙달하여야 한다.

(1) **주어**가 **all**인 경우;
(2) **주어**가 **what**-관계사 절인 경우;
(3) **주어**가 **최상급**인 경우;
(4) **주어**가 **서수사**인 경우;
(5) 기타 **비격식체**적 또는 **구어체**의 표현의 경우 (특히 **주어**가 a/the **thing**일 때)

[기본형] 주어 + be + to-부정사:

example

Mr. Clark: You are here for only one reason – to learn. The alternative is **to waste** your time and **to fall** into the trap of crime, drugs, and death.

[*Lean on Me* (1989 film)]

Clark 교장 선생님: 너희들은 오직 하나의 이유만을 위해 여기 있다 – 배우기 위해서지. 다른 길은 시간을 허비하고 범죄, 마약, 그리고 죽음의 덫에 걸려드는 거야.

---

alternative 명 대안   **waste** 타동 낭비/허비하다
trap 명 올가미, 함정   **crime** 명 범죄

장면 온갖 사회 문제들과 패배감에 젖어 있는 한 흑인 학교에 새로 부임한 의욕적인 교장 선생님이 학생들에게 근본적인 결심과 변화를 촉구하는 연설을 하고 있다.

[**All** + be + 원형 부정사]

example

August: The music is all around us. **All** you have to do is **listen**.

[*August Rush* (2007 film)]

[**All** you have to do **is (to) listen**.]
August: 음악은 우리 주위 도처에 있죠. 우리가 해야만 하는 모든 (유일한) 것이라고는 (귀기울여) 듣는 것 뿐입니다.

example **All** Palmer did was **save** golf. **All** he did was **bring** golf to the truck drivers and the mailmen.

[All (that) Palmer did was (to) save golf. All (that) he did was (to) bring) ...]

Arnold Palmer가 한 모든 것은 골프를 구한 것이다. 그가 한 모든 것은 골프를 트럭 운전수들과 우편 배달부들에게 가져온 (트럭 운전수들과 우편 배달부들도 골프를 치게 한) 것이다.

> **Arnold Palmer (1929-)**: 1950년대-60년대에 전성기를 누린 미국 프로 골퍼
> **save** 타동 구하다, 구원하다   **mailmen** 명 남자 우편 배달부들

[What-관계사 절 + be + 원형 부정사]

example The average American moves every six years. Our real home is on the road. **What** we don't do is **stay** home.

[**What** we don't do **is (to) stay** home.]

평균적인 미국인은 매 6년마다 이사를 한다. 우리들의 진짜 집은 도로상에 있다. 우리가 하지 않는 것은 집에 머물러 있는 것이다.

> **average** 형 평균적인   **move**: 자동. 이사하다
> **every six years**: (주기) 매 6년마다; 6년에 한번씩

example **What** some Americans love to do around the end and beginning of a year is **vacation** in Hawaii.

[**What** ... **is (to) vacation** ...]

일부의 미국인들이 연말 연시에 무척 하고 싶어하는 것은 Hawaii에서 휴가를 보내는 것이다.

[최상급 + be + 원형 부정사]

example To preserve buffalo, **the best thing** we can do is **eat** them. Animals that people eat do not become extinct.

[**The best thing** (that) we can do **is (to) eat** them.]

버펄로를 살아 남게 하기 위해서 우리가 할 수 있는 가장 좋은 것 (방법)은 그것들을 먹는 것이다. 사람들이 먹는 동물들은 멸종하지 않는다.

> **extinct** 형 멸종한. 멸종하다/멸종한 상태가 되다: go/become extinct

참고 **buffalo**:

북미 대륙의 토착 들소인데 한국인들이 (버팔´로)라고 잘못 발음한다. 정확한 발음은 [´buf·ə·lou] (´버펄로우)로 첫 음절에 강세가 온다. New York 주의 서부에 Niagara Falls 가까이 위치한 Lake Erie (이리 호)의 항구 도시인 Buffalo도 같은 발음이다.

[사진] North America의 들소인 bison (buffalo)가 South Dakota 주의 Custer State Park에서 평화롭게 거닐면서 풀을 뜯어먹고 있다. Buffalo는 북미주 Native Americans의 의식주 (clothing, food & shelter)의 공급원이었다.
사진: ⓒ 박우상 (Dr. David)

example I try to do at least one positive thing each day. **The** nic**est thing** you can do is just **offer** a kind word or a thoughtful action.

[The nicest thing (that) you can do is just (to) offer ...,]

저는 매일 적어도 하나의 긍정적인 일을 하려고 노력합니다. (당신이, 내가, 또는 누구나) 할 수 있는 가장 훌륭한 것은 그냥 친절한 말 한마디 또는 사려 깊은 행동 하나를 (상대방을 위해) 해주는 것입니다 (그 이상의 거창한 뭐가 아닙니다).

[서수사 + be + 원형 부정사]
example

Michael: Wait. When I become a boss, a millionaire, a big shot, **the first thing** I'm gonna do is **hire** a bunch of idiots just like me to do all my work so, then, you, me, and the kids can do whatever the hell we want. [*Click* (2006 film)]

[The first thing (that) I'm gonna do is (to) hire a bunch of idiots ...]

Michael: 기다려. 내가 보스가, 백만장자가, 거물이 되면 내가 맨 처음으로 할 게 나 같은 띨띨이들을 왕창 써서 내 일을 다 하게 해서 그럼 당신, 나, 그리고 애들 우리가 원하는 게 뭐든 다 할 수 있게 하는 거야.

big shot: (비격식체) 거물, 중요한 사람; big cheese/wig/gun; an important or influential person   **a bunch of ...**: (비격식) 한/큰 무리/그룹의 ... (사람들/사물들)
idiot 명 바보, 멍청이   **gonna**: going to의 비격식 구어체/일상체
..., the first thing I'm gonna do is hire ... = (격식체/문어체) ..., the first thing (that) I'm going to do is (to) hire ...
... **so (that), then, you, me, and the kids can do** ...: 그래서 당신과 나랑 애들이 ... 할 수 있도록/있게

장면 건축가로서 대성공을 꿈꾸는 일 중독자 (workaholic)인 Michael이 오랫동안 계획된 가족의 캠핑 여행을 취소하면서 아내인 Donna에게 자기가 성공할 때까지 기다리라고 말한다.

example Today, **the first priority** for all humanity is **protect** the environment and secure sustainable growth.

[..., the first priority ... is (to) protect ... and (to) secure ...]

오늘날 모든 인류에게 있어서 최우선의 과제는 환경을 보호하고 유지 가능한 성장을 확보하는 것이다.

---

priority 명 우선순위, 우선적 지위, 우선적으로 고려하거나 할 일/사항
secure 타동 안전하게 하다, 확보하다　**sustainable growth**: 지속 가능한 성장

[기타 비격식 구어체: 주어 = thing]

example

Ted: One of the **things** I wanna do in life is **marry** you.

[*Peyton Place* (1957 film)]

[One thing ... is (to) marry you.]

Ted (고등학교 senior (졸업반) Ted가 학교 친구 Selena에게): 내가 인생에서 하고 싶은 것들 중의 하나는 너랑 결혼하든 거야.

example One important **thing** that millions of Americans do as soon as they get up in the morning is **drink** coffee with a light breakfast.

[One thing ... is (to) drink coffee ...]

수 백만 명의 미국인들이 아침에 일어나자 마자 하는 중요한 일은 가벼운 아침 식사와 함께 커피를 마시는 것이다.

Exercise

다음에서 밑줄 친 동사의 형태가 어법상 옳지 않은 것을 고르세요.

❶ My plan for this Labor Day weekend is <u>go</u> to car races two days in a row.
❷ What Henry Ford did best was <u>make</u> good cars and <u>sell</u> them on the cheap.
❸ The first thing a housewife does on the morning of Thanksgiving Day is <u>put</u> the turkey in the oven.
❹ All Lincoln wanted to do was <u>save</u> the Union.

[사진] Henry Ford (1863-1947): 포드 자동차사 (the Ford Motor Company)의 설립자이자 자동차 (automobile) 대중화의 리더였던 Henry Ford (1934년 사진).
사진 제공: Courtesy of the U.S. Library of Congress

[사진] 오늘날의 한 가족이 미국 Michigan 주의 Dearborn에 있는 the Henry Ford Museum & Greenfield Village에서 1908년에 처음으로 조립라인 (assembly line)에서 대량 생산되고 (mass-produced) 대단히 저렴하게 시판된 초기의 Model T를 타고 드라이브를 즐기고 있다.
사진: ⓒ 박우상 (Dr. David)

[정답과 해설]

해설 >>>

❷ ❸ ❹에서는 문장의 주어가 what (관계대명사)-절, 서수사, 그리고 all임으로 주어를 설명하는 소위 주격보어로 to-부정사 대신에 to가 생략된 동사원형이 사용될 수 있다 (특히 비격식체/구어체에서). 그리고 주어가 thing일 경우에도 종종 to가 생략된다. 그 외의 경우인 (1)에서는 to의 생략은 올바른 어법이 아니다.

선택지 (answer choices) 번역 >>>
❶ 이번 Labor Day (노동절, 9월 첫번째 월요일) 주말의 내 계획은 이틀간 연속으로 자동차 경주를 보러 가는 것이다.
❷ Henry Ford가 가장 잘 한 것은 좋은 차들을 만들어 싸게 파는 것이었다.
❸ Thanksgiving Day (추수감사절, 11월 넷째 목요일) 아침에 주부가 하는 첫번째 일은 칠면조를 오븐에 넣는 것이다.
❹ Lincoln이 하기를 원했던 모든 것은 미연방을 구하는 것이었다.

정답: ❶

in a row: continuously; back to back; 계속해서, 연달아서   **on the cheap**: (비격식체) inexpensively; economically; cheap(ly); 싸게, 경제적으로   **oven** 명 오븐, (음식용) 화로   **save** 타동 구(원)하다   **the Union**: the United States (of America); 미합중국

579 inside of

somewhere inside of me
내 안에 (가슴 속) 어딘가에서

---

inside of는 '시간 또는 공간적으로 ... 안에 (있는)' (within the space or period of ...)라는 의미로 inside의 구어체적 또는 비격식체적 표현이다. [➡ (363) (403)]

example

Francesca: (to Robert) I can't make an entire life disappear to start a new one. I can only try to hold on to both of us somewhere **inside of** me.
　　　　　　　　　　　　　　　　　　　　　　[*The Bridges of Madison County* (1995 film)]

Francesca (Robert에게): 난 새 인생을 시작하기 위해 (지금까지 살아 온) 전 인생을 사라지게 할 순 없어요. 우리 두 사람을 내 안에 (가슴 속) 어딘가에서 잃지 않고 붙들려고 애쓸 수 있을 뿐이에요.

---

entire 형 전체의, 모든　　**disappear** 자동 사라지다
to start a new one (= life): 새 인생을 시작하기 위해　　**hold on to …**: …를 꼭 붙잡다

example

Sam (ghost): I love you, Molly. I've always loved you.
Molly: Ditto.
Sam: It's amazing, Molly. The love **inside of** you, you take it with you. See you.
Molly (Tears begin to run down her face.): See you. Bye.　　[*Ghost* (1990 film)]

Sam (영혼): 사랑해, Molly. 언제나 당신을 사랑했어.
Molly: 나도.
Sam: 놀라워, Molly. 내 안에 있는 사랑, 그걸 (죽어서도) 가지고 가네. 또 만나.
Molly (얼굴에 눈물이 흐르기 시작한다.) 또 봐. 안녕.

---

ditto 명/부 앞의 표현과 동일; aforesaid; the same (as the aforesaid/above); Me too.; Same here.

주목 ▶ The love inside of you, you take it with you.에서의 **you**: 누구에게나 적용될 수 있는 **일반인**을 가리키는 you; 여기에서는 동시에 말하는 사람인 **나 (I)**.

장면 ▶ Molly와 뉴욕시의 한 어두운 길을 걸어가다가 강도에게 죽임을 당한 Sam의 영혼이 Molly에게 찾아와 두 사람이 영혼의 대화를 나눈 후 Sam이 세상을 떠난다.

Scene

Robert (to Francesca) 580 I'll 581 only say this once. 582 I've never said this 583 before. But this kind of certainty comes 585 but 584 just once in a lifetime. (Robert turns and leaves Francesca.)

[*The Bridges of Madison County* (1995 film)]

Words & Phrases

- **once** 부 한번
- **before** 부 전에(는)
- **kind** 명 종류
- **certainty** 명 확실성
- **lifetime** 명 평생, 일생(의 기간)
- **turn** 자동 돌다
- **leave** 타동 (... 를) 떠나다

장면

Robert는 아무에게나 쉽게 찾아오지 않는 사랑과의 새로운 삶을 위해 떠나기 위해 가방을 쌌다가 그래도 성실하게 살아온 남편과 사랑하는 두 아이들과 함께 해 온 삶을 버리고 떠날 수는 없다, 우리의 사랑을 영원히 변함없는 사랑으로 만들기 위해서는 이 사랑을 가슴 속에 간직하고 살아가는 수 밖에 없다고 고뇌 속에 흐느끼는 Francesca를 뒤로 하고, 두 사람이 함께 했던 나흘째 밤의 어둠 속에 떠나간다. 두 사람은 이렇게 애절하게 헤어지지만, 그들이 몸은 헤어져 있어도 서로를 그리워하며 살아가면서 남긴 일기, 유언, 유물들은 그들의 서로에 대한 사랑이 그들의 지상에서의 마지막 순간까지 변함없이 영원했음을 보여 준다.

번역

Robert (Francesca에게)이 말 딱 한번만 하겠어요. 이런 말 전에 한번도 해본 적 없어요. 이런 류의 확실성은 (이렇게 확실한 사랑은) 인생에 딱 한번 밖에 오지 않아요. (Robert는 돌아서 Francesca를 떠난다.)

580 will = 주어의 의지

I'll only say this once.
이 말 딱 한번만 하겠어요

여기서의 조동사 will ('ll: will의 축약형)은 will의 기본적인 어법의 하나로 (다른 기본적인 어법인 말하는 또는 글쓰는 이가 주어의 미래의 사건, 행위, 또는 상태에 관해 추측이나 예견을 하는 것이 아니라) 현재나 미래의 사건이나 행위에 관한 "주어의" (주어가 I 또는 We인 경우에는 동시에 말하는

Cross-reference

비교 (Will you?):
➡ (320) (406)

비교 (will = 추측):
➡ (104) (128) (316) (323) (372) (472)

비교 (will = 말하는 이의 의지):
➡ (138)

또는 글쓰는 이의) **의지**, **소망**, **계획**, **고집** 등을 (부정문 (will not; won't)의 경우에는 **거부**나 **거절**을) 나타낸다.

 (117) (121) (142) (174) (234) (527)]

example I'm a fool, but I'**ll** love you dear until the day I die.
[Elvis Presley, et al., *(Now and Then There's) A Fool Such As* I (pop/country song)]

나는 바보예요, 하지만 죽는 날까지 당신을 소중히 사랑할 겁니다.

dear 부 (비격식/구어체) dearly; fondly; 소중하게, 사랑스럽게. 또는 Baby, Sweetheart처럼 사랑하는 사람을 부르는 명사/호격 (종종 대문자 D)   **... until the day (that/when) I die.**

example
Noah (to Allie): You just tell me what you want, and I'**ll** be that for you.
[*The Notebook* (2004 film)]

[**what** you want = **whatever** (= **anything that**) you want]

Noah (Allie에게): 네가 원하는 거라면 뭐든지 될 수 있어. 뭐든지 원하는 거 말만 해, 그럼 널 위해 그게 될게.

581 only: 강조의 부사; only의 위치 = only + 본동사

I'll **only** say this once.
이 말 딱 한 번만 할께요

Cross-reference
비교 (just + 본동사):
 (130) (159) (204)
  (398) (560)

여기서 강조의 부사인 only는 뒤따르는 동사인 say (... 를 말하다)를 수식하는 것이 아니다 (꼭 말로만 하겠다는 뜻이 아니다). 여기서 only는 술부 동사 뒤에 따르는 once를 강조적으로 수식하여 '딱/오직 한번만' 이라는 뜻을 나타낸다. '오로지/딱/꼭 ...(이), ... 뿐/만(이/을)'이라는 의미의 강조의 부사로서의 only는 논리적으로는 only가 수식하는 말 바로 앞에 **위치**하는 것이 논리적이지만 현대 영어에서는 (특히 구어체와 비격식체적 문어체에서) 이렇게 **본동사 바로 앞**에 위치하는 **경향**이 현저하다. [➡ (335)]

example   Sex is special and should **only** be shared with the person you're going to spend the rest of your life with, but many don't have the same belief.
[Sex should **only** be shared with the person (that/who/whom) you're going to spend the rest of your life with. = Sex should be shared **only** with the person ...]

섹스는 특별한 것이어서 남은 인생을 함께 보낼 사람 하고만 나눠져야 해요, 그러나 많은 사람들이 (저랑) 같은 믿음을 갖고 있지 않아요.

> **스토리** 미국 Seventeen 잡지에 보낸 18세 여성의 의견

example
Jamie: So, what do you wanna see?
Landon: Um, Pluto.
Jamie: Um, Pluto **only** rises a few minutes before the sun.
[A Walk to Remember (2002 film)]

[Pluto rises <u>only a few minutes before the sun</u>.]
Jamie: 자, 뭐가 보고 싶어?　　　Landon: 음, 명왕성.
Jamie: 음, 명왕성은 태양보다 딱 몇 분 전에 뜨는데.

Pluto 명 명왕성

> **장면** 밤 하늘의 별 보기 (star gazing)가 취미인 Jamie가 Landon을 동네 공동묘지 (cemetery)에 데려와 망원경을 세우고 Landon에게 무슨 별을 보고 싶은지 묻는다.

582 현재 완료 = 경험

I've never **said** this before.
이런 말 예전에 해본 적 전혀 없어요.

여기서 **현재완료** 시제 (have + 과거분사)는 현재완료의 여러 용법들 중에 지금까지 '... 한/인/해본 적이 있다'는 뜻의 **경험**을 나타낸다.
[➡ (85) (190) (206) (262) (334) (369) (550)]

Cross-reference
비교 (현재 완료 = 계속):
➡ (19) (88) (266) (400) (469) (552)
비교 (현재 완료 = 완료 (= 결과)):
➡ (240) (445)

example I much prefer an older man who knows a woman's body and mind. Younger men lack maturity and grace. Older men have more poise and self-assurance since they **have** liv**ed** through all kinds of situations.
저는 여자의 몸과 마음을 아는 연상의 남자를 훨씬 더 좋아해요. 연하의 남자들은 성숙함과 우아함이 없어요. 연상의 남자들은 온갖 상황들을 겪으며 살아 봤기 때문에 더욱 침착하고 자기 확신이 있죠.

---

prefer 타동 선호하다　**lack** 타동 ...를 결여하다, ...가 없다　**maturity** 명 성숙함, 원숙함, 숙성 ← **mature** 형　**grace** 명 우아함, 은총, 자비　**poise** 명 침착, 균형; composure; self-possession; balance　**self-assurance** 명 자기 확신; self-confidence

---

> **스토리** 연하 보다는 연상의 남자를 좋아한다는 한 32세의 여성이 그 이유를 설명하는 표현

Louis: When I was a young fellow, I used to talk to the moon.
Lyla: Are you making that up?
Louis: (Chuckling) God, I have**n't done** that in a long time.
Lyla: Does it ever talk back?
Louis: Well, it used to. Now I just find myself on a roof talking to myself like a loon. Just out here on my own.
Lyla: Well, I'm here.
Louis: Yes, you are. (They hold hands.)　　　　　　　[*August Rush* (2007 film)]

Louis: 내가 어린 녀석이었을 땐 달에게 말을 걸곤 했는데.
Lyla: 그 얘기 꾸며서 하고 있는 거야?
Louis: (껄껄 웃으며) 야 정말, 말 꾸며 하는 거 오랜 동안 못 해봤네.
Lyla: 그래 달이 언제든 대답할 때가 있어?
Louis: 음, 전엔 그랬었지. 이젠 나 혼자 지붕 위에서 미친 놈처럼 혼잣말이나 하지. 그냥 여기 나와서 나 혼자서.
Lyla: 그래, (이제) 내가 여기 있잖아.
Louis: 그렇지, 자기가 여기 (내 곁에). (두 사람 서로 손을 잡는다.)

---

fellow 명 친구, 녀석　　**make up** 타동 (가짜로) 만들다, 지어내다
loon 명 (비격식체) 바보; 미친 사람; stupid person; lunatic; crazy; nut case
on one's own 부 혼자서, 스스로의 힘으로

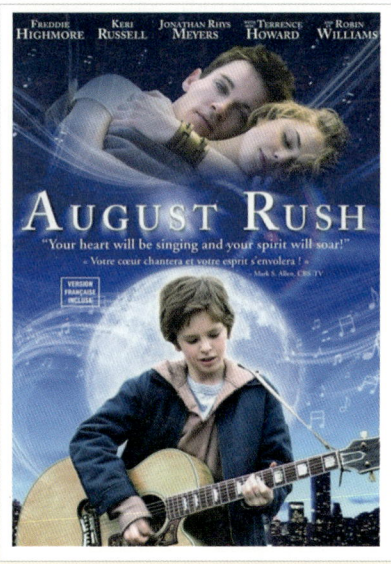

[*August Rush* (2007 film)] 뉴욕시의 한 건물 옥상에서 열린 음악인들의 파티에서 첫눈에 사랑에 빠진 Irish계 rock 음악 singer-songwriter인 Louis와 classical music의 첼리스트인 Lyla가 대화를 나누고 있다. 이 로맨틱한 날 밤에 Lyla는 Louis와의 아들 August Rush를 임신한다. 나중에 소년 August는 자신의 놀라운 음악적 재능을 실마리로 해서 뉴욕 Central Park에서 열린 한 콘서트에서 부모와 극적인 재회를 한다.
[사진 (포스터)] ⓒ Warner Bros.

583 before와 ago: 비교

I've never said this before.
이런 말 예전에 해본 적 전혀 없어요.

Before는 시간을 나타내는 부사로 쓰일 경우 ago처럼 과거의 시점을 나타낼 수 있지만 **ago**가 반드시 특정한 시점을 나타내는 말과 함께 **단순과거** 시제에 쓰이는데 (현재 완료 또는 과거 완료 시제와 함께 쓰일 수 없는데) 반해서 **before**는 **현재 완료** 또는 **과거 완료** 시제에서 쓰여 현재 또는 과거의 기준 시점을 기준으로 하여 막연히 (예)전에 또는 그 전에 라는 앞선 시점을 뜻하거나 과거 완료 시제에서 특정한 시점을 나타내는 말과 함께 쓰여 명백히 언급되거나 문맥상 드러나는 과거의 기준 시점에 비해 그 시간만큼 전에를 뜻한다.

주목

(O) I met my wife seven years ago. (나는 나의 아내를 7년 전에 만났다.) [(O) 단순 과거 + 특정 기간 + ago]
(X) I met my wife ago. [(X) 단순 과거 + ago]
(X) I have met my wife (seven years) ago. [(X) 현재 완료 + (특정 시점) + ago]
(X) I had met my wife (seven years) ago. [(X) 과거 완료 + (특정 시점) + ago]
(O) I have met your wife before. (나는 당신의 아내를 전에 만난 적이 있다.) [(O) 현재 완료 + before]
(X) I have met your wife seven years before. [(X) 현재 완료 + 특정 시점 + before]
(X) I met your wife (seven years) before. [(X) 단순 과거 + (특정 시점) + before]
(O) I met you three years ago, but I had met your wife before. (나는 당신을 3년 전에 만났지만 그 전에 당신의 아내를 만난 적이 있다/만났다.) [(O) 과거 완료 + before]
(O) I met you three years ago, but I had met your wife seven years before. (나는 당신을 3년 전에 만났지만 그보다 7년 전에 당신의 아내를 만난 적이 있다/만났다.) [(O) 과거 완료 + 특정 시점 + before]

주목
거의 대부분의 경우 완료 시제와 함께 쓰이는 before는 막연히 '예전에(는), 과거에(는)' (in the past; previously; formerly) 이라는 뜻으로 단순 과거 시제와 함께 쓰이는 경우도 있다 (과거 진행 시제와 함께 쓰일 수도 있다).

example

Toula: I'm serious. No one in my family **has** ever **gone** out with a non-Greek **before**. No one. [*My Big Fat Greek Wedding* (2002 film)]

Toula: 정말이예요. 우리 가족 중에서 전에 그리스계가 아닌 사람하고 데이트 해본 사람은 아무도 없어요. 단 한 사람도.

go out (with ...): (...와) 데이트 나가다   **with a non-Greek**: 그리스 사람이 아닌 사람과

장면 ▶ 그리스 계 미국인인 노처녀 Toula가 그리스계가 아닌 Ian과 첫 데이트를 하면서 Chicago의 호숫가의 한 작은 산책 다리 위를 걸으며 Ian에게 하는 말이다. 그리스계 사람들의 강한 민족적 유대감을 보여 주는 표현이다.

example Roosevelt **brought** more blacks into government than ever **before**.

[Roosevelt **brought** more blacks into government than (he/ previous presidents **had**) ever (**done**) **before**.]

[여기서의 before는 과거 기준 시점인 Roosevelt가 대통령이 되어 흑인들을 연방 정부의 관리들과 직원들로 기용하기 전, 또는 그 이전의 어떤 대통령이 그 전에 언제든간에를 뜻한다.]

Roosevelt 대통령은 그 전 어느 때보다도 더 많은 흑인들을 (연방) 정부에 기용하였다.

Franklin Delano Roosevelt ("FDR") (1882-1945): 미국 32대 대통령 (1933-1945). **발음**에 주목: 한국인들은 (루즈벨트, 또는 루스벨트)라고 발음하는데 정확하게는 네덜란드어 (Dutch) 식으로 (ˊrou·zə·ˋve/əlt) (로우저벨트 또는 로우저벌트)라고 발음한다.

example **Before**, my career **came** first. All I had to think about was myself. Now my children prevail. It doesn't mean my career is less important; I just have to position things differently.

전에는 저의 커리어가 최우선이었어요. 제가 생각해야 했던 모든 것이라곤 저 자신이었죠. 지금은 저의 애들이 우선이예요. 제 커리어가 덜 중요해졌다는 뜻이 아니라 제 삶의 이런 저런 일들의 우선 순위들을 달리 정해야만 한다는 거죠.

prevail 자동 이기다, 우세하다, 지배적이다, 중요하다
It doesn't mean (that) my career is ...
position 타동 우선 순위를 정하다; prioritize; rank
things: 구어체에서 흔히 사용되는 것으로 '이런 저런 주변의 상황들'을 의미한다.

스토리 ▶ 미국 country 가수 Faith Hill이 아이들을 갖기 전과 후의 자기의 삶을 비교한 표현

example In a rapidly changing economy, people are losing their jobs, and while they often find new ones, the average pay is 17 percent below what they **were** earning **before**.

급속히 변화하는 경제 속에서 사람들은 일자리를 잃고 있는데 그들은 (직장을 잃는 사람들은) 흔히 새 일자리를 찾지만 (새 일자리의) 평균 보수는 전에 벌던 것보다 17 퍼센트가 낮다.

rapidly 부 빨리, 급속히; fast; swiftly   **new ones: new jobs**
average 형 평균적   **earn** 타동 벌다, (노력해서) 얻다

584 just = 강조의 부사

just once
딱 한번(만)

여기서의 just는 강조의 부사로서 just가 수식하는 (just에 뒤따르는) 말이나 표현의 의미의 정도를 명확히 하거나 최소화하거나 감소시키는 기능을 하여 '오로지, 단지, 불과 (그 이상은 전혀 아니다), 정확히, 딱' (only; merely; nothing/no more than; precisely; exactly) 라는 뜻을 나타낸다.
[➡ (55) (130) (204) (229) (324) (330) (379) (541)]

example On Mother's Day people treat brunch more like dinner than like breakfast. That pushes up the check average. Patrons who wouldn't normally have a drink or dessert indulge **just** this once.
[여기서 just는 this once를 그 바로 앞에서 수식한다.]
Mother's Day (어머니 날, 5월 두째 일요일)에 사람들은 브런치를 아침보다는 정찬처럼 대한다. 그것이 (식당에서의) 계산서의 평균 액수를 올리는 것이다. 보통의 경우라면 음료수나 후식을 먹지 않을 손님들도 바로 이날 딱 한번 만큼은 마음껏 한다 (먹고 마신다)

treat 타동 다루다, 대우/취급하다 **check average**: 청구서 (bill)의 평균 액수 **patron** 명 후원자, 고객 **normally** 부 정상적으로, 보통 때라면 **indulge** 자동 마음껏 하다, 방종하다

[사진] **Mother's Day**에 어머니를 음식점에 모시고 가서 아침 겸 점심인 **brunch** (breakfast + lunch = brunch, 아점)를 푸짐히 먹는 것은 수백만의 미국 가정의 거의 연례 행사라고 할 만하다. Wisconsin 주의 주도 Madison에서 한 가족이 아이들의 엄마와 외할머니와 함께 음식점에서 Mother's Day brunch를 먹으면서 대화를 나누고 있다.
사진: ⓒ 박우상 (Dr. David)

> **example** In the movie "When Harry Met Sally ...," Sally and Harry are **just** friends for most of the movie.

Harry가 Sally를 만났을 때 (1989 film)에서 Sally (Meg Ryan)과 Harry (Billy Crystal)은 영화의 대부분 동안 친구에 불과하다/그냥 친구일 뿐이다.

for most of the movie: 그 영화의 대부분에서. 여기서의 for는 계속되는 시간/구간 동안

585 but = 강조의 부사: but = only, just, merely, nothing/no more than

but just once
오직 딱 한번(만)

여기서의 but은 흔히 쓰이는 접속사 (그러나, 하지만) 또는 접속사 만큼은 자주는 아니지만 그래도 제법 종종 쓰이는 전치사 (... 을 제외한/하고, ... 아니고서는)가 아니라 '오직, 딱, ... 뿐/만' (only, just, merely, nothing/no more than) 이라는 의미의 **강조**의 **부사**로 사용되었다. 이 경우에는 바로 뒤에 사실상 같은 강조의 부사인 just가 와서 once in a lifetime (인생에서 한번)을 강조하는데 but이 첨가되어 인생에 단 한번 뿐임을 더욱 강조한다.

> **example** Without economic freedom, political liberty is **but** a fantasy and delusion.

경제적 자유 없이는 정치적 자유는 하나의 공상이며 망상일 뿐이다.

fantasy 명 공상, 상상, 망상   **delusion** 명 망상, 환상, 착각, 기만

> **example** Here rests in glory an American soldier known **but** to God.

여기 신에게만 알려져 있는 (신만이 아는) 한 미국의 병사가 영광 안에 쉬노라.

[사진] 미국 알링턴 국립묘지 (the Arlington National Cemetery: 미국 동부 Virginia 주 Arlington 소재)에 있는 무명 용사의 묘비문 (epitaph). 사진제공: © Tim Evanson

> **example** We have room for **but** one language here and that is the English language.

우리는 여기서는 (미국에서는) 단 하나의 언어만을 위한 여유가 있을 뿐이며 (단 하나의 언어 밖에 허용할 여유가 없으며) 그것은 영어이다.
– Theodore Roosevelt (ˈthiː-ə-dor ˈrou-zə-ˌvelt: 씨어도어 로우저벨트, "TR": 1858-1919): 미국 26대 대통령 (1901-1909)

The End of Book 3

Thank you very much for studying Book 3.

This is the end of the entire three-book series of *New Romantic English*.

INDEX
찾아보기

'뉴 로맨틱 잉글리쉬'에서 설명하고 있는 주요 단어, 구문, 문법, 어법 항목들입니다. 다만 예문 해설에 설명된 항목들과 간접적으로 설명된 항목들은 여기에 포함되어 있지 않습니다.

374. Thanks.
375. what = 관계대명사
376. it = 가주어: It ... what-관계사절
377. should = 당위, 의무, 필요성, 바람직함
378. 대명사 + else
379. just = 강조의 부사
380. 타동사 + 의문사절
381. want + to-부정사; wanna
382. 현재 완료 진행 = have + been + -ing (현재분사)
383. just = 강조의 부사
384. 의문사 + 전치사?; 전치사 + 의문사?
385. for = 상징, 의미
386. now: 명령, 부탁, 주문, 경고, 질책 또는 새로운 화제를 시작하거나 주목을 끌기 위한 감탄사
387. 강조의 촛점과 강세 (stress)
388. ever = 강조 부사: 부정 강조
389. What do you mean(,) ...?
390. and = but
391. you = 일반인 = 문맥, 상황, 화제, 암묵적 이해, 사회 통념 등에 의해 제한; you = 나 (I)
392. 생략: 의문사절에서
393. into = 변화의 결과
394. it = 상황의 it
395. like = 접속사
396. with = 도구, 수단
397. 가정법 과거 = 닫힌 가능성
398. just = 강조의 부사; just의 위치 = just + 본동사
399. 주어 = 목적격 (me)
400. 현재 완료 = 계속

401. it = 뒤따르는 어구/내용
402. 목적어의 반복
403. inside of
404. you = 일반인 = 문맥, 상황, 화제, 암묵적 이해, 사회 통념 등에 의해 제한; you = 나 (I)
405. want + to-부정사; wanna
406. will = 주어의 의지
407. on + 구체적 morning, afternoon, evening, night
408. night
409. 형용사 + (that)-절 (= 부사절 = 감정의 이유)
410. can = 허락, 허용
411. 서술문 + ? = Yes-No 의문문: 어법 (1): 중립적, 객관적
412. some: 의문문에 쓰인 some
413. 대명사 + else
414. have + 목적어 + -ing (현재분사): 어법 (1) (2)
415. it = 상황의 it
416. then = 결론/결과
417. 수동태: by + 행위자가 표현되지 않는 수동태
418. would like + to-부정사; Would you like + to-부정사?
419. 주어 = 목적격 (me)
420. 의사소통의 윤활유: I mean
421. in front of; in the front of; in back of; in the back of
422. well = 수정, 불찬성, 반박
423. not + at all = 부정의 강조
424. as + 전치사구: 생략 현상
425. can = 가능성
426. Come on.
427. that = (1) 정도의 지시 부사; (2) 정도의 강조 부사

INDEX 찾아보기

'뉴 로맨틱 잉글리쉬'에서 설명하고 있는 주요 단어, 구문, 문법, 어법 항목들입니다. 다만 예문 해설에 설명된 항목들과 간접적으로 설명된 항목들은 여기에 포함되어 있지 않습니다.

428. Please?
429. Wh-수사 의문문
430. 형용사 (lucky, correct, fortunate, right, wrong) + to-부정사
431. so = 정도의 지시 부사
432. it = 앞에 온 진술 내용 (전체 또는 일부)
433. like = 전치사 = 은유/비유
434. might = 추측/가능성 (현재 또는 미래 지향적)
435. at = 일, 과제, 직업, 종사, 목표
436. 타동사 + 목적어 + to-부정사
437. to-부정사의 부정 = not/never + to-부정사; to + not/never + 부정사
438. like = 접속사
439. at = 표적, 목표
440. then = 결론/결과
441. stop + -ing (동명사)
442. 형용사 = 부사
443. fair
444. things
445. 현재 완료 = 완료 + (결과)
446. what =관계대명사
447. ergo = 결론, 결과
448. a + 서수사 (+ 명사)
449. the other day (afternoon, evening, night)
450. 무관사 + 단수 명사 = 목적, 기능
451. these ... they
452. a + 추상명사; 추상명사-s
453. be going to = 추측: 가능성/순리
454. 자동사 + 전치사 + 목적어: believe/trust in + 목적어

455. 부가 의문문: ..., you know?
456. make + 목적어 + 원형 부정사
457. 서술문 + ? = Yes-No 의문문: 어법 (1): 중립적, 객관적
458. 타동사 + 의문사절
459. than = 관계대명사
460. like = 접속사
461. to-부정사 = 목적, 의도
462. through = 단계, 절차, 과정, 경험, 통과, 극복
463. 무관사 + 계절; a + 계절; the + 계절; 계절-s
464. than = 관계대명사
465. in = 시간의 폭
466. then = 순서 (시간/사건)
467. go = die: 유사한 표현들
468. it = 상황의 it = 시간/기간
469. 현재 완료 = 계속: 경과 기간
470. -ing (동명사)의 의미상의 주어: 모든 유형들
471. 명사 + of + -ing (동명사): 명사 = -ing: 동격
472. will = 추측 (현재 또는 미래)
473. 명사 + 부사 (명사를 수식)
474. like = 전치사 = 은유/비유
475. There + 주어 (= 대명사) + be.
476. just = 시간: 방금, 막
477. 타동사 + 간접 목적어 (사람) + 직접 목적어 (사물)
478. 부가 의문문: 긍정, + 부정?; 부정, + 긍정?
479. 현재분사구문 = 동시/부대 상황
480. to-부정사 = 목적, 의도
481. not + at all = 부정의 강조
482. Would you ...?

483. iced tea
484. some: 의문문에 쓰인 some
485. 서술문 + ? = Yes-No 의문문: 어법 (1): 중립적, 객관적
486. 형용사 = 부사: sure
487. You bet.과 유사한 표현들
488. Thanks.
489. 서술문 + ? = Yes-No 의문문: 어법 (1): 중립적, 객관적
490. like + -ing (동명사); like + to-부정사
491. so = 지시 대명사: guess (so); think (so)
492. 부가 의문문: ..., huh?
493. Go ahead.
494. be going to = 주어의 의지
495. just = 강조의 부사
496. people; the + people
497. 형용사 = 부사: 정도의 강조 부사: really, good, bad, awful, mighty, plain, wicked
498. 의사소통의 윤활유: you know
499. 정도의 강조 부사: out, up, off
500. some: if-조건절에 쓰인 some
501. the: 문맥상 또는 암묵적으로 이해되는 the
502. whatever + 명사절
503. town: go to/into town
504. leave + 목적어 + 과거분사
505. well = 수정, 불찬성, 반박
506. what = 관계대명사
507. as = 자격, 지위, 정체 (의 시점)
508. Would you ...?; would like + to-부정사
509. 정도 (much, more, enough, a bit, less, a great deal, something, somewhat 등) + of + a + 명사

510. have to; have got to; gotta = 의무, 당위, 요구, 주문, 주장
511. would = 주어에 관한 말하는 이의 추측 (현재/미래)
512. So + 조동사/be + 주어
513. would = 주어의 의지 (현재 또는 미래 지향적)
514. 명사1-과거분사 + 명사2: 어법 (1) (2)
515. 부분 부정 = 완전/상당 부정
516. It (= 가주어) ... to-부정사 (= 의미상의 주어)
517. for + 목적어 + to-부정사
518. be going to = 추측: 가능성/순리
519. 수동태: by + 행위자가 표현되지 않는 수동태
520. so = 지시 대명사: do so; say so; think so 등
521. would = 주어의 의지 (현재 또는 미래 지향적)
522. want + 목적어 + (to be) + 과거분사/ -ing (현재분사)
523. -ing (현재분사) + 명사 = 명사 + that + 동사
524. It is + 성질 형용사 + of + 목적어 (+ to-부정사)
525. come = 가다 (go)를 뜻하는 경우
526. so = 논리적 연결 부사: 결론, 결과, 영향
527. will = 주어의 의지
528. like = 접속사
529. the: 문맥상 또는 암묵적으로 이해되는 the
530. then = 시간 (과거/미래)
531. -ing (동명사)의 의미상의 주어 = 목적격
532. so = 지시 대명사: say so
533. 복합 부사/복합 형용사: hyphen (-)의 사용
534. 타동사 + 목적어 + to-부정사 (= 목적 보어)
535. 짤린 (clipped) to-부정사
536. then = 결론/결과: If + A-절, then + B-절

INDEX 찾아보기

'뉴 로맨틱 잉글리쉬'에서 설명하고 있는 주요 단어, 구문, 문법, 어법 항목들입니다. 다만 예문 해설에 설명된 항목들과 간접적으로 설명된 항목들은 여기에 포함되어 있지 않습니다.

537. 명사/대명사 + (관계대명사 (주격) + be) + to-부정사; be + to-부정사
538. what = 관계대명사
539. between = 공유, 공동 행위, 상호 작용
540. 대명사 + 형용사
541. just = 강조의 부사
542. some + 단/복수 명사 (사람/사물) = 비특정한 사람/사물
543. do = 강조의 조동사
544. when = 조건, 가정, 전제 = if
545. 전치사 + 의문사절
546. 관계대명사의 생략: 관계대명사 = 전치사의 목적어: 선행사 + (관계대명사) + ... + 전치사
547. It seems + that-절
548. 현재 완료 진행 = have + been + -ing (현재분사)
549. 관계 대명사의 생략: 관계 대명사 = 타동사의 목적어
550. 현재 완료 = 경험
551. ever = 강조: 시점, 경우, 경험
552. 현재 완료 = 계속
553. have to; have got to; gotta = 의무, 당위, 요구, 주문, 주장
554. (Oh (my)) God와 유사한 감탄사들
555. be going to = 주어의 의지
556. come = 가다 (go)를 뜻하는 경우
557. 타동사 + (that)-절 (= 목적어)
558. what = 관계대명사
559. with = 관련, 경우, 입장
560. just = 강조의 부사; just의 위치 = just + 본동사
561. each other: 상호 대명사
562. for = 추구
563. hardly = 부정의 정도 부사
564. some ... others: 비교, 대조
565. 전치사의 생략: 기간의 for의 생략
566. this ... it
567. and = but
568. 타동사 + (that)-절 (= 목적어)
569. you = 일반인 = 문맥, 상황, 화제, 암묵적 이해, 사회 통념 등에 의해 제한; you = 나 (I)
570. be going to = 추측: 가능성/순리
571. the way = 의사 접속사; the way + 부사절
572. 조동사 do = 대체어
573. for = 기간/지속
574. make + 목적어 + 원형 부정사
575. to-부정사 = 목적, 의도
576. one(s) = 대체어 (대명사)
577. 관계 대명사의 생략: 관계대명사 = 타동사의 목적어
578. 주어 + be 동사 + 원형 부정사 (= 주격 보어): 유형 (1) (2) (3) (4) (5)
579. inside of
580. will = 주어의 의지
581. only: 강조의 부사; only의 위치 = only + 본동사
582. 현재 완료 = 경험
583. before와 ago: 비교
584. just = 강조의 부사
585. but = 강조의 부사: but = only, just, merely, nothing/no more than